Franco Plataroti

Mafie e dintorni

Il fenomeno delle mafie e i loro rapporti
con lo Stato e la società civile

ZeroBook
2023

Titolo originario: *Mafie e dintorni* / di Franco Plataroti

Questo libro è stato edito da **ZeroBook**: www.zerobook.it.

Prima edizione: luglio 2023, press edition

ISBN 978-88-6711-224-1

Parte del ricavato della vendita del libro sarà devoluta al rifugio 'Il Bau' di Alpignano (TO) dell'Associazione Bastardini Odv.

Di quest'opera esiste anche una versione ebook, contenente tutti gli articoli pubblicati su Girodivite nel periodo considerato.

In copertina: "Omertà" di Gaetano Porcasi.

Controllo qualità **ZeroBook**: se trovi un errore, segnalacelo!

Email: zerobook@girodivite.it

Indice generale

Introduzione

«La mafia, lo ripeto ancora una volta, non è un cancro proliferato per caso su un tessuto sano. Vive in perfetta simbiosi con la miriade di protettori, complici, informatori, debitori di ogni tipo, grandi e piccoli maestri cantori, gente intimidita o ricattata che appartiene a tutti gli strati della società. Questo è il terreno di coltura di Cosa Nostra con tutto quello che comporta di implicazioni dirette o indirette, consapevoli o no, volontarie o obbligate, che spesso godono del consenso della popolazione». (Giovanni Falcone)

Il volume che avete tra le mani è la risultante di alcuni anni di collaborazione con la rivista periodica online *Girodivite*, testata siciliana nata come supplemento cartaceo a quel prezioso giornale che fu *I Siciliani* (fondato da Pippo Fava) e, in seguito, diventata esclusivamente telematica.

Nel corso dei tre anni circa che separano il primo articolo pubblicato dall'ultimo, chi scrive si è dedicato per ragioni professionali – insegno in un Liceo artistico statale torinese – alla messa a punto di un sapere meno approssimativo sul tema delle mafie, cercando, prima ancora che di informare, di formarsi, di rintracciare, dove possibile, una storia e un'evoluzione delle consorterie criminali di stampo mafioso.

Non è, dunque, un sapere esperto quello che guida e che governa gli articoli che formano la struttura del presente volume, ma un'indagine a tratti miope e imprecisa, un percorso di auto-formazione che, nel corso del tempo, ha affinato qualche strumento conoscitivo e reso meno incerto tale percorso. Per quanto non possa dirsi che si tratti, a oggi, di un percorso lineare e scorrevole e ciò non solo per la natura di un fenomeno che, volutamente, cerca di interrarsi, ma anche per la vastità di un argomento che si intreccia profondamente con i principali aspetti della vita associata della nostra storia nazionale, da quelli politici a quelli economici, da quelli sociali a quelli culturali.

Ecco, se un primo approdo conoscitivo c'è stato, se un primo tassello non occasionale si è presentato alla mente dello scrivente, si è trattato proprio di questo, ossia la consapevolezza che non possano intendersi la storia e le graduali metamorfosi delle mafie nostrane se non alla luce del loro profondo intrecciarsi con le vicende del Paese. In particolare, è impossibile spiegare la loro plurisecolare persistenza se non individuando alla base di tale longevità un intreccio tossico e, a quanto pare, ancora oggi ineludibile tra le consorterie criminali e i pubblici poteri; e ciò ancora prima che lo Stato unitario, nel 1861, prendesse forma.

Tale consapevolezza corre lungo tutto il volume, appare qua e là, in un articolo su un'inchiesta o un processo oppure in un altro riguardante un testimone che narra la propria vicenda esistenziale graffiata dall'incontro con la violenza mafiosa, egli stesso approdato a un simile riconoscimento, alla coscienza che dietro la morte di un famigliare ci fosse una mano criminale mafiosa guidata da una mente criminale meno mafiosa, ma non meno violenta; è il caso, ad esempio, di Stefano Mormile e Gianluca Manca, fratelli entrambi di vittime di mafia, per quanto a oggi in nessuno dei due casi le zone d'ombra siano state chiarite a livello giudiziario.

Le zone d'ombra, appunto, quelle che il titolo dell'opera qualifica come "dintorni" e che ricalca esattamente la denominazione del corso di formazione per docenti del Piemonte che lo scrivente ha organizzato in questi anni presso il proprio liceo. Mafie e dintorni, dunque, come voluta dichiarazione di un assunto che occorre ribadire perché *repetita iuvant* e perché, a dispetto di questa coscienza ormai diffusa a vario livello (giornalistico, giudiziario, accademico, cinematografico ecc.), un certo blocco di poteri e lo stesso immaginario collettivo sembrano refrattari al riconoscimento dei "dintorni", ossia di tutte quelle forme di vita associata, formale o informale, che hanno consentito l'affermazione, lo sviluppo, il consolidamento e l'espansione ormai planetaria di Cosa Nostra, della camorra e, soprattutto, della 'ndrangheta.

Politica nazionale e locale, apparati deviati dello Stato, logge massoniche, la stessa Chiesa, eversione nera, colletti bianchi e innumerevoli figure di professionisti hanno consentito e consentono, in vario modo e con diverse finalità opportunistiche e ambiziose, ai boss e ai loro sodali di correre lungo tutta la storia italiana, dal Regno alla Repubblica sino a oggi. E se per oltre un secolo, la mafia è stata la marca di un detersivo, come con ignobile ironia aveva affermato il cardinale Ernesto Ruffini arcivescovo di Palermo, oggi non vi è alcun dubbio che esista e questo non è un risultato da poco, se ci si pensa. Per quanto, per arrivare a questo risultato, strade e contrade italiane abbiano dovuto pagare un prezzo altissimo: giornalisti, magistrati, membri delle forze dell'ordine, cittadini ignari e lontani da ogni forma consapevole di contrasto alle mafie sono stati sacrificati sull'altare di una volontà di dominio e di potere che va spesso allargato oltre i confini nazionali. In tal senso, può essere utile la lettura dell'articolo dedicato a Pio La Torre o quella di altri articoli che mettono bene in evidenza come le stragi di mafia siano coeve alla dissoluzione di un mondo, quello del bipolarismo Usa-Urss, o di altri che sottolineano come la Repubblica sia stata insanguinata da una serie di atti di sangue in cui le mafie hanno intrecciato i loro interessi con quelli di altre consorterie istituzionali.

La mafia, oggi, esiste, dunque. Però, è stata ed è capace di evolvere e adattarsi al cambiamento, superata la fase stragista corleonese, che tanto è costata a Cosa Nostra in termini di prestigio e di primazia nel Paese. Un adattamento e un cambiamento di cui si fa protagonista la 'ndrangheta, il suo parlare silente, la sua ricerca proficua di capitale sociale, di entrature in ogni dove, la sua graduale costruzione di una rete di relazioni utili e finalizzate a un profitto cancerogeno per l'economia nostrana, là dove i mafiosi calabresi riescono a insediarsi. Ma, attenzione. Sarebbe sbagliato ritenere queste dinamiche cristallizzate sull'assioma del contagio mafioso, ossia sulla capacità di penetrazione e di infiltrazione mafiose irresistibili, a fronte di un territorio vergine e incolpevole, vittima del sopruso e della sopraffazione. Perché, se un secondo approdo conoscitivo del fenomeno è arrivato al sottoscritto, è che l'*homo mafiens* è sempre meno distinguibile dal *sapiens* etico e legale. Sempre meno, oggi, è possibile descrivere l'espansione mafiosa alla luce delle sole – e non sono poche – capacità di intimidazione dei clan, perché tali capacità si combinano in un impasto sgradevole sul piano etico e morale con la disponibilità del *sapiens* a incontrare il *mafiens*, a usarlo, salvo poi farsene usare.

In tal senso, illuminante può essere l'analisi che del fenomeno corruttivo ha avanzato il prof. Vannucci dell'Università di Pisa: la corruzione è anche un'attività mafiosa, ma non tutte le prassi che svillaneggiano le pubbliche economie hanno bisogno di mafiosi per prendere forma; in alcuni casi, anche dinanzi a esplicite richieste dei clan, questi sono stati invitati a rimanere fuori.

Dunque, un altro nodo concettuale è reperibile dall'insieme degli articoli che vi apprestate a leggere: le mafie non bastano da sole e hanno ben compreso che una comunità poco incline ai valori del pubblico e poco avvezza alla democrazia e alla forte richiesta di affermazione di uno Stato di diritto possa essere permeabile e disposta a una collaborazione criminale; ovviamente, a sfavore di chi quelle pulsioni così potentemente ambiziose ed egoistiche riesce, quantomeno, a raffrenarle o a mediarle con una diversa considerazione della vita associata.

Nelle pagine che seguono, dunque, è possibile intravvedere almeno questi due aspetti generali, che sono, forse, poca cosa, ma che rappresentano, al di là dei dettagli, gli esiti dell'incontro fra lo scrivente e la redazione di *Girodivite*.

Non a caso, il volume è strutturato in tre parti, due delle quali a colloquio tra loro, ossia "Le mafie" e "I dintorni". Per quanto riguarda la prima, gli articoli sono stati suddivisi in ulteriori elementi classificatori: "personaggi", "attività illecite" e "geografia delle mafie", per dare conto, in quest'ultimo caso, dell'ampiezza planetaria del problema, oltre che della compresenza di mafie straniere nel nostro Paese (vedi il caso della mafia nigeriana). La seconda parte prevede due capitoli, "pubblici poteri" e "collusioni", all'interno dei quali trovano posto alcuni squarci importanti sulle zone d'ombra e sulla correità di una parte del Paese legale e del Paese reale con i clan mafiosi.

La terza e ultima parte, invece, concerne un'altra interlocutrice del fenomeno, cioè l'antimafia, espressione con la quale ci si riferisce a tutte le forme e le figure di contrasto alle organizzazioni criminali nostrane. Discorso complicato, questo. Per chi si è avvicinato, come il sottoscritto, di recente al tema, da fuori la visione dell'antimafia appariva candida e unitaria, una sorta di galassia compatta e univocamente tesa ad arginare i mafiosi e i loro partner. La scoperta amara e inevitabile è che non esiste un'antimafia, quanto meno non esiste un'antimafia così idilliaca, perché il contrasto ai boss vede una costellazione variegata e divisa su alcuni punti di principio non irrilevanti, a partire, ad esempio, dalla forte sottolineatura di un movimento come le Agende Rosse delle responsabilità nelle stragi del '92 e del '93 da attribuirsi non soltanto a mano mafiosa o dalla stessa convinzione di tale movimento della veridicità delle acquisizioni del primo grado del processo sulla cosiddetta trattativa Stato-mafia, che aveva visto incriminati anche uomini delle istituzioni. A fronte di tale convincimento, esistono nell'universo dell'antimafia posizioni diverse e sfumate, meno rigorose o rigide – a seconda dei punti di vista – circa il richiamo del movimento creato da Salvatore Borsellino alle "menti raffinatissime" di falconiana memoria, meno disposte a credere alle complicità dei "dintorni".

Ma non è solo questo. L'antimafia è anche diventata facciata, orpello, rito esteriore e vano o, come aveva con grande lucidità intuito Sciascia nel suo lontano intervento sui "professionisti dell'antimafia", una sorta di patente di nobiltà civica, dietro la quale ammantare ragioni meno nobili o indegne, a partire dalle ambizioni personali e dall'opportunismo politico. E se in quell'occasione l'intellettuale siciliano aveva acceso i riflettori su due esempi sbagliati – Leoluca Orlando e Paolo Borsellino – è pur vero che, oggi, quella riflessione appare meno velenosa e più profetica, azzeccata, calzante.

Delle tre parti del presente volume, indubbiamente l'ultima è la più controversa, sia per la frammentazione analitica che la caratterizza alla pari delle parti che la precedono – qualche zona d'ombra illuminata non rappresenta certo un efficace strumento di indagine della complessità del mondo dell'antimafia – sia per l'asprezza del dibattito pubblico che gravita attorno a tale mondo. Superata l'emergenza degli anni Novanta e l'ondata di sdegno nazionale per la violenza omicida mafiosa (solo mafiosa?), oggi pare affiorare in una parte dell'opinione pubblica e dei protagonisti del contrasto ai clan una sorta di desiderio di pacificazione, di ritorno alla normalità, all'ordine. Quanto è stato pensato e creato nella lontana stagione del maxi-processo e negli anni seguenti dal team guidato da Antonino Caponnetto, dominato dalle figure di Falcone e Borsellino, oggi è infatti messo in discussione, in nome del mutamento dei tempi e della considerazione in base alla quale il mutamento dei tempi corrisponderebbe alla sconfitta del fenomeno mafioso.

Il sottoscritto non la pensa così, non pensa che la mafia sia battuta, come pensa, invece, lo storico Salvatore Lupo. In un'intervista a "Il Foglio" del 25 settembre 2021, all'indomani cioè della sentenza della Corte d'Appello di Palermo sulla cosiddetta "trattativa" – sentenza che disconfermava le condanne inflitte in primo grado ai referenti istituzionali della controparte mafiosa, ossia gli ufficiali del Ros e Marcello Dell'Utri –, l'accademico senese osservava, infatti, che «la vittoria contro la mafia è una delle poche cose positive accadute nel Mezzogiorno d'Italia nella nostra storia recente. È stata una battaglia difficile ma abbiamo vinto, anche questo è un riscatto dell'onore del nostro paese». Opinione autorevole, certo accoglibile se la mafia a cui si riferisce lo storico è quella corleonese – la mafia aggressiva militarmente –, ma poco condivisibile se riferita alla vitalità economica e politica delle consorterie criminali nostrane nella società contemporanea. Alcuni degli articoli presenti in questi volumi entrano in rotta di collisione con tale ottimismo o, più semplicemente, con la visione di Lupo. Forse, a essere sconfitta è stata una stagione violenta, un periodo della strategia di Cosa Nostra piuttosto in controtendenza rispetto la naturale ricerca di referenti politici ed economici condotta attraverso sistemi meno appariscenti e d'urto frontale con lo Stato. Ciò non rappresenta, a giudizio di chi scrive, la sconfitta della violenza privata organizzata che, anzi, pare diffondersi e ramificarsi, come si è detto, con straordinaria capacità di adattamento al mutare dei tempi.

Tuttavia, proprio considerazioni come quelle di Lupo e di altri autorevoli indagatori del fenomeno a vario livello (giornalisti, giuristi, accademici), paiono giustificare o, almeno, rendere plausibile lo smantellamento dell'apparato normativo che era stato approntato a partire dai primi anni Novanta; ci si riferisce, tra l'altro, al dibattito sull'art. 41 bis e sulla sua legittimità in virtù dalle mutate condizioni dello scontro con la mafia "perdente". La guerra è vinta, dunque è opportuno tornare agli assetti del tempo di pace. In questa terza parte, insomma, affiorano le contraddizioni dell'antimafia, le posizioni di convenienza, ma anche, in qualche caso, ciò che in un lavoro del 2009 (Storia del movimento antimafia) Umberto Santino aveva lucidamente rilevato, ossia la profonda difformità di fini e di metodi nella galassia in questione. Perché, accanto a coloro i quali vedono nella lotta alle mafie uno strumento di rigenerazione complessiva della società, a partire da una sorta di palingenesi politica, vi sono quelli per i quali il contrasto ai clan è, soprattutto, il volano per un recupero dell'ormai smunto piano dei diritti sociali ed economici; e, ancora, altri sottolineano gli aspetti etici personali dell'opposizione al bubbone mafioso. A fronte di tali e altrettanti volti dell'antimafia, diventa difficile individuare linee comuni di azione e di intervento, anche in virtù di un progressivo allentamento dell'interesse della società civile e del graduale emergere della magistratura quale "scudo" protettivo onni-presente ed esclusivo.

Quest'ultimo aspetto è uno dei più interessanti e complessi della vicenda dell'antimafia, la creazione della figura del magistrato quale baluardo estremo e solo contro l'esercito mafioso e i suoi complici. Di Matteo, Gratteri, Lombardo, Ardita e altri pubblici ministeri incarnano una nuova figura di eroe, isolato e puro, sollecitano attorno a loro un consenso ammirato e contro di loro gli strali o lo scetticismo, da un lato, di chi ne teme le indagini e, dall'altro, di chi dubita che sia compito della sola magistratura sciogliere il plurisecolare problema delle mafie. Nel Paese dei Guelfi e dei Ghibellini è tradizione vedere le posizioni polarizzate, con quella fastidiosa divisione in buoni e cattivi che non aiuta mai l'analisi.

Di fatto, per quanto scalfita ed eterogenea, per quanto a volte di facciata oppure opportunistica, l'antimafia esiste, come la mafia, e questa accresciuta sensibilità nei confronti del problema, pur se non ancora maggioranza nel Paese, si configura come un ulteriore punto fermo dell'analisi. Oggi, il cardinal Ruffini incontrerebbe maggiori difficoltà a parlare candidamente di marche di detersivi.

Tuttavia, la magistratura, le forze dell'ordine, l'associazionismo civile da soli non bastano. Sino a quando il fenomeno mafioso non diventerà un chiaro, inequivocabile e fattivo tema dei pubblici poteri, sino a quando il contrasto alle consorterie criminali non sarà affrontato come un fatto ordinario e non emergenziale, sino a quando i punti di contatto tra gli interessi mafiosi e quelli delle *lobbies* politico-economiche non saranno scissi, sino a quando non sarà recuperato il valore reale e non retorico del concetto di democrazia, sarà difficile disarticolare le mafie. Il terreno di coltura di queste ultime è proprio l'esercizio del potere nella sua forma più egoistica e personalistica: la società non esiste, disse Margaret Thatcher, esiste solo l'individuo. Applicato in Italia, questo mantra del neo-liberalismo, non può che scatenare gli appetiti avidi dei poteri, legali e illegali, pubblici e privati, con la conseguente eradicazione dei diritti collettivi e individuali. Scomparsi i grandi moti di protesta collettivi, contro i quali i ceti dirigenti del Regno d'Italia e della prima Repubblica non esitarono ad allearsi con le organizzazioni mafiose, la democrazia resta come il guscio vuoto dell'uovo pirandelliano, una forma, una parola, un *flatus vocis* che non contiene più molto. A questa graduale sottrazione delle libertà comuni le mafie hanno contribuito e continuano a contribuire. Con la complicità di una parte dei poteri pubblici, dei "dintorni".

Una considerazione finale in merito all'organizzazione del lavoro. All'interno dei singoli capitoli, gli articoli comparsi su *Girodivite* sono proposti nella loro articolazione cronologica, dal più vecchio al più recente. Ciò consente di fornire un'idea di alcuni fatti di cronaca nel loro sviluppo temporale, nella loro comparsa e ricomparsa, così come di cogliere gli interessi personali dell'autore o le ricorrenze negli argomenti; al contempo, tale organizzazione permette di vedere le ingenuità iniziali dello scrivente, anche di natura stilistica. Anche per questo si è scelto di non operare alcuna revisione o correzione retrospettiva degli articoli, ai quali è giusto lasciare le incrostazioni e le imperfezioni del tempo in cui sono stati elaborati.

Inoltre, si è scelto di non creare una sezione tematica relativa agli articoli inerenti le attività interne al liceo Cottini, vero e proprio laboratorio tematico e contenutistico di chi scrive e parte significativa dei pezzi inviati a *Girodivite*. Si è preferito, invece, incastonare testimoni e relatori dei corsi di formazione dell'istituto all'interno delle varie partizioni tematiche, segnalando solo con un asterisco dopo la data di pubblicazione gli articoli direttamente correlati alle attività scolastiche.

Un ringraziamento particolare va, infine, a tutti coloro i quali hanno reso possibile la pubblicazione di questo volume. Da Piero Buscemi, rigoroso *magister* del sottoscritto alle prese con una tipologia testuale poco praticata, a Carmen Duca, instancabile organizzatrice degli incontri al Liceo Cottini, e con lei tutte le Agende Rosse che hanno contribuito a formare docenti e discenti dell'istituto; dal dirigente scolastico del liceo, l'architetto Antonio Balestra, che ha accolto con generosità il progetto antimafie all'interno dell'istituto ai colleghi e agli studenti che hanno ascoltato e metabolizzato le storie loro proposte. Dai relatori dei corsi di formazione ai testimoni che si sono avvicendati in questi anni presso l'aula magna scolastica per raccontare gli orrori e le miserie delle mafie e dei loro dintorni e la loro quotidianità graffiata in modo indelebile dall'incontro con quella violenza. Gianluca Manca, Stefano Mormile, Paola Caccia e l'infaticabile e roccioso Salvatore Borsellino, a cui devo un ringraziamento particolare per avermi insegnato l'arte della franchezza priva di orpelli, della dignità, per aver ricordato a un insegnante di lettere che la storia patria dovrebbe essere riscritta e diversamente insegnata.

Ancora un ringraziamento a Gaetano Porcasi, il "pittore antimafia" (come non ama farsi chiamare), per aver accolto la proposta di inserire un suo quadro nella copertina e per la testimonianza quotidiana di un impegno civile tenace e combattivo.

E a Roberta un grazie infinito per l'infinita pazienza nell'ascolto di queste storie, lontane da ogni tono fiabesco, e per aver sopportato la compulsiva mia discesa nella melma tematica della vicenda mafiosa (e non solo) di questo splendido e disgraziato Paese.

Mafie e dintorni

Le mafie

Personaggi

Se la 'ndrangheta parla

Due considerazioni su Nicolino Grande Aracri[1].

La tradizione e il senso comune vogliono che la 'ndrangheta abbia goduto, rispetto a Cosa Nostra, di una maggior tranquillità giudiziaria in virtù degli stretti legami parentali delle famiglie criminali, meno orientate verso il pentitismo e la collaborazione con lo Stato. Senza contare un profilo criminale più sotto traccia, più larvato, meno eclatante nei metodi. È vero che l'organizzazione mafiosa calabrese non ha ancora avuto il suo Buscetta. Tuttavia, la recente notizia della volontà del boss di Cutro, Nicolino Grande Aracri, di collaborare con la giustizia è stata accolta con grande attenzione e qualche scetticismo dalle fonti di informazione e, si presume, con qualche apprensione da parte di chi con il boss e il suo sistema mafioso ha intessuto relazioni e complicità.

Chi è Nicolino Grande Aracri? Il profilo criminale del boss di Cutro emerge con una certa chiarezza dalle carte giudiziarie, quelle dei tanti processi che lo hanno visto imputato e, in qualche caso, condannato. Affiora dal Crotonese la figura di

---

1   *Girodivite,* 5 maggio 2021

Grande Aracri, nei primi anni Ottanta, pronto a colmare il momentaneo vuoto di potere lasciato da Antonio Dragone, il "bidello della scuola di Cutro", detenuto a Quattro Castella (Reggio Emilia) in regime di sorveglianza speciale con obbligo di soggiorno. È a partire da questo momento che "mano di gomma", come viene chiamato, costruisce un proprio potere personale, orientato, da un lato, a creare una struttura mafiosa locale autonoma dalle cosche reggine e, dall'altro, a edificare un sistema criminale al Nord in grado di intessere rapporti con molteplici frange della società politica, economica, sociale.

Grande Aracri, don Nicola, è stato quindi capace di dar vita a un potere paritetico a quello della casa madre della 'ndrangheta, come emerge dal processo "Rinascita-Scott" che disegna una geografia mafiosa facente perno su tre province: Reggio Calabria, Vibo Valentia e, appunto, Cutro, con supremazia sulla Calabria mediana e settentrionale. L'irresistibile ascesa di Nicolino Grande Aracri, prima braccio destro e poi nemico del vecchio boss Antonio Dragone, passa attraverso una lunga sequela di omicidi, all'interno di uno scontro tra clan rivali che vede la famiglia Grande Aracri a Cutro e quella Nicoscia a Isola Capo Rizzuto contendere il potere, rispettivamente, ai Dragone e agli Arena. A farne le spese, fra gli altri, fu proprio Antonio Dragone, ucciso nel 2004 con un bazooka poco dopo il suo rilascio dal carcere, e per il cui omicidio Nicolino Grande Aracri è stato condannato in via definita dal processo "Kyterion".
La spregiudicatezza, la mentalità imprenditoriale, le relazioni pericolose intessute dal boss lo qualificano come moderno 'ndranghetista, in grado di allargare la sfera d'azione del traffico di droga ben oltre le frontiere nazionali, in Germania, Svizzera, Francia.

Non solo Calabria, dunque. Attraverso i processi che hanno contrappuntato gli ultimi vent'anni e che hanno visto imputato il boss – processi "Scacco Matto", "Edilpiovra", "AEmilia", il più grande processo intentato contro le cosche criminali al Nord, "Grimilde" –, è stata disegnata, inoltre, la trama fitta del graduale consolidamento degli affari e degli interessi della cosca di Cutro al Nord, in particolare tra Veneto, Emilia-Romagna e Lombardia. Non si tratta di una novità, in realtà. Il fiato delle organizzazioni criminali in quelle regioni è di lunghissima data, origina dalla fine degli anni Cinquanta, quando Procopio Di Maggio, già membro del clan di Al Capone, mise piede a Castel Guelfo, in provincia di Bologna. Da allora, alla fine del secolo, oltre duemila criminali furono inviati in regime di soggiorno obbligato nei comuni emiliani: tra essi, Tano Badalamenti, Giacomo Riina, il casalese Raffaele Diana, il calabrese Rocco Antonio Baglio.

Il clan Grande Aracri si muove, dunque, in un territorio già ampiamente collaudato, nel quale l'Osservatorio provinciale Antimafia di Rimini ritiene agiscano, oggi, circa 50 cosche mafiose, tra camorristi, esponenti di Cosa Nostra e affiliati alle famiglie di 'ndrangheta. In questa realtà, gli uomini di "mano di gomma" hanno dato vita a una realtà complessa, a un collaudato sistema di drenaggio delle risorse locali: armi, droga, usura, incendi, bancarotta fraudolenta, gestione e controllo di settori quali edilizia, ristorazione, smaltimento rifiuti, rapine, ricettazione e riciclaggio, lavori di ricostruzione nelle zone terremotate dopo il 2012. A tale proposito, non mancano pure in questo caso, come è capitato nel terremoto abruzzese, telefonate di mafiosi, raccolte dalle intercettazioni, che ridono di un disastro che aprirà loro le porte della ricostruzione.

Ma l'illecito cutrese, la forza del clan Grande Aracri ha nell'interlocuzione con il ceto politico locale e con la zona grigia della società civile uno dei suoi punti di forza. Non potrebbe essere altrimenti, non può essere altrimenti, se non nella logica di chi ancora parla di colonizzazione, di invasione del male nelle terre incontaminate e vergini. Perché è dalla penna dei giudici della corte d'appello di Bologna, nelle motivazioni della sentenza emessa contro 60 imputati al processo "AEmilia", che proviene un concetto chiaro e inequivocabile: al Nord e in Emilia esiste una borghesia "mafiosa" fatta di «imprenditori, liberi professionisti e politici che ricercavano il contatto con la cosca in ragione delle ampie opportunità offerte dall'appoggio dell'organizzazione». Dal canto suo, Antonio Nicaso, in un editoriale apparso su "il quotidiano del Sud", ci ricorda che don Nicola «comandava su mezza Calabria e vantava addentellati massonici in grado di condizionare processi e sentenze» (18 aprile 2021).

Millanterie di un 'ndranghetista? Forse, ma ai lettori del fenomeno mafioso, della sua capacità di penetrazione graduale e profonda ben al di là delle zone di origine, non serve ricordare che la linea della palma a cui si riferiva Sciascia, sostenendo che si fosse spostata al Nord, può essere intesa come il clima propizio alla crescita della pianta in regioni lontane da quelle assolate e favorevoli meridionali. In altre parole, a un contesto capace di accogliere, per ragioni di avidità o di necessità, le suggestioni illecite offerte dalle mafie. Allora, risulta più facile comprendere come e perché Grande Aracri avesse contatti con Roberta Tattini, consulente bancaria e finanziaria della cosca per il reinvestimento di proventi illeciti in attività legali, o con il giornalista Marco Gibertini, reo di aver procurato interviste a due degli imputati al processo "AEmilia" prima e dopo la loro condanna per 416-bis. Entrambi condannati, in Cassazione, alla pena rispettivamente di 8 e 9 anni per concorso esterno in associazione mafiosa.

E, accanto ai professionisti, vi sono i politici e gli amministratori locali. Giulio Gerrini, ad esempio, già responsabile dei Lavori Pubblici del Comune di Finale Emilia, condannato a 4 anni per aver favorito l'assegnazione di appalti alla Bianchini Costruzioni Srl; ditta, questa, esclusa dalla Prefettura di Modena dalla lista sull'affidamento dei lavori post-sisma del 2012 per i legami con la famiglia Grande Aracri. Vicenda nella quale è stato coinvolto anche l'ex senatore Carlo Giovanardi, accusato dalla Dda[2] di Bologna di essersi mosso per rimuovere l'interdittiva alla ditta Bianchini. È da un dettagliato resoconto riportato sul sito del Movimento delle Agende Rosse, relativo al processo "AEmilia ter", che si scopre che «l'allora senatore Carlo Giovanardi, membro della Commissione Antimafia e avvezzo a difendere le imprese raggiunte dalle interdittive antimafia, fosse al corrente della (...) presenza del boss Bolognino Michele nei cantieri della Bianchini» (www.19luglio1992.com/tag/nicolino-grande-aracri/). Bolognino, va ricordato, è il boss che procurava e gestiva i lavoratori nel reggiano per conto della ditta Bianchini, con metodi spicci: il lavoratore che osava protestare si trovava una pistola alla testa.

Né le relazioni mafia-politica si fermano qui. Come attesta il processo "Grimilde", concluso in primo grado lo scorso 26 ottobre, illeciti erano i rapporti tra il nipote di Nicolino, Salvatore, e Giuseppe Caruso, ex presidente del Consiglio comunale di Piacenza (FI) ed ex dipendente dell'Agenzia delle Dogane. Caruso è ritenuto colpevole di associazione delinquere di stampo mafioso, estorsione, truffa aggravata per il conse-

---

2   Divisione Distrettuale Antimafia.

guimento di erogazioni pubbliche. Si tratta, in questo caso, di un raggiro all'Agenzia per le Erogazioni in Agricoltura (Agea), ente pubblico che distribuisce i fondi europei per il settore.

I legami dei Grande Aracri con la politica affiorano, ovviamente, pure nella terra d'origine. È dello scorso 19 novembre 2020 l'arresto del Presidente del Consiglio regionale della Calabria, Domenico Tallini (FI), accusato di concorso esterno e voto di scambio per aver favorito la famiglia Grande Aracri nel business dello smercio e della distribuzione di farmaci.

È sufficiente questo elenco per comprendere la caratura di Nicolino Grande Aracri, il sistema criminale integrato a cui ha dato vita, le zone di collusione, l'ampiezza delle entrature del boss. In tal senso, la notizia *scoop* del 16 aprile scorso di Antonio Anastasi su "il Quotidiano del Sud", relativa alla volontà di don Nicola di collaborare, non può che risultare suggestiva e densa di interesse. "Mani di gomma" avrebbe deciso di parlare con l'altro Nicola, Gratteri. Ma è così? Se alcune fonti di informazione hanno accolto con entusiasmo l'articolo di Anastasi, altre si sono dimostrate più caute verso il possibile pentimento del boss, come "Antimafia Duemila", ad esempio.

Per chi scrive, la cautela è d'obbligo. Lo è perché è notorio che le dichiarazioni di alcuni presunti pentiti siano risultate poco utili o palesemente false all'intendimento degli inquirenti: è il caso, fra gli altri, del reggente della cosca a Reggio Emilia, Nicolino Sarcone, le cui presunte confessioni durante il processo "AEmilia" sono state rigettate dai magistrati.

È necessario essere cauti, inoltre, perché la levatura del mammasantissima lascia immaginare un possibile terremoto giudiziario nel caso di una collaborazione a tutto tondo. Che interesse avrebbe Grande Aracri a sollevare quel polverone? A chi gioverebbe? Che ne sarebbe dell'esercito di 500 uomini fedeli lasciati allo sbando dalle sue potenziali dichiarazioni e cosa potrebbe accadere ai famigliari del boss, i quali, a quanto pare, hanno rinunciato al programma di protezione offerto dallo Stato?

In una recente intervista, presente sulla piattaforma 19luglio1992.com, il procuratore capo di Catanzaro, Gratteri, ha detto di non poter rispondere a una domanda sul valore del pentimento di Grande Aracri e ha accompagnato la frase con un sorriso appena accennato. È possibile che Gratteri abbia già una qualche idea dell'effettiva volontà di don Nicola di collaborare, è possibile che abbia sorriso pensando, magari, al divario tra le aspettative attorno al pentimento e la realtà giudiziaria di cui sta prendendo coscienza.

Appare, dunque, inevitabile e sicuramente saggio attendere. Anche se la notizia può fare *audience* e se è ricca e opulenta, la realtà è e resta al di là dei titoli eclatanti, dimora lontana dai clamori, si muove nella dimensione piatta e ordinaria della crescente ibridazione tra l'*homo mafiens* e il *sapiens*, nel loro accoppiarsi, nel loro mescolarsi, rendendo sempre meno distinguibili le due specie. È l'antropologia mutante del crimine che richiede di gioire moderatamente per l'affiorare di un nuovo collaboratore di giustizia, per quanto rilevante come Nicolino Grande Aracri.

Una bomba a orologeria

Luigi Ilardo, boss di primo piano deciso a collaborare con lo Stato, avrebbe avuto un effetto detonante sulle dinamiche legate alla trattativa. Ma gli fu impedito[3].

Scorrendo velocemente la bibliografia dell'ultimo ventennio relativa al fenomeno mafioso, si prova una duplice sensazione. Da un lato, rispetto al decennio precedente, cioè quello delle stragi eclatanti, nei siti dedicati la bibliografia sembra come cristallizzata, immobile, ferma all'esplosione della violenza mafiosa e alla correlata, istintiva reazione del Paese. Anche in campo bibliografico, il decennio Novanta ha rappresentato, infatti, una risposta corposa, di pancia, si direbbe. A partire dal Duemila, la bibliografia del sito del Ministero dell'Interno, giusto per fare un esempio significativo, è invece raggelata, come se il fenomeno mafioso si fosse bloccato alla pari di una statua di sale.

La seconda sensazione, che è, in realtà, un'evidenza quantitativa, è legata al fatto che, sempre più, le pubblicazioni sul tema, nell'ultimo ventennio, correlano le mafie allo Stato. Aspetto ovvio, quest'ultimo, considerata la graduale presa di coscienza che la lettura univoca, dall'interno, delle organizzazioni criminali del nostro Paese fosse incompleta, monca. Via via, prendeva forma l'idea che l'azione mafiosa, da sola, non fosse in grado di spiegare alcuni snodi politici complessi, alcuni momenti storico-istituzionali suggellati dal fragore delle bombe. Sempre più si accreditava l'ipotesi che le mafie avessero cercato, e trovato da tempo ormai, la collaborazione

---

3   *Girodivite*, 19 maggio 2021

di alcune forze politiche, tanto a livello nazionale quanto a livello locale, e della società civile. Com'è noto, a questa tesi dà forza giudiziaria la sentenza di primo grado del processo sulla trattativa Stato-mafia.

In sostanza, il mancato aggiornamento della bibliografia sulle mafie nei siti istituzionali dedicati e la rampante crescita del doppio volto dello Stato nella pubblicistica sembrano indicare un pudore sospetto delle nostre istituzioni davanti al sempre più insistito richiamo delle responsabilità politiche che hanno consentito alle organizzazioni criminali di perdurare e, anzi, di consolidarsi.

Per dare un senso meno astratto al discorso, si possono citare tre volumi molto diversi l'uno dall'altro, aventi un comune denominatore, ossia un *j'accuse* nei confronti dello Stato italiano e del suo doppio volto. Si tratta del volume collettaneo, curato da Salvatore Borsellino, "La repubblica delle stragi. 1978-1994. Il patto di sangue tra Stato, mafia, P2 ed eversione nera" (2018); e, ancora, dell'opera di Giancarlo Caselli e Guido Lo Forte dal titolo "Lo Stato illegale. Mafia e politica da Portella della Ginestra a oggi" (2020). Per ultimo, è opportuno citare un libro uscito pochi giorni fa, "Luigi Ilardo. Omicidio di Stato. La testimonianza della figlia Luana".

È quest'ultimo volume quello su cui vale la pena soffermarsi. Circa una settimana fa, sul sito del periodico "Antimafia Duemila", il testo è stato presentato in streaming dall'autrice, Anna Vinci, da Luana Ilardo, dal direttore del periodico, Giorgio Bongiovanni, moderati da Aaron Pettinari, capo-redattore della stessa rivista. Il giorno della presentazione del volume non è stato scelto a caso. Il 10 maggio, infatti, ricorrevano 25 anni dalla morte di Luigi Ilardo, a Catania.

Al di là del valore intrinseco dell'opera, che non riesce del tutto a sganciarsi da una visione inevitabilmente appiattita sull'ottica amara e parziale della figlia di Ilardo, il testo riporta alla luce una vicenda che si incunea in maniera perfetta negli anni a cavallo tra i due secoli, quelli in cui il Paese conobbe la stagione stragista, la definizione dell'accordo Stato-mafia e l'affermazione di un nuovo protagonista politico, ossia Forza Italia. La vicenda di Luigi, detto Gino, Ilardo è dentro questa cornice e ne riflette tutte le ombre, ne sintetizza tutti gli aspetti più crudi.

Gino Ilardo non era un picciotto qualsiasi, non muore per strada in una delle tante soluzioni omicide per regolare i conti mafiosi. Apparteneva all'aristocrazia mafiosa e vantava addentellati importanti anche fuori di Cosa Nostra. Figlio di Calogero, massone influente, era nipote di Francesco Madonia, capomafia di Vallelunga Pratameno, in provincia di Caltanissetta, e cugino di Giuseppe "Piddu" Madonia, braccio destro di Provenzano. Affiliato nel 1978, era anche stato vice capo mandamento di Caltanissetta; dunque, una figura di rilievo nella cupola mafiosa, un uomo di vertice.

Dopo aver scontato undici anni di carcere, nell'estate del 1993, decise di dare una svolta alla sua vita e diede inizio a un rapporto confidenziale con la Dia[4] e, in particolare, con il colonnello dei carabinieri, Michele Riccio, operando, in sostanza, da infiltrato all'interno di Cosa Nostra, in qualità di reggente delle province mafiose di Caltanissetta ed Enna. In tal modo, Ilardo consentì di far arrestare cinquanta affiliati tra i quali sette importanti boss, da Vincenzo Aiello, all'epoca latitante e vicecapo provinciale di Cosa Nostra a Catania, a Domenico Vaccaro, capo della provincia mafiosa di Caltanissetta, a un altro latitante, Lucio Tusa, nipote di Piddu Madonia e uomo importante della corrente "provenzaniana". Ma Gino Ilardo non consegnò soltanto alcuni importanti mafiosi alla

---

4   Direzione investigativa antimafia.

giustizia. Egli rivelò notizie fondamentali sugli «assetti, i segreti antichi, le dinamiche in divenire di Cosa Nostra e (...) non soltanto con riferimento alle vicende di ordinaria criminalità mafiosa, ma anche in riferimento a rapporti più alti e inconfessabili di Cosa Nostra con la politica, con la massoneria, con soggetti deviati e devianti dei servizi di sicurezza». Queste le parole del pubblico ministero Nino Di Matteo nella requisitoria finale del 26 gennaio 2018 al processo sulla trattativa Stato-mafia.

Ecco la caratura di Gino Ilardo, la bomba a orologeria in grado di avere un effetto devastante su quel sistema criminale integrato che si stava definendo e consolidando in quegli anni. Tra le altre cose, Ilardo sarebbe stato in grado di testimoniare, per esperienza diretta, tanto i legami tra mafia siciliana e 'ndrangheta quanto i rapporti di Cosa Nostra con l'eversione di destra. E già nel 1994, stando alla citata requisitoria di Nino Di Matteo, avrebbe rivelato a Riccio degli accordi intercorsi tra Forza Italia, con la mediazione di Marcello Dell'Utri, e Cosa Nostra, relativi alla lenta cancellazione degli spigoli duri della normativa antimafia, dal sequestro dei beni ai mafiosi al 416 bis.

Ancora: ben prima che nel 2006 Provenzano venisse arrestato, Ilardo aveva offerto al Ros di Mario Mori, sempre sotto forma di rapporti confidenziali al colonnello Riccio e non di una collaborazione ufficiale, l'opportunità di catturare, a Mezzojuso, il capo di Cosa Nostra. Com'è noto, a dispetto del rischio corso da Ilardo, che quel 31 ottobre 1995 era insieme a Provenzano, qualcuno diede l'ordine di non intervenire, né lo Stato approfittò in seguito della preziosa sponda offertagli da Ilardo, nonostante il confidente d'oro dei Ros avesse fornito i "pizzini" di Provenzano e informazioni sui luoghi nei quali si svolgeva la latitanza del boss, sui casolari dove questi incontrava altri uomini d'onore, sui soggetti che gestivano in quel momento la latitanza di "Zu Binnu".

Qualcuno nelle istituzioni rifiutò, per così dire, gli *assist* di Gino Ilardo. Provenzano non doveva essere catturato, pare evidente. Eppure, Ilardo decise, anche per ragioni di sicurezza, di passare da un piano confidenziale a un rapporto formale con lo Stato, decise di fidarsi, anche dietro la sollecitazione del colonnello Riccio. Il 2 maggio 1996 incontrò nella sede dei Ros a Roma il procuratore di Palermo, Giancarlo Caselli, quello di Caltanissetta, Giovanni Tinebra, e la dottoressa Teresa Principato. L'incontro aveva il compito di ufficializzare la collaborazione di Ilardo con lo Stato e, a seguito di ciò, approntare di lì a poco un piano di protezione per lui e per i suoi famigliari. Durante l'attesa, come racconta Michele Riccio nella breve e pregnante "Prefazione" al libro dedicato a Ilardo, quest'ultimo incrociò Mario Mori. «D'impeto, guardandolo negli occhi, gli disse: "molti attentati addebitati e commessi da Cosa Nostra erano stati commissionati dallo Stato"». Mori, continua Riccio, «a quelle parole così chiare e dirette, non rispose come mi attendevo che facesse, ma abbassò lo sguardo e, giratosi all'improvviso, uscì dalla stanza e non si fece più vedere per tutto il giorno».

Di lì a poco, Ilardo incontrò i tre magistrati, per firmare il verbale preliminare di una collaborazione che sarebbe iniziata formalmente il 15 maggio. Tra i tre, come si è detto, vi era Giovanni Tinebra; Ilardo lo guardò senza salutarlo, salutò, invece, la Principato e Caselli, dinanzi al quale ultimo si sedette. Perché questo comportamento? Prova a spiegarlo il direttore di "Antimafia Duemila", Giorgio Bongiovanni, in una sezione del libro scritto dalla Vinci ("Ilardo il boss invisibile. Conversazione con Giorgio Bongiovanni"), esplicitamente inserita per correggere la prospettiva dalla quale la vicenda umana di Ilardo è narrata, ossia quella della figlia. «Perché in

Tinebra – spiega il giornalista – vede l'oscurità, il fratello massone, secondo ciò che afferma con sicurezza il collaboratore di giustizia Antonino Giuffrè. Massone Tinebra, ambiguo, fughe di notizie dalla Procura di Caltanissetta (...). Giovanni Tinebra, lo stesso magistrato che aveva il fascicolo delle stragi di Falcone e che non aveva ascoltato Borsellino quando voleva andare a Caltanissetta e raccontare ciò che sapeva».

Dunque, un incontro delicato, quello del 2 maggio. Incontro che, sicuramente, giunse, per vie da accertare, a conoscenza di Cosa Nostra, perché da lì, dal cugino di Ilardo, Piddu Madonia, arrivò l'ordine di uccidere il traditore. Ordine perentorio ed esecuzione perentoria. Come si è detto, la sera del 10 maggio 1996, a cinque giorni dall'inserimento nel protocollo di sicurezza e otto giorni dopo l'incontro romano, Ilardo fu freddato da alcuni colpi di pistola sotto casa, a Catania.

Lo scorso novembre, la Corte di Cassazione ha condannato all'ergastolo, in qualità di mandanti, sia Madonia sia Vincenzo Santapaola, così come la stessa pena ha inflitto a Maurizio Zuccaro, come organizzatore, e a Orazio Benedetto Cocimano, nel ruolo di esecutore materiale. Sull'omicidio gravarono, come di consueto, le false accuse classiche, il "mascariamento" siciliano, ossia il tentativo di addebitare a ragioni diverse da quelle reali l'esecuzione del futuro collaboratore di giustizia. Ad esempio, il coinvolgimento di Ilardo nell'omicidio di un avvocato, Serafino Famà, o il fatto che avesse indebitamente intascato i soldi di alcune estorsioni.

Vero è che la sentenza definitiva di questo processo non individua responsabilità esterne a Cosa Nostra nell'omicidio di Ilardo: «dall'attività istruttoria non sono emerse – in concreto – ipotesi alternative di ascrivibilità della condotta a soggetti diversi», si legge nelle carte processuali. Ma i dubbi non possono che permanere e, in questo, non si può che essere accanto agli sforzi di Luana Ilardo per giungere a una più completa e larga verità. Giovanni Brusca e lo stesso Antonino Giuffrè, collaboratori di giustizia di primo piano, riferiscono che giunsero delle "soffiate" a Cosa Nostra sulla seconda identità di Gino Ilardo. Il colonnello Riccio, dal canto suo, dice che, il pomeriggio della sera in cui Ilardo fu ucciso, venne raggiunto da un ufficiale dei Ros, il capitano Damiano, il quale «era cadaverico, mi disse che il procuratore di Caltanissetta Tinebra aveva fatto trapelare la voce della collaborazione di Ilardo» (fonte "Antimafia Duemila": *Luigi Ilardo, l'infiltrato 'scomodo' per Cosa Nostra. E non solo*, 29 marzo 2021).

Ha ragione Nino Di Matteo quando invita, nella sua ricordata requisitoria, a esaminare i fatti nel loro contesto globale, più ampio, a non atomizzarli oppure a non minimizzarli, se non a ridicolizzarli. Bisogna vestire Gino Ilardo dei panni che gli competono, quelli di un membro rilevante del patriziato mafioso con importanti collegamenti con la massoneria, protagonista e testimone di una stagione e di intrecci indicibili, tra i quali, come si è detto, quelli che riguardavano il doppio volto dello Stato. Era stato un confidente prezioso, sarebbe stato un collaboratore di giustizia unico più che raro.
Non poteva restare vivo.
Se Luana Ilardo sta cercando di fare i conti con la propria storia personale e ci consegna una testimonianza ferita e oltraggiata dal tradimento dello Stato e da altre non confessate, ma comprensibili ragioni più intime, i lettori di tale testimonianza, fatta la tara a quel percorso interiore, ricaveranno dal libro un ulteriore motivo di riflessione e di indignazione. In questo Paese in cui i buoni e i cattivi si mescolano con così tanta elastica ordinarietà, il silenzio degli "innocenti" non basta più. Non basta più perché si intorbida con un silenzio

maggiormente nocivo e ne diventa correo, quello di chi intende raccontarci una storia bugiarda per non cedere porzioni di potere, per lasciarci più o meno comodamente assisi sui nostri pigri divani, a digerire placidi e beati la favola dello Stato che avrebbe vinto la mafia. Si intende, dopo averne ammorbidito, chissà per quanto, l'ala militare e stragista con la promessa concreta di ammorbidire, a sua volta, le leggi onerose da sopportare per le mafie. *Ergastolo ostativo* docet.

Questo Ilardo lo avrebbe raccontato. Venticinque anni fa.

Muoia Brusca con tutti i filistei

La scarcerazione di Giovanni Brusca infiamma le coscienze. Quelle pulite di chi è stato investito dalla sua spietatezza criminale e quelle più sporche di chi, attraverso il caso del boss dimesso dalla galera, intende cancellare uno strumento che si è rivelato utile nella lotta contro le mafie[5].

Montano le polemiche, inevitabili, sulla scarcerazione di Giovanni Brusca.

L'assassino, l'animale, *'u verru*, il porco, o lo *scannacristiani*, il braccio violento di Cosa Nostra, affiliato dallo stesso Totò Riina, capo mandamento di San Giuseppe Jato, membro della Cupola, figlio di Bernardo e fratello di Emanuele ed Enzo Salvatore, tutti uomini d'onore, ha terminato, con un anticipo di qualche mese, la sua detenzione dopo 25 anni di carcere.

---

5   *Girodivite*, 9 giugno 2021

A chi conosce i fatti di mafia, è nota la figura di Brusca: è lui stesso a confessare di aver compiuto più di cento delitti, ma, precisa, meno di duecento, di aver ucciso nella maniera più orrenda il piccolo Giuseppe Di Matteo per punirne il padre pentito, di aver premuto il pulsante che squarciò l'autostrada di Capaci, il 23 maggio 1992, e le vite di cinque persone.

Non è facile ragionare sul caso Brusca, perché l'orrore che ha creato, la violenza che si è fatta modello di vita, impediscono di passare a quel livello di riflessione fredda e lucida che richiederebbe la sua vicenda quale emblema di una categoria, quella dei collaboratori di giustizia.

Il caso Brusca sollecita, infatti, un dibattito mai sopito: qual è il giusto atteggiamento da tenere nei confronti di chi ha compiuto scelte di vita estreme e pluriomicide e che, poi, ha optato per una strada di rientro, più o meno profondo e reale, nella legalità? Qual è il valore del pentitismo? Gettare la chiave dei pentiti definitivamente, lasciarli chiusi per sempre o commisurare giustizia e rispetto per la collaborazione fornita?

L'unica strada da non scegliere è quella degli spot a caldo. Ci si riferisce, ovviamente, agli spot politici, quelli scandalizzati, prevedibili, quelli a comando, quelli che l'opinione pubblica si aspetta. Enrico Letta ha sentito, parole sue, «un pugno nello stomaco», per Matteo Salvini «Brusca è una bestia che non può uscire dalla galera», a detta della Meloni «è un affronto per le vittime». Non variano le considerazioni se si allarga il quadro partitico e istituzionale.

Non è irragionevole ciò che i nostri leader politici dichiarano. È ipocrita, innanzitutto. Solo una settimana fa, da queste pagine, si osservava, a proposito delle celebrazioni della strage di Capaci, che da anni le forze politiche nostrane sembrano occuparsi d'altro o, più precisamente, risultano aliene da qualsiasi sforzo concreto e continuativo di contrasto al fenomeno mafioso. Una pietra tombale è caduta sui grandi processi, lo si è detto, così come in un imbarazzante silenzio istituzionale è passato il problema della possibile abolizione dell'ergastolo ostativo, che garantirebbe la scarcerazione, sulla quale oggi si tuona, a chi non intende neanche provare a pentirsi. Così, mentre si mette mano in silenzio ad alcune delle intuizioni di Falcone e le si smonta, davanti alla scarcerazione, a norma di legge, di Brusca, ci si indigna con plastica duttilità, per compiacere un'opinione pubblica emotivamente sensibile. Dai *social* giunge la voce perentoria della ministra Carfagna: «mai più sconti di pena ai mafiosi, mai più indulgenza per chi si è macchiato di sangue innocente».

È un gioco propagandistico inaccettabile. Ha ragione il direttore di "Antimafia Duemila", Giorgio Bongiovanni, quando, riferendosi ai politici e ai loro aggrovigliati contorcimenti ipocriti, li invita a legiferare sul sequestro dei beni, sull'ergastolo ostativo, sui pentiti e poi a spiegare al popolo italiano il senso del loro operato. E chiude lapidario: «fino ad allora l'unica loro possibilità è il silenzio».
Con altro animo si devono accogliere le opinioni dei famigliari vittime dell'azione criminale di Brusca. Dalle parole di Salvatore Borsellino, a cui umanamente ripugna la scarcerazione del pentito, ma che ritiene necessario «accettare la legge anche quando è duro farlo», a quelle di Maria Falcone, addolorata e, insieme, convinta che la legge voluta dal fratello vada rispettata, si passa a quelle più dure e senza remissione dei peccati di altri famigliari. Il fratello del piccolo Giuseppe Di Matteo, Nicola, premette di essere abituato a rispettare la legge e, nonostante ciò, invita a non chiedergli di accettarla o condividerla, perché «il dolore è troppo grande». Mentre Tina Martinez, vedova di Antonio Montinaro, uno degli agenti

morti a Capaci, afferma di sentirsi presa in giro dallo Stato, sconfortata, e ribadisce: «ho bisogno di uno Stato che ci tuteli non che liberi i criminali».

A chi è stato toccato in modo così violento e irreversibile, così lancinante, non si può chiedere di attivare a comando l'asticella del perdono. È, questo, un sentimento personale, privato, intimo, complesso da maneggiare, una memoria che è arduo cancellare, una zavorra che tiene inchiodati a un istante che diventa una vita.

Nel dibattito pubblico, quelle opinioni, quelle dei famigliari delle vittime di mafia, devono centrare, devono essere parte integrante del discorso su Brusca e sull'atteggiamento da tenere nei confronti della violenza mafiosa ed extra-mafiosa. Il dolore personale è, in questo caso, un dolore pubblico e un tema pubblico. Lo è perché ad alleggerire la portata di quel graffio insostenibile dovrebbe essere lo Stato di diritto, il complesso delle norme che esistono per evitare che la vendetta personale prevalga sulla risposta della giustizia. Quel dolore è, insieme, privato e pubblico anche per un'altra ragione, più urticante: l'animale Brusca, 'u verru, ha schiacciato un pulsante, certo. Da dove arriva, però, quella strage? Chi ha dietro?

Quel dolore è pubblico perché esiste, è noto, il sospetto forte, anzi fortissimo, che Brusca sia solo uno degli attori di una tragedia i cui registi restano occulti. E poiché quei registi, in base a quel sospetto, potrebbero emanare da alcune frange dello Stato, anziché essere dei privati cittadini "cattivi", ecco che quel dolore è pubblico, è un dolore della «res publica», è cosa pubblica, riguarda tutti. Ha a che vedere con le responsabilità di uomini delle istituzioni. Che è ben altra cosa.

Ora, pur nei contorcimenti di un pentimento discusso – tanto che, in principio, Brusca fu sospettato di essere un falso pentito – la qualità della collaborazione dell'ex capo mandamento di San Giuseppe Jato è stata ritenuta via via più precisa e rilevante in termini di riscontri sui fatti di mafia e sui rapporti illeciti di parti dello Stato con Cosa Nostra. Dal riferimento alla trattativa al ruolo giocato dall'ex senatore Marcello Dell'Utri, Brusca ha innestato sul sapere giudiziario alcune verità importanti, forse non complete, come sostiene Salvatore Borsellino, ma certamente utili per una più ampia conoscenza dei fatti. Non a caso, la Procura nazionale antimafia ha osservato che «il contributo offerto da Brusca Giovanni nel corso degli anni è stato attivamente vagliato e ripetutamente ritenuto attendibile da diversi organi giurisdizionali, sia sotto il profilo della credibilità oggettiva del collaboratore, sia sotto il profilo della attendibilità oggettiva delle singole dichiarazioni».

Al di là della questione morale del pentimento, che appartiene alla sfera privata, Brusca ha offerto prove reali di una collaborazione positiva con lo Stato. Se la collaborazione dei pentiti, auspicata non senza sottolineature critiche e guardinghe dallo stesso Falcone, la si ritiene inutile o da aggiornare, come sembra di leggere tra le righe e non solo degli spot politici, allora si scelga la strada che pare si stia per intraprendere, ossia quella che consentirà a chi non offre nessuna forma di collaborazione o un pur minimo pentimento la possibilità di uscire dalla galera con l'anima vergine, senza tacche di infamia per aver "cantato", tradito.

Si può fare a meno dei pentiti, come chiede Salvini, per il quale la legge sui collaboratori di giustizia è figlia di un tempo passato? Forse. Sarebbe più lunga la strada del contrasto alle mafie e all'extra-mafia, ma non sarebbe impossibile da percorrere. Si potrebbe, allora, ritenere che il pentimento debba essere un percorso personale, non sollecitato da considerazioni opportunistiche: parlo e quindi mi riducono la pena. Se sciogli un bimbo nell'acido dopo averlo strangolato, non meriti rispetto, si potrebbe pensare, non meriti alcuno sconto. Se ti penti, ti penti intimamente, senza che ciò comporti delle riduzioni di pena.

È una strada, certo. Non produrrebbe significative quantità di collaboratori di giustizia, ma eviterebbe l'amarezza suggerita dalla vicenda Brusca, dalla feroce disumanità di quest'uomo. Cancellerebbe, in realtà, qualsiasi ipotesi di possibilità rieducativa dell'individuo, qualsiasi ipotesi di mutamento della persona soggetto di reati, inchioderebbe per sempre un uomo al suo comportamento. Darebbe anche vita all'immagine di uno Stato rigoroso, forte, che non si piega e rivendica il ruolo di controllore dei comportamenti virtuosi e non.

Ma gli individui cambiano, a volte e forse non del tutto, ma cambiano. E gli Stati rigorosi, le «repubbliche dei Santi» del predicatore Calvino, suonano sempre un po' sinistre, soprattutto se nessuno controlla i controllori.

Chi scrive crede che il rapporto con i collaboratori di giustizia debba continuare. Con tutti i contrappesi, i bilancini, le cautele del caso, ma deve continuare. Per i risultati che ha prodotto e che potrebbe produrre in futuro, per l'enorme valore culturale e morale che ha una civiltà capace di condannare, pure in maniera dura, ma non di incrudelire o di vendicarsi. Quello italiano, pur in deficit civico perenne, dovrebbe essere uno Stato di diritto, non l'alambicco emotivo di una comunità disabituata atavicamente a guardare alla giustizia come a qualcosa di giusto e neanche il palcoscenico ipocrita di interessi corporativi. Si grida allo scandalo quando è stata fatta rispettare la legge, strano paradosso di un Paese dalla legalità a dir poco annebbiata. Il giurista Valerio Vancheri lo dice con chiarezza: «lo Stato ha vinto perché è stata applicata la legge e Brusca ha scontato per intero una pena certa e dura. Lo Stato ha vinto perché il boss ha collaborato e ha contribuito alla condanna di decine di altri mafiosi. Non ci deve essere spazio per la barbarie della vendetta, esaltando invece la funzione rieducativa della pena».

Si dia una pena più lunga, se il problema è legato al fatto che il collaboratore di giustizia sconta un tempo breve, così si dice, in carcere. I 25 anni paiono pochi per un essere come Brusca? Gli si diano 40 anni. Bastano? È questo il computo da farsi?

Al dibattito pubblico il compito di definire quanti anni servano per ritenere assolto il debito di Brusca e di altri uomini nella sua condizione, quale proporzione trovare tra dichiarazioni utili alla giustizia e anni di pena da scontare. Al Parlamento spetterebbe, invece, quello di definire o, meglio, di ridefinire con chiarezza quale debba essere il rapporto dello Stato con i cosiddetti pentiti. Spetterebbe se fosse un organo legislativo capace di auto-giudicarsi, in grado di sradicare dalla società civile l'idea che la "casta" sia intoccabile, capace di rendere conto ai cittadini di essere esente da tentazioni inconfessabili di smantellamento dell'impalcatura normativa creata da quel Falcone tirato da tutte le parti, osannato nella forma e ignorato nella sostanza.

Il nostro Parlamento non ha quei requisiti. Eppure, è necessario intervenire, perché il caso Brusca va ben al di là dell'uomo macchiatosi di delitti indicibili. Investe la giustizia e la sua amministrazione, investe la politica e le sue responsabilità, investe la morale e i suoi grovigli, investe il problema della legalità e quello della plasticità o della rigidità dei comportamenti umani. L'atteggiamento da adottare nei confronti dei collaboratori di giustizia è uno dei segmenti attraverso i quali si giudica una civiltà, un paese, una comunità. Non può essere gestito a colpi di *tweet* e di scosse emotive dei tanti Tartufo che squarciano il silenzio nei riti da celebrare ogni anno, o in occasioni di notizie come quelle della scarcerazione di Giovanni Brusca, per ripiombare, poi, in un sonno politico catatonico.

Quale strada scegliere, dunque? Dica il Parlamento quale alternativa propone al pentitismo, quale strada intende imboccare per trovare un equilibrio tra fini (la sconfitta delle mafie) e mezzi (il pentitismo, appunto) o quali nuovi strumenti intende adottare per combattere questa guerra. Dica, soprattutto, se intende combatterla fino in fondo, perché può sorgere il sospetto che adoperarsi per scardinare l'istituto dei collaboratori di giustizia possa essere una manovra per mantenere inalterato il racconto meno compromettente per il Palazzo. Di fatto, è anche, se non soprattutto, dai pentiti che è arrivato un racconto alternativo della vicenda mafiosa nel nostro Paese, quello che mischia le carte dei buoni e dei cattivi, che immette sulla strada delle collusioni politiche e che intiepidisce la nostra fragile democrazia. Non a caso, il procuratore di Messina, Maurizio De Lucia, ha osservato, in relazione al caso Brusca, che «sono state proprio le collaborazioni di giustizia a consentire, non solo di identificare gli autori di alcuni dei più efferati fatti criminali della storia d'Italia, ma anche e forse soprattutto di indagare sui livelli di cointeressenze che Cosa Nostra ha con i mondi dell'imprenditoria, delle professioni e della politica».
Dica il Parlamento se si debba tenere lo stesso atteggiamento verso chi resta chiuso nel proprio silenzio privo di collaborazione e chi, invece, offre un aiuto utile per contrastare le organizzazioni criminali e il mondo grigio delle collusioni. In

guerra si combatte come in guerra e quella contro la mafia e chi con essa delinque è una guerra. Ma la guerra è violenza organizzata, tragedia non priva di un suo ordine e di sue regole. Il rigore che si chiede abolendo sconti di pena si trasforma in rigidità quando non è più in grado di distinguere, quando diventa totalizzante, impedendo di valutare e di discriminare situazione da situazione.

Apra il Parlamento, se la parola democrazia non è diventata una scatola vuota, un dibattito nel Paese, coinvolga la società civile, non a colpi di spot, ma di riflessioni puntuali e informate. Si espongano i partiti, trovino il coraggio di dichiarare le rispettive posizioni, escano allo scoperto, facciano qualcosa per appassionarci a un confronto che vada al di là degli slogan. Convincano la platea elettorale e la cittadinanza che esiste ancora qualcosa di vivo nell'agone politico relativamente ai fatti di mafia, che esiste la volontà di non cercare convergenze opportunistiche, che non è vero che «cane non mangia cane», che le contrapposizioni pubbliche non hanno strette di mano ammiccanti dietro le quinte, a telecamere spente.

Sotterrino pure i Brusca presenti e futuri in galera, solo se questo sarà l'esito di un confronto politico e civile degno di questo nome. In caso contrario, non chiedano agli italiani che hanno ancora voglia di vivere in un paese civile di credere che il gettare le chiavi delle loro celle risponde all'alto, supremo interesse della nazione. Altro sarebbe l'interesse della nazione, ad esempio, quello di sapere perché è morto Falcone, perché è morto Borsellino e con loro altri magistrati e giornalisti, perché è morto Umberto Mormile, chi ha ucciso Attilio Manca, perché è morto un collaboratore di giustizia prezioso come Luigi Ilardo prima che collaborasse. E l'elenco è breve.

Muoia Brusca con tutti i filistei.

Matteo Messina Denaro è stato arrestato

Latitava dall'estate del 1993, Matteo Messina Denaro. Non è un anno casuale: è l'anno delle stragi di Roma, Firenze e Milano, l'anno stragista di Cosa Nostra che seguiva quello degli omicidi eccellenti del 1992[6].

Finisce dopo trent'anni la latitanza di Matteo Messina Denaro, arrestato questa mattina dai Ros a Palermo, presso la clinica privata "La Maddalena", dov'era in cura da circa un anno. Il superlatitante non avrebbe cercato di nascondersi alla vista degli uomini del raggruppamento speciale, supportati dal Gis e dai comandi territoriali. Bloccato dai militari che avevano preso d'assalto l'edificio, avrebbe risposto «sono Matteo Messina Denaro», consegnandosi ai carabinieri. Dopo l'arresto, il capomafia di Castelvetrano (TP) è stato condotto in una località segreta, in un carcere di massima sicurezza. A coordinare l'inchiesta che ha posto termine alla latitanza del boss è stato il procuratore di Palermo, Maurizio De Lucia, coadiuvato dal procuratore aggiunto Paolo Guido.

Era malato, *'u Siccu*, aveva già subito due operazioni, una a Marsala e l'altra a Palermo, una per un cancro al fegato e l'altra per il morbo di Crohn e lunedì mattina era previsto un *day hospital* per un ciclo di chemioterapia. Proprio le condizioni di salute e un lento lavoro di investigazione, a partire

---

6   *Girodivite*, 16 gennaio 2023

dai dati sui malati oncologici del sistema informativo della centrale nazionale del ministero della Salute, hanno consentito di fermare la trentennale latitanza del padrino di Castelvetrano. Nessuna delazione, a quanto pare, nessun collaboratore di giustizia avrebbe portato i Ros alla clinica "La Maddalena", ma l'aver rinvenuto tra i malati di tumore un nome e cognome, Andrea Bonafede, nipote di un fedelissimo di Matteo Messina Denaro. Ma il vero Andrea Bonafede, il giorno dell'intervento, si trovava da un'altra parte, come è emerso da alcune intercettazioni, e non in quell'ospedale: evidentemente, il nome era una copertura per qualcun altro. Da qui, la pista da seguire sino al ciclo chemioterapico che ha incastrato il mafioso.

Latitava dall'estate del 1993, Matteo Messina Denaro. Non è un anno casuale: è l'anno delle stragi di Roma, Firenze e Milano, l'anno stragista di Cosa Nostra che seguiva quello degli omicidi eccellenti del 1992, quello che precedeva il fallito attentato del 1994 allo stadio Olimpico, quello che si incunea nella cornice politica del passaggio dalla prima alla seconda Repubblica e, *last but not least*, nella nebulosa e inquietante vicenda della trattativa. Già vaporizzato nella latitanza, Messina Denaro scriveva alla fidanzata del tempo, Angela, dicendole che avrebbe sentito parlare di lui, che lo avrebbero dipinto come un diavolo ma che non avrebbe dovuto prestare fede a quelle falsità.

Falsità, scrisse il boss trapanese. Di fatto, la giustizia italiana l'ha condannato all'ergastolo come mandante ed esecutore delle stragi del 1993 e, in via non definitiva, per quelle del 1992, oltre che per decine e decine di omicidi, tra i quali quello del piccolo Giuseppe Di Matteo, strangolato e sciolto nell'acido dopo due anni di prigionia, o quello dei fidanzati Vincenzo Milazzo – capo della cosca di Alcamo sempre più insofferente al potere corleonese – e Antonella Bonomo, incinta di tre mesi quando fu uccisa dallo stesso Messina Denaro. Della quantità di morti per sua mano, come mandante e come esecutore, gli investigatori ne hanno contabilizzati una settantina e lo stesso boss non faceva mistero di questa feroce disposizione all'omicidio: a un amico fidato, avrebbe detto che con le persone che aveva ammazzato avrebbe potuto fare un cimitero.

Del resto, la carriera criminale dell'ex latitante – a 14 anni sapeva già sparare – ha goduto, se così si può dire, dei favori di un contesto famigliare di solida fede mafiosa. Il nonno, Salvatore, fu uno dei superstiti della repressione del prefetto Cesare Mori durate il ventennio fascista, mentre il padre, Francesco Messina Denaro o *don Ciccio*, era capo del mandamento di Castelvetrano nei primi anni Ottanta, al tempo della guerra di mafia che portò i Corleonesi al potere. E don Ciccio era alleato di questi ultimi. Fu lo stesso Totò Riina a dire che Matteo Messina Denaro gli era stato affidato dal padre e a vantare le qualità di "Diabolik", come il boss appena arrestato amava farsi chiamare.

Boss più moderno degli altri latitanti pluridecennali a capo di Cosa Nostra che lo hanno preceduto. Classe 1962, vestiti di lusso, cibi raffinati, niente giacche troppo larghe come Riina, il suo padrino, niente cicoria e ricotta, il pasto di Bernardo Provenzano quando fu preso in un covo di pastori, e niente Bibbia. Un fimminaro, secondo le cronache, con pochi scrupoli e una lucida intelligenza criminale che lo ha portato ai vertici del sistema mafioso e che gli ha consentito di vestire i panni della Primula rossa per un trentennio. Era a Roma, nei primi mesi del 1992, a seguire Falcone e l'allora ministro della Giustizia Claudio Martelli, nella prospettiva di eliminarli;

prospettiva poi saltata perché Riina, consigliato da altri secondo la testimonianza del collaboratore di giustizia Salvatore Cancemi, avrebbe optato per una diversa modalità esecutiva della strage, quella cioè del tritolo posto sull'autostrada Palermo-Punta Raisi. E il nome di Messina Denaro, come si è detto, si associa, l'anno successivo, a quello delle stragi di Roma, Firenze, Milano, che hanno ucciso dieci persone, ne hanno ferite un centinaio, al di là dei danni provocati al patrimonio artistico nazionale.

Era nelle stanze che contano, l'uomo arrestato lunedì mattina, era nei luoghi nei quali si definì la stagione torbida e tuttora poco chiara delle stragi e delle relazioni ancora più torbide tra politica e organizzazioni criminali. Era uno dei cinque superlatitanti in cima alla lista dei ricercati dal "programma speciale di ricerca" del gruppo interforze, il G.I.I.R.L. (Gruppo integrato interforze per la ricerca dei latitanti). Non a caso, appunto. Non solo in virtù della crudeltà e dell'ampiezza della sua carriera criminale, ma anche in relazione a ciò di cui il padrino trapanese è stato testimone. Nei prossimi giorni, gradualmente si chiariranno alcuni degli aspetti che lo hanno condotto in carcere, così come, esaurito il carnevale retorico delle auto-celebrazioni politiche e digerito il pantagruelico pasto di informazioni mediatiche, inizieranno a farsi largo le domande importanti. Chi lo ha aiutato in questi anni a muoversi nella propria regione senza che fosse individuato dagli inquirenti? Che cosa dirà il boss di quella stagione torbida? I segreti che, secondo molti testimoni di giustizia, conserva e che, forse, gli hanno consentito di latitare per decenni, resteranno chiusi nell'animo del mafioso o diventeranno parte integrante di un percorso di lenta o più repentina collaborazione con la giustizia italiana? Subirà il carcere duro o godrà di quella ventata di garantismo sollecitata da più parti con l'obiettivo di porre fine all'ergastolo ostativo?

Sarebbe sciocco e insulso vaticinare su tali questioni. Tuttavia, è possibile avanzare qualche ipotesi. È poco probabile che Matteo Messina Denaro decida di collaborare con la giustizia. Non lo hanno fatto i suoi predecessori illustri, in altri tempi, tempi più duri nei confronti della violenza mafiosa, tempi nei quali le ferite allo Stato e la volontà di quest'ultimo di rispondere si accompagnavano a una più diffusa e generalizzata sensibilità nei confronti della questione delle organizzazioni criminali e del pericolo da esse rappresentato. Oggi, per tante ragioni già ampiamente dibattute su queste stesse pagine, Cosa Nostra e le consorelle mafiose di antica origine paiono fantasmi alla pari di Messina Denaro, non toccano le sensibilità, non sollecitano risposte anche solo estemporanee nei loro confronti. E questo clima di disarmo della coscienza e degli animi è certo favorevole al silenzio stesso dell'ex latitante. Soprattutto se il dibattito intorno alla legittimità del carcere duro proseguirà sulla strada nella quale, da qualche anno a questa parte, si è incanalato, se da tanti e diversi fronti si opporrà alle ragioni del rigore dell'ergastolo ostativo nei confronti di chi non si muova sul piano della collaborazione quelle della necessaria maggior mitezza della pena, di una maggiore, per così dire, umanità.

Il contesto è favorevole a Matteo Messina Denaro, il quale, probabilmente, si trincererà dietro un silenzio carico di speranza nel futuro. La speranza di veder attenuato il rigore carcerario del 41bis, innanzitutto, la speranza di trovare supporti pagati con il suo silenzio, la speranza di non dismettere la sua esistenza criminale dietro le sbarre di una cella.

Ipotesi, nient'altro. Ciò che è certo è che il padrino della provincia trapanese è stato arrestato e che, stando alle dichiarazioni rilasciate dal procuratore palermitano Maurizio De Lucia nella conferenza stampa pomeridiana, le sue condizioni di salute non sono incompatibili con la detenzione carceraria. Sarà importante nei prossimi mesi capire quale strada intraprenderà l'ex latitante e quale strada intraprenderanno la politica e la società italiane, se ci si accontenterà, cioè, dell'esultanza momentanea di un arresto eclatante o se si sceglierà, invece, la strada di una lotta seria, collettiva e continuativa per rimuovere le ombre, le tante ombre dalla storia di questo Paese e per non cedere alla tentazione illusoria di credere che con Mattia Messina Denaro vadano in cella le nostre complicità e la nostra indifferenza apatica o le ingloriose complicità con il padrino di Castelvetrano e i suoi sodali mafiosi.

Attività illecite

Mancu li cani

Breve viaggio nell'inferno delle lotte clandestine[7].

Curiosi d'ogni età, compresi minorenni, e scommettitori si affollano attorno al ring improvvisato che ospita un combattimento tra cani. A contendersi la vita, in genere, sono razze quali pitbull, mastino, dogo argentino, american staffordshire terrier, rottweiler, cani dalla mascella potente, dalla presa poderosa, educati e addestrati appositamente per combattere. Ci possiamo trovare nei bassi di Napoli, nel cortile di un'abitazione palermitana, in una cascina abbandonata dell'Oltrepò pavese o, magari, su un tratto di litorale dell'Adriatico, in Veneto, o, ancora, in un capannone a Mathi Canavese, in provincia di Torino, o, perché no?, in una stazione ferroviaria in disuso a Caltanissetta.

La folla è arrivata là, qualsiasi luogo sia, attraverso un filo di voce segreto che corre tra il web (pagine segrete di Facebook) e il porta a porta, riunitasi per assistere alla sconfitta, non di rado esiziale, di uno dei due contendenti, per celebrare quel diritto di vita e di morte su ogni elemento del creato che accomuna le mafie e che trova, in questa particolare forma di reato, anche emulatori fuori dal circuito proprio della criminalità organizzata: delinquenti locali, teppisti di periferia, sbandati, allevatori abusivi e trafficanti di cani cosiddetti "da presa". Non sempre, in sostanza, dietro la lotta fra cani c'è la regia mafiosa, ma è la cornice culturale, la visione del mondo

---

7   *Girodivite*, 21 luglio 2020

dentro cui si inquadra questo orrore, ad accomunare i membri delle onorate società a quelli di altre associazioni criminali, di altre consorterie, ossia un'idea prepotente e violenta della realtà, di dominio sulle cose e sugli esseri viventi, in questo caso i cani.

Visione del mondo, come si è detto sopra, che non risparmia i minorenni, coinvolgendoli in alcune attività connesse con le lotte fra cani (ma anche galli) e immergendoli in quel clima di esaltazione della forza, della mascolinità, della violenza, del disprezzo del pericolo, della morte, che rischia di anestetizzare qualsiasi forma di affettività, di partecipazione al dolore altrui, di empatia.

Il fenomeno è inquietante e non è che uno dei segmenti di quelle che, da circa vent'anni a questa parte, vengono definite zoomafie, ossia lo sfruttamento degli animali per finalità economiche, di controllo sociale, di dominio sul territorio, operato da persone singole o associate o appartenenti alle criminalità organizzate. L'espressione è stata coniata, a metà degli anni Novanta, da Ciro Troiano, criminologo e responsabile dell'Osservatorio Nazionale Zoomafia della LAV, che, proprio nell'ultimo rapporto dell'Osservatorio (2019, reperibile in rete), osserva come la parola sia ormai entrata nel vocabolario comune, oltre che in quello mediatico, giuridico, criminologico. I combattimenti fra i cani sono, appunto, solo uno dell'enorme ventaglio di attività illecite legate allo sfruttamento degli animali, quali le corse clandestine o la macellazione dei cavalli, la gestione dei canili, la tratta internazionale dei cuccioli, il traffico di fauna selvatica, il *business* del 'caro animale estinto'.

Per quanto riguarda il combattimento fra cani, si stima che in Italia circa 15000 siano gli animali coinvolti nelle lotte (un terzo dei quali perde la vita) e che la gestione di quest'attività frutti qualcosa come 300 milioni di euro l'anno; denaro che risulta tra i proventi, fra gli altri, di camorra, sacra corona unita, alcune 'ndrine, il clan Giostra di Messina. Se si allarga il focus all'intera Europa – dove il fenomeno pare rilevante in Gran Bretagna, Spagna, nella ex Jugoslavia – la cifra relativa al giro delle scommesse clandestine sale a 3 miliardi di euro, per incontri che, qualora vengano ritenuti di alto livello, vedono puntate sino a un massimo di 50 mila euro.

Niente male, niente male davvero.

È una realtà crescente, dopo che la legge 189 del 20 luglio 2004, concernente le disposizioni contro il maltrattamento degli animali nonché il loro impiego nei combattimenti o nelle competizioni non autorizzate, aveva sanato un ignobile buco legislativo attorno alla questione e, al contempo, aveva allertato gli organizzatori degli incontri, spingendoli a un atteggiamento più cauto, giusta la massima *calati juncu ca passa la china*. Altri reati legati alla zoocriminalità avevano, quindi, assunto maggior visibilità, quali ad esempio il traffico di cuccioli, consentendo una ripresa delle lotte clandestine fra cani, gestite ora, però, con maggior cautela, grazie anche alle opportunità fornite dal web.

Proprio sulle pagine virtuali della rete, in community su Facebook o in pagine segrete, si ritrovano persone accomunate dalla passione per queste mattanze tra cani: hanno squadre, classifiche, compravendite e trasferte; hanno pagine web nelle quali sono presentati il pedigree, le caratteristiche e i prezzi dei cani da combattimento, magari attraverso una vetrina apparentemente più innocua e bonaria; hanno contatti transnazionali, come la banda che agiva tra Imperia, Pavia, Teramo e la Serbia e che provvedeva alla compravendita e allo scambio di molossoidi, spesso sprovvisti di chip, sul territorio nazionale o all'importazione di 'campioni' dall'estero e li allenava per combattere. Si organizza un match su internet, attraverso un gruppo segreto, si fornisce l'account soltanto alle persone di fiducia, affinché possano raggiungere il luogo del combattimento in sicurezza, si chiude il tutto non appena l'incontro termina. E se i proprietari dei cani sul ring, o gli scommettitori, preferiscono godersi lo spettacolo da casa, l'organizzazione è così generosa da fornire le riprese online attraverso lo smartphone.

Certo, resta il piccolo particolare del destino di questi cani. Per gli sconfitti, se morti, è sufficiente una tanica di benzina o, se ancora vivi benché agonizzanti, l'abbandono, in condizioni pietose, presso qualche discarica. Chi si salva, magari per il tempestivo intervento delle forze dell'ordine, non ha vita lunga, perché rimangono cicatrici sul corpo e sulla psiche; spesso trovano posto in centri di rieducazione, affinché siano restituiti a una vita dignitosa, quanto più possibile distante dagli orrori ai quali hanno dovuto partecipare loro malgrado. In tal senso, fra gli altri, vale la pena citare il 'progetto Cerbero' dell'associazione Vita da cani di Arese (nel Milanese), volto proprio al recupero dei cani aggressivi, anche se non tutti provengono dal giro infame dei combattimenti clandestini. Ai più fortunati tra loro, è riservato un futuro presso qualche famiglia, debitamente scelta, all'interno della quale trovare quell'affetto negato loro da altri cosiddetti umani.

Come si è detto, il problema è attuale. Nel maggio di quest'anno, a Casal di Principe, nel Casertano, la Polizia di Stato, allertata da alcune segnalazioni, ha individuato un vero e proprio lager per combattimenti fra cani, gestito da un ventenne pluripregiudicato, denunciato per il reato di maltrattamento di animali. È solo uno dei tanti luoghi, sparsi in tutta Italia, nei quali è possibile rinvenire questa aberrante forma di Fight Club i cui caratteri, non per il gusto morboso del dettaglio, vanno sottolineati. Perché quando quella folla di individui si assiepa attorno a un ring, il dramma per gli animali coinvolti nella lotta si è già ampiamente dispiegato e assomiglia a un film dell'orrore.

Ciò a partire dall'addestramento dei cani: fin dai primi mesi di vita, vengono chiusi in sacchi e ripetutamente bastonati, al fine di stimolarne l'aggressività, così come vengono lasciati senza cibo per giorni e alimentati solo con carne cruda, sono tenuti in luoghi bui, bendati per larga parte del tempo, con una luce alogena che pencola sulla loro testa, in modo tale che, quando saranno portati sul ring, con una stessa luce alogena e il buio attorno, quella cornice stimoli l'aggressività esasperata in precedenza.

Per rafforzarne muscolatura e fiato, il cane viene sottoposto a enormi sforzi fisici, dalla corsa dietro a un ciclomotore a una pedana mobile elettrica sino alla pratica di fargli mordere il copertone di un motorino e poi di issarlo a molti metri dal suolo, affinché stringa quanto più possibile per evitare di cadere a terra. E non gli sono risparmiati pesi inseriti su speciali imbragature che gravano sul suo corpo o, ancora, l'uso di legargli le zampe per tenerlo in posizione verticale, con l'improbabile scopo di fargli perdere la sensibilità dell'arto e, quindi, di aumentare la sua resistenza ai morsi in combattimento. Inutile dire che si tratta di una pratica priva di qualsiasi criterio di scientificità.

Senza contare l'ampio ricorso a sostanze dopanti per accrescere la resistenza degli animali, quali testosterone e suoi derivati (nandrolone, stanozololo), amfetamina, efedrina.

E non manca, in questo dramma troppo sottaciuto, la crudeltà verso altri animali: gatti o galli dati in pasto vivi ai cani da addestrare, oppure maiali o cinghiali contro i quali gli animali da combattimento devono lottare; o, ancora, cani di piccola taglia, randagi o rubati ai legittimi proprietari, che stanno diventando l'altra faccia sadica di questo spettacolo ignobile, usati come vittime sacrificali per il divertimento degli spettatori. O cani di grossa taglia, magari cuccioloni, usati come partner per allenare i campioni, destinati, quelli, a soccombere, ma non senza lottare, "perché per le simulazioni servono animali sì più deboli, ma pronti a difendersi disperatamente", rivelava a "Il Mattino", qualche anno fa, un uomo che aveva fatto parte di quel giro.

Cani usati "come fossero carne da macello – osservava Carla Rocchi, presidentessa dell'Enpa, in un'intervista a "La Stampa" -. Per questo io raccomando sempre ai proprietari, anche chi possiede un innocuo e pacifico meticcio, di non perdere mai d'occhio il proprio cane".

Ecco, queste righe servono anche per questo, non solo per sottolineare la recrudescenza di un fenomeno che è tornato in auge, più silente, ma non meno pericoloso, o per enumerare le brutture nei confronti degli animali da parte di individui lontani da qualsiasi forma di civiltà, ma anche per sensibilizzare quanti posseggono un cane (o un gatto) sul fenomeno allarmante del rapimento di animali domestici dai giardini, dalle auto, dagli appartamenti.

Del resto, può davvero stupire l'esistenza diffusa e capillare di questo aberrante spettacolo al massacro e dei suoi corollari se si considera che, in Italia, ogni 55 minuti viene aperto un nuovo fascicolo per reati contro gli animali (stima fornita dalla LAV, relativamente al 2017, desumendola dai dati reperiti dalle Procure; cifra tratta da un campione e sottostimata)?

No, non stupisce. Siamo abituati alle mattanze degli uomini, in questo Paese, abbiamo celebrato, pochi giorni fa, l'attentato tragico a Paolo Borsellino e alla sua scorta, abbiamo un rosario di nomi di vittime delle mafie da sgranare, possiamo davvero pensare che la fine di Kelly, il pitbull femmina lasciata morire dissanguata, dopo un combattimento, in un dirupo a San Felice a Cancello (provincia di Caserta) due anni fa, possa risolversi con l'arresto e la punizione dei responsabili?

No, temo di no. Era un cane, niente di più. E, per giunta, non vincente.

Troppo poco per un Paese in cui una parte dei suoi abitanti guarda con ammirazione ai cani che mordono più furiosamente e alla feccia umana che usa quei poveri animali per potersi sentire più forte e degna di rispetto. Che usa quelle zanne perché, forse, ha spuntate e deboli le proprie.

Fonti:

https://www.ilmattino.it/caserta/cani_rapiti_allenare_pitbull_combattimento-3656377.html
https://www.lastampa.it/la-zampa/2011/06/06/news/combattimento-tra-cani-un-giro-d-affari-da-300-milioni-di-euro-br-1.36954813
http://www.antimafia365.it/2019/03/05/la-lotta-tra-cani/
https://www.vitadacani.org/progetti/cerbero/
https://www.lav.it/cpanelav/js/ckeditor/kcfinder/upload/files/files/LAV_Rapporto%20Zoomafia%202019.pdf

Calabria 'zona rossa'?

La gestione della sanità in Calabria, e non solo, ha mostrato i limiti e i disservizi con la diffusione della Covid, ma occorre analizzare i decenni passati per comprendere come si è arrivati a questo punto[8].

Questo articolo non aveva il punto interrogativo.

Era stato concepito, inizialmente, come risposta immediata alle proteste del presidente facente funzioni della Regione Calabria, Antonino Spirlì, contro la decisione del governo di collocare il territorio in zona rossa. Cosa che, di fatto, è avvenuta. Ma oggi la Calabria ha di nuovo cambiato colore, non è più rossa.

L'articolo, intanto, lievitava tra le mani, è diventato uno sguardo all'indietro, il recupero della memoria di una certa sanità calabrese a partire dagli anni Settanta del secolo scorso, un taglio arbitrario nella storia, certo, ma comunque un percorso cinquantennale nel corso del quale il quadro che si disegna rende quelle di Spirlì proteste utili per la competizione politica, per la dialettica Stato-Regioni, ma che risultano fragili alla luce dell'opera di sistematico saccheggio del diritto alla salute dei calabresi.

Quando, con comprensibile stizza, Spirlì reclama il diritto dei suoi conterranei a curarsi a casa loro, non avanza in sé una richiesta anomala o sbagliata. Anzi. Peccato, però, che quel diritto sia stato eroso, per decenni, dalla violenza della criminalità, la 'ndrangheta, dalla complicità di una certa par-

---

8   *Girodivite,* 9 dicembre 2020. Al presente articolo era stato associato un
    dossier reperibile in rete.

te della società civile (amministratori, operatori sanitari, impresari ecc.), dalla miopia e/o dalla correità della politica regionale, dall'inerzia dello Stato e/o dalla sua lontananza dalle problematiche locali.

A partire dal 1987, nel periodo a cavallo tra la fine del servizio sanitario nazionale così com'era stato concepito dalla riforma del 1978, ossia come erogazione di un servizio universalistico, e la riforma del 1992, targata De Lorenzo, che aziendalizzava la sanità (creando le Asl), inizia la lunga sequela di commissariamenti delle realtà sanitarie locali calabresi. La patria di Francesco Macrì, 'Ciccio Mazzetta' per la cronaca del tempo, cioè Taurianova, e Locri, qui si intendono le rispettive Usl, fecero da apripista, cominciarono, cioè, a tracciare il terreno di quei comportamenti illegali e indecenti che scarnificarono, dall'interno, il sistema sanitario calabrese. Il fecondo abbraccio tra 'ndrangheta e politica locale, tra comparti politico-amministrativi e cosche mafiose, diede vita infatti, già oltre trent'anni fa, all'occupazione fisica delle Usl da parte degli uomini dei clan locali o a essi contigui, alla crescita esponenziale dei costi sanitari per farmaci o apparecchiature mediche spesso inutilizzati, alla pletora di dipendenti ben oltre le reali necessità dell'ente, al ricorso sospetto e insistito alle strutture private accreditate per trattamenti che il servizio pubblico non era in grado di erogare perché, non di rado, galleggiava nell'incuria o nel mal funzionamento, alla transumanza umana dalla Calabria verso altre regioni per la difficoltà di seguire percorsi diagnostico-terapeutici di buon livello.

Questa modalità di gestione della sanità, pur variando i contesti sanitari nazionali e le giunte regionali, è rimasta inalterata, anzi si è ingigantita, è diventata la norma, l'ordinarietà, il dato quotidiano di aziende sanitarie che hanno finito per essere inglobate dalla criminalità organizzata. A proposito dell'Asl di Locri, indagata a seguito delle indagini relative all'omicidio nel 2005 del vice-presidente del Consiglio regionale, Francesco Fortugno, il prefetto Paola Basilone, che presiedeva la commissione di inchiesta sull'ente, ha scritto che la 'ndrangheta si era infiltrata in modo così pervasivo da aver generato «la compromissione del regolare legittimo andamento della gestione della cosa pubblica» e che influiva in maniera così profonda sulle scelte decisionali «da non poterle ritenere più riconducibili all'autonoma e consapevole volontà dell'Azienda sanitaria».

Parole esplicative e drammatiche, come si può vedere. Ma non le uniche, perché la documentazione giudiziaria, politico-amministrativa, giornalistica e sanitaria, che racconta le vicende di quei decenni, sembra ripetere con monotona insistenza la stessa, identica storia con qualche variazione non troppo significativa. A leggere quelle pagine, risulta del tutto comprensibile perché, giunti al 2010, l'intera sanità regionale venne commissariata, dopo che, nel 2006, l'Asl di Locri fu sciolta per la seconda volta, seguita, due anni dopo, da quella di Reggio Calabria, che avrebbe replicato nel 2019 insieme all'ente catanzarese, mentre, in quello stesso anno 2010, toccò all'Asl di Vibo Valentia.

Si può entrare in quelle realtà attraverso occhi differenti, siano quelli delle commissioni antimafia, siano quelli dell'autorità giudiziaria, nel caso dell'inchiesta "Onorata sanità" legata all'omicidio Fortugno, o, ancora, siano quelli della commissione chiamata a verificare, nel 2008, i LEA (livelli essenziali di assistenza) delle aziende sanitarie e ospedaliere. Quanto a quest'ultima, nominata a ridosso di una serie rilevante di morti sospette per malasanità, nella relazione conclusiva tratteggiava un quadro impietoso, partendo dal presupposto che la sanità pesava sul PIL regionale in misura quasi doppia rispetto a quello di altre realtà italiane (8,77 contro i 4,66% della Lombardia) e avendo, però, una ricaduta minima sul livello qualitativo, come dimostrava non soltanto il già richiamato esodo verso altre regioni dei malati calabresi, ma anche lo stato generale di alcuni servizi essenziali. Ospedali con macchinari e senza personale, ospedali senza macchinari e senza utenti con personale sanitario regolarmente in servizio, nosocomi con reparti mancanti o del tutto carenti, strutture chiuse o derubricate ad ambulatori. Senza contare, poi, i rilievi sui curricula dei direttori generali delle Asp (ossia le aziende sanitarie provinciali) e il loro continuo, quasi compulsivo ricambio, la mancanza di un sistema integrato di comunicazioni per i casi di emergenza, «la cui soluzione è affidata all'affannosa ricerca telefonica di posti letto», il disappunto dinanzi all'inerzia con la quale si eludeva la ricerca delle responsabilità personali nei casi di decesso per malasanità.

Il giudizio finale, per voler essere sintetici, era secco e inappellabile: «la 'metodologia' del disservizio risulta essere l'aspetto prevalente del sistema sanitario in Calabria, mostrando sempre le stesse caratteristiche di un sistema caratterizzato da debolezza strutturale in una micidiale combinazione tra governo regionale che non riesce a imporre scelte di rinnovamento, governo aziendale troppo spesso senza capacità di gestione, degrado e inadeguatezza strutturale dei presidi sanitari, disorganizzazione amministrativa e gestionale, comportamenti professionali non adeguati, che a volte può risultare fatale, e che pregiudica le esigenze assistenziali, impedisce un efficace governo della spesa e conduce a rilevanti disavanzi finanziari di cui spesso non si conosce l'effettivo ammontare».

Ecco l'altro aspetto accanto a quello dei livelli essenziali di assistenza, ossia il problema contabile. Perché, alla pari dei rilievi mossi dalle diverse relazioni sulle condizioni di degrado o di incuria o di carenza del servizio sanitario, al punto che l'allora prefetto Serra, membro di quella commissione, aveva parlato di sistema da 'terzo mondo', il problema finanziario delle Asp o delle aziende ospedaliere appare la costante di tutte le relazioni incontrate. La relazione Basilone, quella di Locri per intenderci, parlava di impossibilità di venire a capo del numero dei dipendenti dell'azienda provinciale, del loro ruolo; ma era tutta la materia contabile a risultare nebulosa, tanto che l'entità reale del disavanzo regionale in materia sanitaria resta, a oggi, ancora elemento di discussione.

In questa pantomima crudele, tra il sonno dei giusti e la voracità degli ingiusti, in questo sistema vilipeso e offeso dalle mani di tanti e per decenni, a restare stritolati erano e sono i cittadini che a quel sistema non si abbeverano o dal quale non traggono profitto. Magari gli anziani, magari quelli ricoverati a Villa Anya, la residenza di proprietà di Domenico Crea, medico e politico, cardine di quella rete di relazioni collusive tra politica e mafia che aveva portato alla morte di Fortugno. Quel Domenico Crea una cui intercettazione telefonica, richiamata nell'ordinanza di custodia cautelare del gip Roberto Lucisano e presente in Rete, è conosciuta come 'decalogo dell'immoralità', per il cinismo sprezzante con il quale Crea spiegava al suo interlocutore la gerarchia degli assessorati ricchi, la sanità in primis, da accaparrarsi e per la visione del mondo in base alla quale era cosa da idioti crogiolarsi con diecimila euro da consigliere regionale o, peggio, con gli stipendi da dipendente. «Perché quando uno è dipendente, è un povero disgraziato qualunque ruolo abbia (...). Perché si devono accontentare di 2, 3.000, 4.000 euro, questi sono gli stipendi e 'finiu u film' (...). Mentre se tu sei bravo, in una gestione privatistica, tu ti puoi fare 50.000 euro, 100.000 euro, non so se sono chiaro».

Chiarissimo, la gestione privatistica era quella, appunto, di Villa Anya. E il cinismo è quello con il quale l'ordinanza spiega l'atteggiamento verso i degenti, soprattutto quelli molto anziani, abbandonati, non curati o curati con prescrizioni fatte per telefono, lasciati morire per imperizia o negligenza o addirittura trasportati già morti al pronto soccorso di Melito Porto Salvo, perché in clinica non doveva risultare alcun tipo di decesso. «Il disprezzo assoluto, totale, della vita umana e del dolore della povera gente è il prodotto ultimo, il più perverso e odioso, del grumo di potere e dell'intreccio mafioso che emerge dalla vicenda di Villa Anya». Quest'ultima frase è presente nella relazione del 2008 della Commissione parlamentare di inchiesta sul fenomeno della criminalità organizzata mafiosa o similare, presieduta dall'onorevole Francesco Forgione.

A distanza di anni dal commissariamento dell'Usl di Locri, nel 1987, veniva sciolta, come si è detto, l'Asl catanzarese. Tra le solite, note, quasi monotone enumerazioni dei mali dell'ente, si faceva notare come la stessa struttura fisica dell'ospedale di Lamezia Terme fosse ormai di gestione delle 'ndrine locali, che controllavano i servizi funerari all'interno del nosocomio, che facevano attendere il personale sanitario fuori dal reparto in attesa che uomini delle cosche aprissero loro la porta, che avevano accesso ai computer e ai dati sensibili dei pazienti.

Insomma, quando Antonino Spirlì grida che i calabresi hanno diritto di curarsi in Calabria, dice una santa verità. Peccato che a non essere santa sia la sanità regionale, non in sé, ma per come è stata trattata dalla feroce disumanità di tante mani, così tante che è diventato difficile nel tempo riconoscerle tutte. Per questo, il balletto indecente dei commissari *ad acta* che ancora interessa l'opinione pubblica appare grottesco, diventa notizia sulla quale azzuffarsi, mentre nell'ombra resta, perché la storia ha memoria corta in questo Paese, la vicenda esemplare e drammatica dell'annichilimento del sistema sanitario regionale. In bocca al lupo a Longo, nuovo commissario *ad acta*, uomo affidabile, certo. Ma questa storia sfilaccia gli uomini e le loro buone intenzioni con la forza dell'inerzia, motore e comburente della storia, perché, come ha insegnato il Gattopardo, tutto cambi per restare eguale a prima.

Relazione semestrale della Dia 2021: la necrosi dell'economia italiana

L'ultima relazione semestrale della Dia, relativa al periodo giugno-dicembre 2021, è stata pubblicata circa un mese fa[9].

Sono passati trent'anni dall'elaborazione del primo rapporto della neonata Direzione investigativa antimafia: era un resoconto di circa cinquanta pagine, redatto a macchina, nel quale affiorava la tragedia delle duplici stragi di Capaci e di via D'Amelio. Iniziava nel sangue l'esperienza di un centro investigativo voluto dallo sguardo lucido e capace dei due giudici uccisi dalle cosche mafiose.

---

9   *Girodivite*, 9 novembre 2022

Sono passati trent'anni, la Dia ha continuato, semestre dopo semestre, a pubblicare relazioni e resoconti, grafici e tabelle, analisi dettagliate che, nei decenni, hanno visto quei circa cinquanta fogli dattiloscritti divenire cinquecento pagine digitali. E alla metamorfosi dei caratteri a stampa, oltre che del numero di pagine, si è associata la metamorfosi del fenomeno mafioso. Trasformazione largamente rintracciabile nelle migliaia di pagine che, dal 1992 a oggi, gli estensori delle relazioni semestrali hanno redatto: certo a volte in ritardo, ma l'evoluzione dei traffici illeciti, le linee di raccordo tra le mafie autoctone, l'ingresso graduale e incessante delle mafie straniere si trovano puntualmente analizzati in quei documenti. Circa quest'ultimo aspetto, le mafie straniere nel nostro Paese, risulta di un qualche interesse quanto riportato dalla relazione del secondo semestre 2021, "Focus: caratteristiche salienti e profili evolutivi della criminalità nigeriana in Italia», secondo la quale quella africana sarebbe una mafia aggressiva, di cui si conoscono ancora poco i contorni e pericolosa perché capace di «insediarsi proficuamente in ambiti territoriali comunemente caratterizzati da un basso spessore delinquenziale».

Dunque, documenti ricchi di informazioni. Ammesso e non concesso, che qualcuno abbia voglia di leggerli. Perché davvero stupisce e fa pensare che le nervature del cancro mafioso siano così palesi ed evidenti all'interno di quelle relazioni, così chiare e pressanti le richieste di intervento su alcuni fronti, così inequivocabili gli aspetti più devastanti del fenomeno mafioso e, nonostante ciò, le mafie continuino a rappresentare, nelle agende di quegli stessi partiti a cui la Dia parla, una sorta di oggetto mancante. Si ha l'impressione, scorrendo le pagine di quei documenti, che appartengano a una sorta di meccanismo inerziale: ogni sei mesi vengono pubblicati, aggiungendo o integrando, eliminando o correggendo, ma quel profluvio di parole resta candidamente ignorata o, quantomeno, le si getta uno sguardo frettoloso e altrettanto meccanico.

Eppure, sono documenti importanti, trasudano competenze e impegno, sforzi conoscitivi e sacrifici; anche di vite umane. Per quanto, leggendo l'ultima relazione, queste appaiano in decrescita. Si è detto che la prima relazione, quella del 1992, grondava di sangue. Ora non è più così. Chi ha redatto il documento spiega, infatti, che l'analisi condotta dalla Dia conferma ancora una volta che «il modello che ispira le diverse organizzazioni criminali di tipo mafioso appare sempre meno legato a manifestazioni di violenza e diversamente rivolto verso l'infiltrazione economico-finanziaria». E, immediatamente dopo, celebra la lungimiranza di Falcone e Borsellino, capaci, trent'anni fa, di prevedere questa linea di tendenza, tanto che la stessa Dia è parte integrante di quell'architettura antimafia voluta dai due giudici e finalizzata «a colpire i sodalizi anche sotto il profilo patrimoniale arginandone il riutilizzo dei capitali illecitamente accumulati nell'ambito dei mercati economici per evitarne l'inquinamento».

Ai magistrati "martiri" ciò era chiaro o, almeno, prevedibile alcuni decenni fa. Era chiaro il *trend* illecito e chiari erano gli strumenti di contrasto, per quanto ancora grezzi. A leggere le "conclusioni" della più volte richiamata relazione semestrale, quella chiarezza sembra essere rimasta nell'acume di Falcone e Borsellino, ma disattesa sul piano di un reale e profondo, continuativo contrasto del fenomeno mafioso dell'infiltrazione dell'economia italiana. Una «silente infiltrazione economica», si trova scritto, resa possibile da «forme di connivenza con professionisti estranei a contesti criminali»: le consorterie mafiose sono duttili, dotate di grandi capacità di adattamento e accrescono velocemente il loro bagaglio di relazioni utili, il loro capitale sociale.

Citando uno studio della Banca d'Italia – «La criminalità organizzata in Italia: un'analisi economica», di Sauro Mocetti e Lucia Rizzica, reperibile in rete –, gli esperti della Dia rendono noto un dato significativo: «i volumi di affari legati alle attività illegali sono ingenti e si può stimare che rappresentino oltre il 2 per cento del PIL italiano. A tali valori occorre poi aggiungere i proventi delle mafie ottenuti attraverso l'infiltrazione nell'economia legale».
Giusto per dare conto delle cifre, si parla di circa 38 miliardi di euro l'anno, qualcosa come 104 milioni al giorno, pari alla cifra per le spese militari immaginata dal "decreto Ucraina".

Cosa cercano le mafie, soprattutto al Nord? Un PIL pro capite più elevato e una spesa pubblica che condizioni maggiormente l'economia locale. Dunque, professionisti e pubblici amministratori piegati alla forza corruttiva mafiosa, insieme a politici e agenti economici locali infedeli, creano le condizioni ottimali perché le consorterie criminali si innestino su un territorio, finendo così per necrotizzarlo. È sempre la Dia, attraverso la relazione della Banca d'Italia, a parlare: la presunta maggiore liquidità di un territorio, per così dire, incistato dal denaro mafioso, se in un primo momento pare positiva e virtuosa, «si rivela, invece, nel tempo un fattore che indebolisce progressivamente la rete produttiva e imprenditoriale sana poiché frutto di logiche di mercato falsate che innescano un inesorabile inquinamento economico vizioso».
Forse può servire sottolineare che, a fronte di un potenziale azzeramento dell'indice di presenza mafiosa nel Mezzogiorno, secondo alcune stime si assisterebbe, in questa parte del-

la penisola, «a un aumento del tasso di crescita annuo del PIL di 5 decimi di punti percentuali (circa il doppio rispetto all'analogo esercizio per il Centro Nord)».

Per ribadire il concetto della necrosi economica dei territori in cui i legami corruttivi connettono i gruppi criminali alla pubblica amministrazione e, per tale ragione, incidono sulla spesa pubblica a danno dell'interesse generale, la Banca d'Italia compara i diversi esiti dell'elargizione di fondi pubblici alle aree colpite da calamità naturali: il Friuli Venezia Giulia e l'Irpinia. A fronte della maggiore crescita in Friuli, rispetto quella che si sarebbe verosimilmente realizzata in assenza del terremoto, in Campania l'ingente afflusso di trasferimenti pubblici per far fronte alle spese di ricostruzione ha determinato una crescita minore e ciò in virtù del «maggior grado di distrazione dei fondi pubblici». A livello esemplificativo, sempre nel documento evocato dalla Dia, gli autori evidenziano come «l'insediamento di organizzazioni mafiose in Puglia e Basilicata nei primi anni Settanta avrebbe generato nelle due regioni, nell'arco di un trentennio, una perdita di PIL pro capite del 16 per cento circa».

Quanto ai modi attraverso i quali la criminalità influenza l'economia reale, il ventaglio è davvero ampio: dalle risorse stornate per contrastare l'attività mafiosa, sottraendole agli investimenti produttivi, alla riduzione degli investimenti privati per via dell'ingerenza delle consorterie criminali; dalla distorsione nella spesa e nell'azione pubblica alla fuga dei giovani più capaci dalle regioni in cui le mafie deprimono il mercato del lavoro e l'istruzione alla selezione e ai comportamenti della classe politica locale. Una classe politica «meno preparata e più connivente facilita l'espansione del controllo mafioso e alimenta le distorsioni allocative delle risorse pubbliche».

È un quadro piuttosto depresso, quello dell'economia italiana tratteggiato dalla Dia. E anche deprimente, se si considera che le conclusioni della relazione ribadiscono in più punti una peculiarità delle mafie storiche, che le distingue dalla criminalità ordinaria: quella di "fare sistema", quella di creare un capitale sociale, ossia l'insieme delle relazioni con il mondo esterno, in grado di estendere gli interessi illeciti anche su contesti territoriali sino ad allora privi della presenza mafiosa. Queste «forme di illecita convivenza delle organizzazioni mafiose e dei funzionari infedeli degli Enti nel semestre in esame paiono abbastanza diffuse in tutte le matrici mafiose storiche».

Si è detto in tante occasioni su questa stessa rivista: *l'homo mafiens* è mutato, è indistinguibile, è duttile, assomiglia a noi; non è una novità, non è una scoperta clamorosa. Lo si legge da anni sui resoconti semestrali della Dia, ma pare un appello vano. *Vox clamantis in deserto*, avrebbero detto gli antichi.

Corso sulle mafie per docenti del Piemonte: mafie e corruzione

Il prof. Alberto Vannucci al Liceo artistico statale torinese "Renato Cottini", in un incontro in streaming, venerdì 24 febbraio, dinanzi ai docenti del corso di formazione sulle mafie[10].

Tra i reati che conoscono una fiorente vitalità, un'inossidabile persistenza nel nostro Paese, vi è la corruzione; ciò sin dalle origini della nostra storia unitaria, come si dirà più avanti. *Corrumpere*: esercitare un'azione di progressivo disfacimento. Così la parola latina porta, sul piano etimologico, a intendere il reato di corruzione come l'erosione, tutt'altro che occasionale, del senso dello Stato e dello Stato stesso da parte di corrotti e corruttori. È questa la prospettiva dalla quale parte Isaia Sales in una sua opera – *Storia dell'Italia corrotta*, Rubbettino editore, 2019 – dove precisa: «la corruzione non è dunque per noi un problema della morale singola del cittadino ma della concezione dello Stato di una parte delle classi dirigenti del paese, che hanno reso l'abuso del loro potere un fatto consuetudinario e diffuso, una normale modalità di esercitare la funzione politica, burocratica e imprenditoriale. Si potrebbe quasi parlare di "banalità" della corruzione in Italia».

Di un cancro dalle metastasi diffuse e ramificate parla, poi, un rapporto di Libera e del Gruppo Abele, dal titolo emblematico: "Corruzione sistematica e organizzata. Viaggio nel sistema corruttivo del Paese" (2017, reperibile in Rete). Pure qui, viene evidenziato l'enorme danno sociale, economico, politico e culturale comportato dalla corruzione eretta a sistema: «la corruzione non solo infrange le regole stabilite a

---

10 *Girodivite*, 1 marzo 2023

tutela del bene pubblico, ma sfascia l'economia, disgrega i legami sociali, rischia di fare a pezzi la nostra stessa democrazia. Perché spezza il legame di fiducia fra i cittadini e le istituzioni. Distrugge l'uguaglianza, che non può esistere dove l'arbitrio e il privilegio si sostituiscono al diritto e ai diritti. Disperde il senso di legalità nel nome di "così fan tutti"».

Proprio di tale reato, nel suo punto di intersezione con gli interessi e l'azione criminale delle mafie, ha parlato il prof. Alberto Vannucci al Liceo artistico statale torinese "Renato Cottini", in un incontro in streaming, venerdì 24 febbraio, dinanzi ai docenti del corso di formazione sulle mafie. Il prof. Vannucci è docente ordinario di Scienza politica del Dipartimento di Scienze politiche dell'Università di Pisa; si è occupato di varie tematiche nel corso della sua attività accademica, dal lavoro nero al declino competitivo alle organizzazioni criminali, ma, in particolare, ha dedicato larga parte dei suoi sforzi analitici al tema della corruzione. Membro dell'ufficio di presidenza di Libera e del Comitato scientifico di Avviso pubblico, il professore pisano dal 2010 coordina, dopo averlo elaborato insieme ai due enti ora citati, un Master universitario in "Analisi, prevenzione e contrasto della criminalità organizzata e della corruzione".

Forte di questa esperienza, e proprio a partire da una lezione svolta nel Master insieme a Piercamillo Davigo, Vannucci ha provato a sintetizzare gli aspetti più rilevanti del fenomeno corruttivo nel nostro Paese, il primo dei quali è la sua lunga durata. In tal senso, ha rievocato la lontana vicenda di un battagliero garibaldino, Cristiano Lobbia, prima tra i campi di battaglia e, in seguito, nelle aule parlamentari. Il suo nome è legato alla sua forte e intransigente presa di posizione dinanzi allo "scandalo del Monopolio dei tabacchi", ossia ai fon-

73

dati sospetti che l'approvazione parlamentare della concessione da parte del neonato Regno d'Italia – siamo nel 1869 – a un gruppo di imprese private del monopolio della coltivazione del tabacco e della manifattura dei prodotti da fumo fosse stata pilotata per mezzo di finanziamenti illeciti a un rilevante numero di deputati, circa una sessantina, da parte di alcuni banchieri interessati all'affare. Lobbia denunciò in Parlamento lo scandalo, dicendo che aveva prove che avrebbero accertato le responsabilità di corrotti e corruttori; un mese dopo fu aggredito, prima di testimoniare presso la Commissione d'inchiesta approntata, di malavoglia, dal Parlamento. Per inciso, come nota di costume, vale la pena ricordare che la bastonata sferratagli sul cappello, prima delle tre coltellate nel petto, piegò il copricapo nel mezzo e ciò fu sfruttato in seguito da un intraprendente cappellaio fiorentino che diede vita al noto cappello, appunto, alla "lobbia". Il garibaldino si salvò, ma l'inchiesta fu archiviata e lui si trasformò da accusatore in accusato, in virtù del fatto che una parte del ceto dirigente e della stampa filo-governativa intimò il sospettò che l'agguato fosse un'invenzione dello stesso Lobbia.

Partendo dai primi passi della nostra storia nazionale, il prof. Vannucci ha osservato come, nel corso della vicenda plurisecolare della corruzione, si siano consolidati dei meccanismi quasi invariati, ossia una platea ampia e variegata di soggetti interessati all'accordo illecito e la presenza di un sistema di regolazione interna di quegli stessi accordi. Quanto al primo aspetto, il relatore ha enumerato alcuni scandali della fase repubblicana, da quello del 1954 dell'Ingic (Istituto nazionale per la gestione delle imposte di consumo), che vide coinvolte diverse amministrazioni comunali che intascarono mazzette per favorire degli appalti a favore dell'Istituto e che portò a istruire circa 50 procedimenti penali in altrettante sedi giudiziarie, con 1183 indagati, tra i quali numerosi parlamentari, per quali, però, Camera e Senato negarono l'autorizzazione a procedere, allo scandalo Mose, il progetto architettonico per separare la laguna di Venezia dalle acque del Mar Adriatico in vista di possibili allagamenti, che si incardinò attorno a una tangente complessiva pari a un miliardo di euro e che vide i primi arresti nel 2013. Ancora: il prof. Vannucci ha riferito, sulla base delle osservazioni di Davigo, che uno dei filoni di inchiesta di Tangentopoli riguardò l'Anas, la società che si occupa delle infrastrutture stradali, e portò all'incriminazione di 150 imprenditori che si ripartivano la gara secondo un meccanismo ben oleato e a rotazione, dietro il versamento di tangenti a interlocutori pubblici legati all'Anas. Si trattava – ha continuato Vannucci – di un sistema che andava avanti da almeno vent'anni e che non cessò affatto con la sotto-inchiesta di Mani pulite: nel 2015, infatti, emerse come presso l'Anas di Roma le imprese continuassero a versare delle mazzette a un dirigente.

Quest'ultimo episodio, ha spinto il relatore ad avanzare un'osservazione pregnante: «i funzionari socializzano la corruzione», ossia passano, per così dire, la consegna ai loro successori, così come passano loro le mansioni affiancandoli all'inizio dell'attività. E proprio sulla base di tale constatazione, l'ospite del Cottini ha suggerito l'idea della corruzione come di un sistema ampiamente strutturato e caratterizzato da regole interne fatte rispettare anche con delle sanzioni. Le regole interne, ha precisato, hanno a che vedere con un aspetto connaturato al reato stesso. Come ad esempio evidenziano le intercettazioni telefoniche legate alla cosiddetta "cricca della protezione civile", ossia l'inchiesta legata alle tangenti per i Grandi eventi e il G8, il timore di corrotti e corruttori non è tanto quello del carcere – Vannucci ha parlato, a tale proposito, di "sindrome di impunità" – quanto quello di incontrare nella prassi corruttiva qualcuno di disonesto, qualcuno che non rispetti il *pactum sceleris*. Come potrebbe, infatti, un corrotto denunciare un corruttore insolvente? In che modo imparano a fidarsi gli uni degli altri, ha domandato e si è domandato il prof. Vannucci? Quanto alla "sindrome di impunità", converrà osservare che è tutt'altro che infondata: è nel già citato resoconto di Libera che si legge, nero su bianco, che «le reti di corruzione sembrano estendersi negli stessi anni in cui per i suoi protagonisti diventa sempre più remoto sia il rischio penale che quello di incorrere in sanzioni politiche e sociali».

Tornando al problema del delicato e flebile rapporto fiduciario tra corrotti e corruttori, è questo il punto in cui, almeno per certi aspetti, la vicenda plurisecolare della corruzione si incontra con quella altrettanto plurisecolare delle mafie. In un sistema in cui la regola è la corruzione, ossia è inevitabile pagare una tangente per accedere a un appalto, il meccanismo corruttivo si adegua al mutato contesto ambientale: collassato dopo Mani pulite il sistema dei partiti, la corruzione non è affatto cessata, semmai ha mutato modalità e dinamiche. Tuttavia, in alcune aree, quelle nelle quali le mafie esercitano un reale dominio del territorio, i meccanismi di regolazione della corruzione sono rimasti, di fatto, invariati. In che senso? Vannucci ha spiegato che le mafie, in determinate aree, garantiscono la stabilità della corruzione attraverso l'esercizio di un servizio di garanzia del patto delittuoso. A tale proposito, cita il cosiddetto sistema del tavolino (*'u tavolinu*), ossia lo spazio di incontro fra politica, impresa e burocrazia che, tra gli anni Ottanta e l'inizio del nuovo secolo, ha portato alla spartizione di tutte le gare d'appalto bandite in Sicilia in quegli anni. Cosa Nostra non entrava nella spartizione, ma ricavava una percentuale in relazione al servizio di garanzia della stabilità del sistema: l'1% del profitto complessivo andava alla famiglia mafiosa che aveva sovranità sul territorio in cui avrebbe dovuto prendere forma l'oggetto della gara d'appalto. Una tassa speciale, poi, denominata "tassa Riina" andava ai Corleonesi, in quegli anni al vertice della mafia siciliana.

Il sistema mafioso di regolazione degli equilibri del triangolo corruttivo – politica, imprese e burocrazia - è intuibile e lo spiegò un imprenditore settentrionale che vinse una gara d'appalto a Palermo coinvolta in Mani pulite. Al giudice De Lucia che gli chiedeva come potesse conoscere la somma della tangente da pagare, anche perché era alla sua prima gara, l'imprenditore rispose che in Sicilia era come nel resto d'Italia, solo che c'era più disciplina; «ogni tanto ci scappa il morto e c'è più disciplina».

Questo è il servizio di garanzia offerto dalla mafia. E Vannucci ha portato, poi, un altro esempio, stavolta in Emilia Romagna, emerso nel corso dell'inchiesta "AEmilia" (2015, il più grande processo alla 'ndrangheta nel Nord Italia). Un imprenditore modenese, desideroso di vincere la gara d'appalto per la ristorazione nelle carceri lombarde, aveva chiesto l'aiuto di un intermediario; a fronte di una tangente di 25 milioni di euro, l'imprenditore aveva pagato all'intermediario circa un milione di euro, ma quello aveva cominciato a negarsi, sfuggiva, insomma non prestava fede al patto corruttivo. L'imprenditore si rivolse allora a un boss calabrese di alta caratura, noto nella zona emiliana, ossia Nicolino Grande Aracri. Una telefonata soltanto e l'intermediario giunse a più miti consigli.

L'ospite del Cottini ha citato ancora il caso di "Mafia capitale", per lui un *unicum* nella nostra storia. Per quanto i giuristi abbiano cancellato lo stampo mafioso dell'associazione a delinquere di quella vicenda, il professore ritiene, invece, che di mafia si tratti, una mafia, come la definisce, a "chilometro zero". Una mafia, quella incarnata da Carminati, capace di fungere da valvola regolatrice del mercato corruttivo, fondato sugli appalti pubblici, con un ricavo maggiore di quello del traffico di droga, almeno secondo ciò che è risultato dalle intercettazioni telefoniche, e dal quale Carminati traeva una percentuale proprio in virtù dell'efficace azione svolta per fare rispettare le regole del sistema.

Le mafie, dunque, irrobustiscono il sistema della corruzione, per quanto questi non necessariamente le contempli – ci sono casi in cui, precisa Vannucci, il sodalizio fra corrotti e corruttori ha volutamente fatto a meno delle richieste mafiose – e per quanto l'azione criminale delle consorterie mafiose non si esaurisca certo in tale reato. Tuttavia, per Cosa Nostra e le altre organizzazioni criminali la corruzione è vitale, ha suggerito il relatore, sia perché attraverso tale prassi riescono a eludere l'apparato repressivo dello Stato – la corruzione rappresenta una forma di impunità – sia perché attraverso la funzione, per così dire, di guardiania degli equilibri del sistema, Cosa Nostra, la 'ndrangheta o la camorra riescono a trarre ulteriori profitti.

Nelle ultime battute del suo intervento, l'accademico ha osservato ancora come il fenomeno corruttivo reale in Italia sia tutt'altro che in calata, come farebbero pensare i dati di *Transparency International* che valutano l'indice di percezione della corruzione tra gli esperti nel mondo del business. Da un lato, ha precisato come l'arte della corruzione, in particolare dopo Tangentopoli, sia diventata più sofisticata, e passi anche da gruppi di pressione atti a far cambiare le leggi in senso favorevole alla corruzione sistemica. Dall'altro, ha aggiunto che i soggetti che regolano le dinamiche corruttive si sono ampliati, affiancando quelli canonici (politici e mafie): la vicenda Mose ha visto quale regolatore degli equilibri del sistema corrotto un ingegnere a capo di un consorzio di imprese, con la mafia che ha giocato un ruolo non preponderante. Ha poi ancora rilevato come, a differenza delle dinamiche precedenti e sino a Mani pulite, si stia assistendo a uno slittamento del baricentro della regolazione degli affari illeciti verso i soggetti privati. Detto in altro modo, se in precedenza erano gli imprenditori che cercavano i politici, ora sarebbero questi ultimi a cercare le imprese, in una realtà complessiva che, a partire da una rivisitazione normativa scriteriata del codice degli appalti, rischia di rappresentare una manovra a tenaglia capace di fornire ulteriori spazi di impunità a chi intende muoversi illecitamente nel mercato nazionale. Il riferimento è all'ingente cifra connessa al PNRR.

In tal senso, risultano particolarmente significative le sue indicazioni su come costruire un kit di lavoro con gli studenti. Date loro l'idea concreta dei danni causati dalla corruzione, ha detto agli uditori del suo intervento. Chiedete loro perché in alcune realtà crollino i palazzi e muoiano persone a causa di un terremoto e in altri no; a fronte di due paesi con eguale sviluppo economico ma con un differente livello di corruzione, in quello maggiormente corrotto si muore due volte di più a seguito di un evento tellurico. Chiedete loro perché le strade sono piene di buche pericolose per l'incolumità di un motociclista o per l'assetto di un'auto. Fateli entrare nella concretezza dei danni collettivi e individuali causati dalla corruzione, veda essa o meno la presenza mafiosa. E riprendendo le osservazioni contenute in un'agile pubblicazione a due mani, "Anticorruzione pop. È semplice combattere il malaffare se sai come farlo" (Edizioni Gruppo Abele, 2017, scritto con Leonardo Ferrante), ha invitato a costruire comunità monitoranti, in grado di sorvegliare dal basso l'azione politica locale in funzione di contrasto a un fenomeno nazionale quanto mai diffuso e quanto mai derubricato dall'agenda politica e da quella civile.

Geografie delle mafie

Giù al Nord

Due chiacchiere sul libro Mafie del Nord. Strategie criminali e contesti locali (a cura di Rocco Sciarrone) Donzelli Editore 2019 (2a edizione)[11].

Vivere in una città del Nord, negli anni Settanta, rappresentava un buon viatico contro le mafie. Bighellonavi tra le vie e i quartieri sapendo che non avresti visto lenzuola in terra a coprire, pudicamente, corpi martoriati da proiettili o da esplosioni, auto incendiate, palazzi sventrati, non avresti sentito urla o il silenzio sospeso dopo un omicidio eccellente o meno, finestre e porte rinserrate, per strada il famigliare del cadavere di turno, solo, tra occhi che non hanno visto o che non vogliono vedere.

Voleva dire permetterti il lusso di pensare che la *mafiosità* fosse un problema di quelle lande lontane, dove qualcuno negava l'esistenza del fenomeno; dove, in fondo, ammesso il fenomeno esistesse, era uno scontro tribale e crudo tra clan. Si ammazzino tra loro, uno in meno, due in meno ecc.

Voleva dire sentirsi al sicuro nelle proprie case, al massimo soggette all'avidità di ladri usa e getta.

Poi, ci si sveglia, quarant'anni dopo, e si avverte che qualcosa è cambiato.

---

11 *Girodivite*, 4 marzo 2020

Qualcuno, sempre più persone, asserisce senza mezzi termini che le mafie sono presenti pure al Nord. *Sacre diable*, ma come? Come sono arrivate? Hanno conquistato in armi le città settentrionali, le cittadine settentrionali, i capoluoghi di regione e le province? Quando è iniziata l'invasione? Perché non ce ne siamo accorti! Ma anche adesso, va detto, non ce ne accorgiamo. Le strade restano linde, per terra campeggiano, indolenti, cartacce e *cicles* (i *chewing gum* a Torino) e deiezioni canine. Cattivo civismo, non mafiosità.

Eppure, con buona pace di Roberto Maroni che nel 2010 tuonò contro le dichiarazioni di Saviano a 'Vieni via con me', incardinate sull'assunto della presenza mafiosa in Lombardia, c'è chi sostiene che le organizzazioni mafiose siano presenti al Nord. E lo sarebbero da anni, da decenni, anche quando gli adolescenti che fummo razzolavano lungo le vie senza cadaveri e screziate di cattivo civismo. Non avevamo occhi per vedere?

Di nuovo, *sacre diable*. Ci si sveglia al suono non clamoroso, ma distinguibile, delle inchieste giudiziarie, delle cronache di giornalisti coraggiosi, delle relazioni semestrali della Direzione investigativa antimafia, delle associazioni sorte nella società civile attorno alla questione mafie, degli osservatorii nati all'interno delle accademie, quello diretto dal prof. Nando Dalla Chiesa, ad esempio, il milanese Osservatorio sulla criminalità organizzata (Cross) o quello, geograficamente contiguo, coordinato dal prof. Sciarrone dell'Università di Torino, ossia il Larco (laboratorio di analisi e ricerca sulla criminalità organizzata). E quando ti svegli, ancora assonnato, ti pare di ascoltare, nell'ottundimento del risveglio, il Procuratore capo di Verona e direttore della Direzione distrettuale antimafia, Bruno Cherchi, asserire (siamo nel 2019) che è stata accertata, per la prima volta, "la presenza della criminalità organizzata strutturata nel territorio veneto, profondamente penetrata nel settore economico e bancario" (*Valigiablu.it*, 20 marzo 2019). Camorra e 'ndrangheta, che permeano di sé anche la politica, che sono infiltrate, peggio, radicate.

Ma il Procuratore capo ha parole di cauto ottimismo, così che il risveglio risulta meno traumatico: Cherchi si dice, infatti, speranzoso nella "sostanziale forza del territorio, sia sul fronte amministrativo che imprenditoriale, che offre stimoli per controllare il fenomeno", offrendo, così, soluzioni di contrasto.

Venticinque anni prima o poco più, la Commissione parlamentare antimafia, dopo aver espresso la preoccupazione circa la mancanza in Italia di isole felici, cioè esenti dalla presenza mafiosa, si esprimeva in modo altrettanto rassicurante sulla realtà centro-settentrionale: "la mancanza di un diffuso consenso (...), la resistenza opposta da un tessuto economico-sociale complessivamente sano, il rigetto di gran parte della società italiana dei metodi tradizionali dei poteri mafiosi, la stessa esistenza di un tessuto democratico capillarmente diffuso e meno facilmente permeabile rispetto alle infiltrazioni di soggetti dediti alla criminalità organizzata, funzionano sostanzialmente come anticorpi ed impediscono la riproduzione di condizioni ambientali tipiche delle zone di origine delle organizzazioni mafiose".

1994-2019. Gli anticorpi, evidentemente, non hanno funzionato: forse, il tessuto economico-sociale ha cessato di essere sano, forse, il consenso era meno esiguo di quanto si pensasse, il tessuto democratico, forse, meno diffuso e più permeabile di quanto apparisse, le condizioni ambientali, forse, possono non essere esattamente le stesse per riprodurre la mala pianta.

Davvero, cosa è successo? Per provare a dare una risposta, può essere opportuno scorrere le pagine di *Mafie del Nord. Strategie criminali e contesti locali*, edito una prima volta nel 2014 e poi ripubblicato con integrazioni nel 2019. Il volume è curato dal sopra citato prof. Rocco Sciarrone, ordinario di Sociologia economica presso il Dipartimento di Culture, politica e società dell'Università di Torino, dove insegna Sociologia della criminalità organizzata. Non è un volume divulgativo, è una ricerca accademica ampia e articolata, volta a spiegare il fenomeno espansivo delle organizzazioni mafiose al Nord, la loro graduale infiltrazione e, talvolta, il loro radicamento, ossia le loro modalità di insediamento con diversa forza penetrativa, con diverse strategie adottate dagli esponenti della criminalità organizzata (a tali strategie si attribuisce la categoria concettuale, in sede di analisi, di 'fattori di agenzia') dinanzi a un territorio dotato di specifiche caratteristiche (quelle che il volume definisce 'fattori di contesto').

All'interno di tali contesti, le mafie si muoverebbero seguendo logiche differenti e spesso intrecciate: la 'logica degli affari', cioè una forte vocazione imprenditoriale, tipica, ad esempio, della camorra, e la 'logica dell'appartenenza', ossia la volontà di radicarsi nel territorio, creando forti vincoli di lealtà e solidarietà; approccio più tipico della 'ndrangheta.
Diviso in nove capitoli, il testo risulta, di fatto, architettato su tre pilastri fondamentali: una prima parte, di natura teorica, nella quale si precisano la metodologia e l'ottica analitica adottate; una seconda parte volta a sviluppare, a livello generale, le premesse teoriche della parte precedente, attraverso l'analisi dei fattori di agenzia e dei fattori di contesto che caratterizzano le diverse zone geografiche del paese; una terza e ultima parte, quella più corposa, empirica, di ricerca sul campo, volta a evidenziare singoli casi di insediamento delle

organizzazioni mafiose in alcune regioni esemplari, anzi, per meglio dire, in circoscritte realtà locali di alcune regioni (dalla Lombardia al Piemonte, dal Ponente Ligure al Veneto, dalla zona di Prato all'Emilia-Romagna alla vicenda 'Mafia capitale'). Lo studio di 'caso' si presta bene a supportare, sul campo circoscritto di alcune località nostrane, gli assunti teorici della prima parte.

Non è in questa sede che si intende evidenziare la ricchezza analitica del testo, i molti dettagli di una ricerca che cerca di incrociare fra loro quelle due categorie sopra definite 'fattori di agenzia' (strategie dei criminali, loro risorse, reti di relazione, obiettivi di fondo ecc.) e 'fattori di contesto' (le specifiche condizioni dei territori che accolgono, per così dire, i gruppi criminali favorendone o arginandone l'infiltrazione e/o il radicamento). Di fatto, proprio la volontà di coniugare tali categorie rappresenta il cardine e la forza del libro, sia in quanto presupposto teorico sia in quanto esito analitico. Per dire meglio, la tesi di fondo del volume, che è poi una risposta alle domande poste sopra, è la seguente: le organizzazioni mafiose si sono insediate, a differenti livelli di penetrazione (infiltrandosi o radicandosi), non in virtù di una loro detonante capacità espansiva, o, meglio non solo in virtù delle caratteristiche loro proprie (il braccio violento dell'illegalità e la loro capacità di creare un 'capitale sociale', un network di relazioni finalizzate alle loro strategie), ma anche in virtù di un terreno predisposto ad accoglierle, ossia caratterizzato da comportamenti permeabili alla penetrazione delle illegalità mafiose in quel preciso contesto. Si tratta, cioè, di comportamenti preesistenti all'insediamento mafioso – prassi di illegalità o legalità debole, pratiche corruttive – che creano quell'*area grigia* di complicità e reti di relazione tra mafiosi e vasti comparti della società civile, del mondo economico e politico.

85

Dunque, l'opera si muove in un solco analitico e interpretativo che rigetta le tesi 'mafiocentriche', che spiegano tutto attraverso gli intenti e le strategie dei gruppi criminali; che rifiuta le teorie del contagio secondo le quali le mafie, simili a un batterio, infetterebbero un tessuto profondamente sano, necrotizzandolo; che si distacca dalle teorie dell'invasione in base alle quali, sulla base di una strategia più o meno pianificata, i gruppi mafiosi muoverebbero all'attacco di una realtà che ne diventa vittima. Il volume curato da Sciarrone non nasconde, in tal senso, un appunto critico alle tesi sostenute nei lavori, tra gli altri, di Nando Dalla Chiesa, più pronte ad accogliere, ad esempio, l'idea della 'colonizzazione' delle plaghe del Nord operata dai gruppi criminali.

Quali siano le risultanti di tale idea è ben evidente in un editoriale pubblicato da "Il fatto quotidiano" (*Mafia, in Lombardia nessuno la nega più*, 19 luglio 2018), legato proprio agli esiti del lavoro di ricerca del Cross. Sin dal sommario, il lettore viene condotto tra le pieghe del "silenzioso assalto delle cosche" e l'immagine della conquista mafiosa della Lombardia viene rinforzata dalla metafora della 'metastasi' e dal concetto di "inesorabile *processo di colonizzazione*" (corsivo nel testo). Uno dei passaggi dell'articolo ribadisce con un frasario bellico la prospettiva concettuale sottesa alla ricerca: riferendosi alla società civile lombarda, infatti, il lavoro del Cross sottolinea come quest'ultima fosse incline a considerare le mafie come un'anomalia non incisiva, "salvo trovarsene sconfitta silenziosamente, anzi espugnata, senza avere mai visto arrivare in lontananza l'esercito nemico". Una guerra, dunque, combattuta senza bombe e strepiti, silenziosa, condotta da un nemico potente rispetto a una comunità ignara.

Questa fotografia, almeno a chi scrive, pare rigida, troppo rigida, incellofanata com'è in una divisione Nord-Sud per tanti aspetti arcaica, nella quale il secondo elemento del binomio si caratterizzerebbe per la propria alterità 'malata' rispetto alla sanità etica delle comunità settentrionali. No, non convince molto. *Mafie del Nord* soddisfa non soltanto la necessità di sbarazzarsi una volta per tutte dell'idea astratta della *mafiosità* quale requisito intrinseco della sicilianità (vale lo stesso discorso per camorra e 'ndrangheta), ma anche il bisogno analitico di valutare un sistema complesso quale quello dei processi di espansione delle mafie in territori lontani da quelli di origine senza includere una sola variabile, ossia le mafie stesse, indipendentemente dai caratteri specifici delle realtà in cui esse si incistano.

Per precisare meglio la posizione assunta nel testo, il curatore fa riferimento a una famosa dichiarazione di Leonardo Sciascia, secondo il quale "la linea della palma" saliva inesorabilmente verso il Nord. Sciarrone osserva che tale metafora va intesa in senso più raffinato di come normalmente la si intende (ossia come estensione inarrestabile della mafia verso Settentrione): "non si riferisce infatti alla palma, ma appunto alla sua linea, cioè al 'clima che è propizio alla vegetazione della palma' " (p. XIV). In parole povere, al contesto, ai comportamenti, alla mentalità e alla cultura dei territori in cui le mafie tentano di insediarsi.
Insomma, Sciarrone ritiene, di fatto, che non si sia trattato di un processo di 'meridionalizzazione' del Nord, così come sostengono alcuni studiosi. In termini di illegalità, senza affatto assumere un atteggiamento assolutorio nei confronti della criminalità organizzata o senza sottostimare l'efficacia delle sue strategie di penetrazione, il curatore di *Mafie del Nord* non vede distanze incolmabili o dicotomie radicali tra 'buoni'

e 'cattivi'. Non a caso, dopo aver sottolineato lo stupore di un ex consigliere regionale della Lombardia ed esponente di un partito della sinistra dinanzi all'immagine dei mafiosi emersa durante delle intercettazioni ("Non ce li aspettavamo così... così perfettamente inseriti", p. 7), Sciarrone chiosa con un inciso che pare essere l'implicita impalcatura, per così dire, ideologica del volume: "Possiamo aggiungere, così simili a 'noi'".

Giù al Nord, abbiamo delle responsabilità, dunque, se si accoglie la proposta di questo volume. Forse, per fermare l'*esercito nemico*, non sarebbe bastato buttare qualche cicca in più nel cestino o raccogliere più deiezioni canine da terra. Ma sarebbe forse servito a creare la patina robusta delle sensibilità e delle responsabilità civiche, che è consapevolezza dei doveri collettivi e rifiuto delle scorciatoie facili per costruire un mondo a (cosa) nostra immagine.

Così, solo per non assomigliare a 'loro'. Cioè a noi stessi.

Mafie straniere in Italia: il caso nigeriano

*Nell'arco di un quarantennio, si è passati, nel groviglio comples-
so dei movimenti migratori, da presenze criminali straniere localizzate e sostanzialmente subalterne alle mafie nostrane a una
situazione differente e in costante movimento[12].*

Alcuni giorni fa, il 28 ottobre scorso, a seguito di un'indagine
iniziata nel 2018, le Squadre mobili di Torino e di Ferrara,
coordinate dalle locali Direzioni distrettuali antimafia, hanno emesso 69 misure cautelari in carcere nei confronti dei
membri del consorzio criminale nigeriano denominato 'Vi-
king', al quale sono contestati reati quali l'associazione di
stampo mafioso, finalizzata allo spaccio di stupefacenti, allo
sfruttamento della prostituzione, e altri reati quali estorsione, tentato omicidio, rapina ecc.
La cronaca porta alla ribalta, pure in questo come in altri casi,
fenomeni che, d'ordinario, scorrono larvati, si muovono dietro le quinte, pur avendo una storia di un certo respiro, un
percorso poco evidente all'opinione pubblica, ma noto ormai
alle agenzie di contrasto alle consorterie delinquenziali. Da
alcuni decenni, più o meno dall'inizio degli anni Ottanta del
secolo scorso, alla criminalità nostrana si sono infatti affiancate organizzazioni criminali straniere: balcaniche, russe, cinesi, sudamericane, nordafricane, nigeriane. È un affiancar-
si che significa, almeno stando alla conoscenza del fenomeno, stabilire talvolta alleanze e rapporti operativi con le mafie
tradizionali e, in altri casi, correre in autonomia, perseguen-
do fini e invadendo spazi lasciati vuoti dal crimine organizzato nostrano, magari perché meno sicuri di altri (la tratta di

---

12 *Girodivite*, 11 novembre 2020

persone a scopo sessuale o lavorativo) o perché si tratta di illeciti di così larga ampiezza da lasciare margini di guadagno per tutti gli "operatori" del mercato.

Dunque, il caso emerso il 28 ottobre è tutt'altro che una novità agli occhi degli inquirenti e degli addetti ai lavori. L'ormai pluridecennale fenomeno della presenza di gruppi criminali stranieri nel nostro Paese origina da un doppio movimento: da un lato, i sommovimenti politico-economici che hanno scosso l'Europa dell'Est e quella balcanica (caduta del Muro di Berlino, crollo del regime sovietico e dei suoi satelliti) così come hanno interessato l'Africa (la crisi economica petrolifera nigeriana, piuttosto che le varie 'primavere arabe' che si sono succedute negli anni). Dall'altro, alla forza espulsiva da quegli Stati si è sommata la forza attrattiva dell'Italia, paese che riuniva insieme tanto un'idea di benessere diffuso (ampiamente divulgata dalle televisioni straniere) quanto, e forse soprattutto, l'immagine di una realtà caratterizzata dall'ampia richiesta di beni e servizi illegali, ossia prostituzione, droghe, lavoro nero. Come afferma il 'quarto rapporto sulle aree settentrionali per la Presidenza della Commissione di inchiesta sul fenomeno mafioso' (curato dal prof. Dalla Chiesa) riferendosi all'Italia, la «fama di paese ricco e dal diritto incerto anche quando severo l'ha resa insomma appetibile specie e proprio al Nord», dove minore o meno incisiva era la presenza di mafie autoctone. A questi due ingredienti va, poi, aggiunto il condimento della globalizzazione, processo planetario che, nella sua ampiezza e diffusività, non può non interessare pure le pratiche illegali.

Nell'arco di un quarantennio, si è passati, nel groviglio complesso dei movimenti migratori, da presenze criminali straniere localizzate e sostanzialmente subalterne alle mafie nostrane a una situazione differente e in costante movimento, come è tipico delle organizzazioni criminali in relazione con la veloce trasformazione della società. Ci sono, cioè, consorterie, come quella cinese, dotate di un certo grado di storicità e formazioni più recenti, come quella albanese; strutture in grado di presentarsi da protagoniste nella gestione di traffici illeciti molto impegnativi (nigeriani e slavi nel mercato della cocaina) e gruppi criminali caratterizzati da una certa frammentazione e da una forma di subalternità rispetto ad altre organizzazioni, come dimostra il caso magrebino. Alcuni gruppi hanno elaborato forme di associazione che rientrano nella categoria di quelle di stampo mafioso, ad esempio per quanto concerne il controllo del territorio, e altri invece si specializzano in determinati tipi di reati.

Come si vede, si tratta di un fenomeno frastagliato, in divenire e allarmante. È sufficiente sfogliare le relazioni semestrali della Direzione investigativa antimafia per cogliere, nel tempo, l'affiorare di un problema di cui, oggi, si riconosce l'urgenza. Sino alla fine degli anni Novanta, le relazioni dedicano uno spazio relativo alla questione, sottolineando la necessità di monitorare le organizzazioni straniere (quella cinese e quella russa, in particolare), ma già lo snodo del nuovo millennio impone un'altra attenzione alle strutture criminali estere.

È il caso della criminalità nigeriana nel nostro Paese. Tale evoluzione si coglie con chiarezza dalle pagine delle relazioni della Dia, se ne scorge l'emergere quasi dal nulla. Quando, nel documento relativo al secondo semestre del 2002, compare un'analisi del caso nigeriano un po' meno succinta di quelle precedenti, gli investigatori sottolineano come i criminali africani operanti in Italia abbiano scelto un profilo volutamente basso per restare lontani dal cono di luce delle agenzie di contrasto. Aspetto, questo, che non va dato per scontato, come sottolinea il già ricordato 'quarto rapporto' del prof. Dalla Chiesa, comparando proprio la tendenza dei gruppi criminali nigeriani a non commettere reati socialmente allarmanti a differenza dell'atteggiamento di alcune consorterie delinquenziali dell'Est europeo, «statisticamente più inclini a commettere reati di maggior disturbo sociale».

Quella nigeriana si caratterizza come una criminalità che si è allenata nel nostro Paese, ossia non ha importato con i flussi migratori dei criminali già sgrossati, che ha fatto esperienza dello stesso concetto di mafia in Italia, che può vantare un ampio network di contatti internazionali in virtù della presenza di connazionali in molte parti del mondo. Strutturata in cellule dotate di grande flessibilità, di una forte compattezza interna, legate su base etnica (in considerazione della divisione nella madrepatria in alcune etnie, fra le quali gli Igbo, gli Edo, gli Yoruba) e in continua interconnessione con i capi che risiedono in Nigeria, questa forma di aggregazione criminale appare in continua evoluzione, capace di incunearsi nelle realtà locali puntando, come si è detto, su un atteggiamento poco vistoso, andando a gestire attività o lasciate vuote dalle mafie autoctone (la prostituzione) o per le quali esistono introiti divisibili tra più operatori, come il traffico di stupefacenti. In effetti, sono proprio queste le due principali forme delinquenziali dei clan nigeriani, non senza che la capacità di adattamento ai diversi contesti, un'elevata perizia tecnica, il sistema reticolare di relazioni nel mondo contribuiscano ad allargare il ventaglio di interessi illeciti di tali consorterie: è il caso, ad esempio, della produzione di documenti falsi, delle truffe telematiche e per corrispondenza, delle truffe assicurative, del commercio illegale di rifiuti elettronici, del traffico illegale di rifiuti.

Insediatisi originariamente nel Sud Italia, in particolare nel Casertano (dove esistono tuttora), i criminali nigeriani si sono poi allargati nel resto della penisola, muovendosi tra Lombardia, Liguria, Veneto e Piemonte. Torino è diventata il quartier generale della tratta di giovani donne nigeriane, utilizzate come prostitute, e dei cosiddetti Culti, bande giovanili che traggono origine da gruppi sorti negli anni Cinquanta nelle università in Africa (con finalità libertarie) ed evoluti in senso criminale nei decenni successivi. Eye o Black Axe sono alcuni dei nomi di queste bande dedite al traffico di stupefacenti, alla frode, alle rapine e caratterizzate da forme di banditismo violento, generalmente rivolto all'interno della stessa comunità di appartenenza, che ha suscitato le reazioni dei vertici stessi della criminalità nigeriana, delle organizzazioni più solide e, come si è visto, orientate a un comportamento dal basso profilo, desiderose di operare sotto traccia.

Nella fluida operatività delle forme criminali, i 'Secrets Cults' hanno via via affiancato, nello sfruttamento della prostituzione, le cosiddette mesdames (o madame o madam o maman). Si tratta di donne, a loro volta ex prostitute, che rappresentano un tratto caratteristico di questo universo criminale organizzato, giungendo ai vertici del complesso network nigeriano. Tradizionalmente, quindi, sono le donne che gestiscono le ragazze portate in Italia, un tempo, con la promessa di un lavoro e, più di recente, indotte alla schiavitù sessuale senza raggiri sulla vera attività da svolgere in Italia. Mentre, nel corso dei decenni, si è passati al reclutamento di donne non più provenienti dalle città nigeriane ma dalla campagna, con un'età e un livello di istruzione più bassi, è rimasto fisso il triplice vincolo attraverso il quale le future prostitute vengono soffocate nella maglia criminale. Al vincolo economico, per il debito contratto con chi ne paga lo spostamento, si affiancano, infatti, quello affettivo (la relazione ambigua che si stabilisce tra maman e ragazza, giocato sul doppio registro della violenza e dell'affetto rassicurante) e, infine, quello religioso, in virtù della pratica dello ju-ju, culto originario nigeriano, esportato, un tempo, nelle zone caraibiche e conosciuto come voodoo. Attraverso tali riti, praticati prima di partire davanti a una figura religiosa locale, il 'native doctor', le ragazze promettono di risarcire il debito contratto con l'organizzazione criminale; la morte è la punizione evocata, anche a distanza, per il mancato rispetto di tale promessa o per la ribellione davanti alla coercizione imposta dalle madame.

Mentre gli uomini, come si è detto, tendono a entrare in un settore tradizionalmente gestito dalle mesdames (ogni giovane sfruttata sessualmente è legata a una maman in Nigeria e a una in Italia), queste ultime possono ritrovarsi nella filiera del traffico di stupefacenti, incrinando, in tal modo, le forme tradizionali di gestione dell'universo delinquenziale nigeriano.

All'interno di un'azione criminale così duttile, che si muove tra gli estremi dell'alta competenza tecnologica e il richiamo ad antichi riti magico-superstiziosi, i gruppi nigeriani erano considerati già quindici anni fa di estrema pericolosità dal Sostituto procuratore della Repubblica, Giovanni Conzo, che ne individuava i caratteri dell'associazione mafiosa «sotto il profilo del metodo 'violento' scaturente dalla forza di intimidazione del vincolo associativo adoperato dai promotori dell'associazione per ottenere l'assoggettamento dei soggetti sfruttati a fine di prostituzione».

Guardando alle caratteristiche sociali, politiche ed economiche di un paese segnato da una profonda precarietà economica, dalla diffusa corruzione, dall'instabilità politica (rafforzata nelle regioni del Nord dai gruppi terroristici di Boko Haram), non è difficile comprendere l'ampia possibilità di reclutamento di donne da destinare alla prostituzione e di individui disposti a entrare nel traffico di stupefacenti. Alla tratta umana ai fini dello sfruttamento sessuale o lavorativo, si associa infatti una dinamica e incisiva presenza della mafia nigeriana nello smistamento delle droghe: eroina, cocaina, cannabinoidi. Non è un Paese produttore, almeno in questi casi, la Nigeria: gli stupefacenti, giunti ora dall'Asia ora dal Sud America, vengono infatti stoccati in loco e poi diffusi a livello globale, attraverso l'uso dei 'corrieri-ovulatori', persone che, ingerendo *in corpore* le sostanze e muovendosi via aereo o via mare, approdano nei grandi mercati europei e statunitensi. Diverso è il caso delle droghe sintetiche, considerato che, già nel 2011, furono scoperti in Nigeria dei laboratori di sintetizzazione della metanfetamina, poi esportata nell'Asia orientale o mediorientale.

Si tratta, dunque, di un'organizzazione criminale di grande forza espansiva, capace di muoversi nell'universo mafioso con duttilità e perizia strategica, sia perché pare poco interessata a operare un controllo del territorio (e ciò elimina motivi di tensione con altre strutture criminali), preferendo il business al dominio territoriale, sia perché la reputazione positiva ritagliatasi nel tempo le consente di porsi su un piano di collaborazione fiduciaria con le mafie nostrane, camorra e 'ndrangheta, soprattutto. Ciò non significa che gli analisti non mettano in guardia sui pericoli potenziali di eventuali conflitti nella nostra penisola tra le mafie locali e una consorteria criminale, quella nigeriana cioè, in grado di raggiungere ruoli di vertice nella gestione dei mercati illeciti. Nel suo rapporto, che è del 2017, il prof. Dalla Chiesa sottolinea, ad esempio, come il principio della pacifica convivenza tra i gruppi criminali autoctoni e quelli stranieri «appaia oggi sottoposto a tensioni e incrinature di cui non è possibile prevedere gli sviluppi».

Compaiono, in sostanza, segnali venati di scuro all'orizzonte degli equilibri interni alla galassia criminale nel nostro Paese; equilibri resi ancora più fragili dallo sviluppo di altre organizzazioni illecite, quelle albanesi o quelle slave o, ancora, quelle cinesi.

Del resto, è difficile immaginare nel pianeta globalizzato la persistenza di una lingua 'nazionale' delle mafie. Anche le Onorate Società dovranno confrontarsi, e scontrarsi, con la multietnicità.

Fonti:
- Relazioni semestrali della Direzione Investigativa Antimafia; reperibili in Rete
- La criminalità nordafricana (a cura della Direzione Distrettuale Antimafia di Napoli), 2006; reperibile in Rete
- Quarto rapporto sulle aree settentrionali, per la Presidenza della Commissione parlamentare di inchiesta sul fenomeno mafioso (a cura dell'Osservatorio sulla Criminalità organizzata dell'Università degli Studi di Milano), 2017; reperibile in Rete
- Mafia globale. Le organizzazioni criminali nel mondo (a cura di Nando Dalla Chiesa), 2017, Laurana Editore
- Le capacità italiane di contrasto alla criminalità organizzata come strumento di stabilizzazione in Africa occidentale (a cura del Centro Studi Internazionali), 2019; reperibile in Rete.

Mafia: un brand di successo

La diffusione del mafia style è un fenomeno inquietante e ramificato, destinato, peraltro, ad allargarsi ad altre discutibili figure della criminalità organizzata planetaria[13].

Quasi beneaugurale come lieto anticipo di Buon Natale, tra qualche polemica sulla tricromia dell'Italia graffiata dal Covid-19 e il breve risorgere dei commerci per le vicine festività, un mese fa circa è giunta la notizia sui media nazionali dell'esistenza di un brand brasiliano di abbigliamento, distribuito pure nel nostro Paese da un'azienda della provincia di Parma: "Labellamafia".

È una di quelle notizie che accendono l'attenzione per un attimo, che scuotono le coscienze e muovono a indignazione, poi il solco si chiude, l'urgenza e gli affanni quotidiani riprendono la supremazia e la bella mafia continua a galleggiare semi-indisturbata nel sonno della ragione dei più. Perché quella notizia, inglobata nel blob mediatico, non morde, appare isolata, estemporanea; invece, ha radici lontane, la scelta dell'azienda brasiliana è tutt'altro che originale, si colloca all'interno di un fenomeno di ampio raggio, il cosiddetto "Mafia Sounding", ossia la commercializzazione di prodotti attraverso il richiamo alla criminalità organizzata nostrana.

Il fenomeno, come si è detto, è lontano nel tempo e si è giovato della globalizzazione, è fermentato e cresciuto in essa. Già nel 2012, quasi dieci anni fa ormai, dall'officina intellettuale di Nando Dalla Chiesa, affiorava una tesi accademica emblematica: "Legittimare la mafia: il caso dei ristoranti 'La Mafia

---

13 *Girodivite*, 20 gennaio 2021

se sienta a la mesa' in Spagna" (la mafia si siede a tavola) di Mauro Fossati. Pur non essendo un lavoro analiticamente ampio, il testo sottolineava con chiarezza quanto Cosa Nostra si giovasse del richiamo commerciale al suo nome attraverso una vasta gamma di prodotti: dai film agli sceneggiati televisivi, dai video-giochi alla moda alle applicazioni per iPhone. Quanto alla catena di ristoranti, sorti all'inizio del nuovo millennio e proliferati in tutta la Spagna, evocavano senza messaggi troppo subliminali la cultura mafiosa (o la sotto-cultura, che dir si voglia) attraverso riferimenti al film cult "Il padrino" e a murales di alcuni sanguinari boss mafiosi, da Vito Cascio Ferro a Lucky Luciano ad Al Capone. Soltanto nel 2018, dopo una serie di ricorsi da parte del governo italiano, il Tribunale dell'Unione europea ha decretato che la catena spagnola di ristoranti non potrà più utilizzare il marchio con la parola "mafia" perché banalizza l'organizzazione criminale, è contrario all'ordine pubblico e rischia di pubblicizzare positivamente qualcosa di contrario ai valori europei.

Una vittoria, certo, una buona notizia. Ma imprigionare la diffusione del pandemico contagio del marchio mafioso pare davvero difficile. Lo si ritrova nelle slot machine, nelle linee di gioielli o di mascara, campeggia tra le insegne di un parrucchiere o di uno studio di designer; esiste, per gli appassionati del genere, pure un richiamo alla mafia in versione gioco da tavolo, ossia Mafianopoly. Per non parlare del campo della ristorazione, dove il fenomeno conosce i suoi esiti più amaramente creativi. Una veloce consultazione del web consente, infatti, di viaggiare per il mondo degustando l'Italia o, meglio, una versione non di rado adulterata della cucina italiana orecchiando il Mafia Sounding. Sulla scorta della denuncia della Coldiretti, presentata nel 2019 nel Sesto rapporto agromafie sui crimini alimentari, è possibile immaginarsi dinanzi al cannolo siciliano pubblicizzato dalla Tv pubblica norvegese, il "Mafiakaker eller cannoli", cioè il dolce della mafia, i cannoli, oppure gustare, in Bulgaria, il caffè "Mafiozzo" e, perché no?, acquistare gli snack "Chilli Mafia" nella civilissima Gran Bretagna o le spezie "Palermo Mafia shooting" in Germania – dove, peraltro, non manca il "Fernet Mafiosi" corredato dal disegno di un padrino – o, ancora, la salsa "SauceMaffia" a Bruxelles come immancabile compagna delle patatine fritte. Ai degustatori di vino non mancherà il piacere di sollecitare le papille gustative con il vino Syrah "Il Padrino", prodotto in California, e, per una più ampia panoramica alimentare, i fautori del genere potranno acquistare sul web il libro di ricette "The mafia cookbook", i golosi potrebbero dedicarsi all'acquisto di caramelle sul sito www.candymafia.com, mentre fino a qualche tempo fa era possibile aprire il proprio cuore a "mamamafiosa", sito di consigli dispensati dall'autrice di un blog che dichiarava di non sapere di essere stata la moglie di un mafioso.

Sempre nell'ambito della ristorazione, la musica mafiosa non cambia se dai prodotti si passa ai nomi dei locali. Indignazione destò, all'inizio del 2019, la decisione di Lucia Riina, figlia del boss, di aprire un ristorante a Parigi chiamandolo "Corleone", ma, pure in questo caso, l'iniziativa era tutt'altro che isolata. Mafia Restaurant ad Amman in Giordania, a Kiev in Ucraina, ad Hurghada in Egitto; a Città del Messico, con tanto di stelle su Tripadvisor, spopolava "Nona di Mafia", mentre, poco più sotto nel continente americano, altrettanto stellato, viaggia forte il ristorante "La Camorra", a Villa Maria in Argentina. Se si resta nel continente 'scoperto' da Colombo e lo si percorre dal basso verso l'alto, è sempre possibile incrociare uno dei bar della catena "Trivia Mafia" in tutto il Minnesota.

Non si voglia lasciare indietro l'Europa: nella penisola ellenica veleggia il "Mafioso Pizza Cafè", mentre a Vienna non dispiace affatto il ristorante "La Camorra" e alla pacifica organizzazione campana è dedicato un locale pure in Polonia; vale la pena sottolineare il primato del locale "I Mafiosi" a Morseel in Belgio, primo tra i cinque ristoranti della cittadina belga.

Appare chiaro da questa enumerazione, tutt'altro che completa, che la diffusione del mafia style è un fenomeno inquietante e ramificato, destinato, peraltro, ad allargarsi ad altre discutibili figure della criminalità organizzata planetaria. Se a Pablo Escobar, fra i più noti narco-trafficanti sudamericani, è toccato in sorte di veder riprodotto il suo volto su bluse e cappellini in America latina, un altro criminale sudamericano, Joaquín Guzmán Loera, detto El Chapo, fondatore del cartello di Sinaloa in Messico, ha avuto la fortuna insperata di diventare un marchio per abbigliamento e accessori di un'azienda milanese. "È sinonimo di carattere risoluto, di scelte da leader e di stile da vendere", sostengono i creatori del brand, i cui prodotti presenti in rete vantano pure una linea denominata "Santa Muerte", un culto popolare di lontane origini al quale paiono votarsi i membri dei cartelli messicani di narco-trafficanti.

Ecco, siamo approdati in Italia, dove il problema presenta un volto diverso. Perché, se possiamo fingere di ritenere lecite le giustificazioni estere relative alla mancata percezione del dramma rappresentato dalle mafie, dove il fenomeno pur presente si caratterizza per un'esistenza sommersa e abilmente silenziosa, non possiamo sorridere come sciocchi e ingenui turisti dinanzi al richiamo del marketing esplicito e aperto alle organizzazioni criminali. Non fa sorridere, benché faccia business, l'hashish "Totò Riina", arrivato qualche anno dopo il caffè e l'olio col marchio "Zu Totò", idea della figlia e del genero del criminale a capo di Cosa Nostra. Né dovrebbero far ridere le produzioni del locale di Taormina "Roberto il mago dei cannoli": sugli scaffali, accanto a tante prelibatezze siciliane, sostavano, prima dell'allerta dato da alcuni studenti palermitani, i dolcetti "Mafiosi al pistacchio" e "Cosa Nostra alla mandorla". Un rimprovero è giunto al proprietario del locale da parte del sindaco di Taormina, Mario Bolognari, che ha ritenuto l'iniziativa sbagliata e irrispettosa. E che dire del "Mafia tour", organizzato dall'agenzia "Amalfi cost dream", tour operator napoletano una delle cui guide, Vittorio, invita, al prezzo di 25 euro a persona, a visitare i luoghi della camorra di Napoli, sfruttando, secondo la comunicazione ufficiale, il fatto di essere "una persona cresciuta nel sistema"?

Del resto, già nel 2015, sul sito Change.org, dal quale possono lanciarsi petizioni, ne era stata promossa una denominata "Io non sono mafioso", orientata a eliminare dagli shop, siciliani e non, tutti i gadget ispirati alla mafia e al film "Il padrino" presenti ovunque in Sicilia, dai piccoli negozi nei paesini alle strade principali del capoluogo a quelle delle grandi città isolane, così come negli immancabili autogrill.

Insomma, si tratta di una questione delicata e infingarda. Infingarda perché, consapevoli della forza del francesissimo "c'est l'argent qui fait la guerre" o, per i classicisti, del detto latino "pecunia non olet", sappiamo che il commercio, spesso, non guarda in faccia l'etica, riconosce solo lo squillo delle trombe del denaro che si replica, quale ne sia la provenienza o la natura. E allora, anche solo per spostare l'attenzione dalle mafie ad altre realtà criminali nostrane, non avrà turbato troppo vedere in giro nel nostro Paese villosi toraci calzati da magliette su cui troneggiava il volto sorridente di Felice Maniero, sotto il quale riposava la scritta "Fasso rapine".

La questione, poi, è delicata perché non si tratta soltanto di un problema economico. Non lo è nelle considerazioni di due autorevoli commentatori, entrambi toccati dalla violenza mafiosa, ossia Salvatore Borsellino e Nando Dalla Chiesa. Il primo, a seguito della notizia con la quale si è aperto questo articolo, ha sottolineato con amarezza, in un'intervista a inews24.it del dicembre scorso, quanto sia accattivante, per certi occhi, il brand Cosa Nostra, aggiungendo, poi, che viviamo in un Paese "in cui nessun governo si è mai impegnato veramente nella lotta alla mafia", a mo' di spiegazione della tiepidezza con la quale ci si oppone alla criminalità organizzata. Nando Dalla Chiesa, dal canto suo, in un articolo comparso su "Il Fatto Quotidiano" nel settembre del 2017, poneva con altrettanta amarezza, accompagnata dallo sdegno, un ragionevole dubbio, domandandosi: "se aprissero ristoranti che inneggiano alle Brigate Rosse le autorità li farebbero (giustamente) chiudere in un giorno". Perché, continuava nel proprio ragionamento l'editorialista, "con la mafia non accade? Forse perché, in fondo, nonostante le centinaia e centinaia di vittime, i monumenti, le vie intitolate, le commemorazioni, essa continua (anche se meno di prima) a essere nei cromosomi dello Stato"?

Appunto, questione delicata e infingarda, radicata nei cromosomi del mondo globalizzato, che connette tutti noi con un click a distanze siderali, ma impedisce, per quegli strani arabeschi del destino che si chiamano ipocrisia, di conoscere il nome di Falcone e Borsellino fuori d'Italia. Questa almeno è la ragione per la quale, dinanzi al ricorso dei famigliari dei due magistrati indignati dall'apertura di una pizzeria a Francoforte titolata appunto a Falcone e Borsellino, i giudici del

Tribunale locale hanno deciso di respingere tali istanze. Di fatto, poi, il locale mutò nome in virtù delle critiche ricevute.

Così, per celia, introduco una mia vicenda personale, che pare minimamente coerente con il tema. Due anni fa, nel corso di un viaggio nel Caucaso, la guida ucraina che accompagnava il gruppo di turisti di plastica diretti verso i maestosi monti omonimi, ha continuato a rivolgersi alla mia compagna di viaggio e a me con l'espressione "mafia": "ehi, mafia", "allora, mafia", poche, scarne parole in italiano, porte con frizzante giovialità, come se stesse parlando dei tortellini o del buon Barbaresco. Quando, intenzionati a far cessare questo svilente richiamo all'orrore nostrano, ci si è rivolti a lui in modo duro, spiegando le ragioni di tale durezza, il Nostro è letteralmente cascato dalle nuvole e, trincerandosi dietro una spiegazione poco convincente, ha esclamato: "ma mafia vuol dire famiglia, è una cosa bella".
Un furbo che si è vestito da agnello? Un idiota a cui avrebbero plaudito i giudici del Tribunale di Francoforte, perché la legge ammette ignoranza? Un uomo comune che vive di luoghi comuni?
Non so, vuoi non perdonare a un ucraino l'uso distorto ed erroneo del termine, se il mafia style ha un appeal così potente anche all'interno dei patri confini e, talvolta, con l'avallo dello Stato?
Varrà la pena attendere, perché credo manchi un album di figurine con i volti di prede e predatori di questa violenta vicenda nostrana, magari diviso per zone e momenti storici. Un buon modo di antologizzare passato e presente.

Mafia style: l'espansione planetaria delle organizzazioni mafiose

Non è solo il variegato ed eterogeneo insieme delle attività illecite che desta allarme, quanto una sorta di inebetito ottundimento delle coscienze dei cittadini[14].

Che le mafie italiane stiano proiettandosi ordinariamente fuori dai confini nazionali, è cosa nota. Da decenni ormai, al di là della declinazione statunitense delle consorterie criminali siciliane già attestata nel primo Novecento, il fenomeno espansivo delle organizzazioni mafiose italiane è registrato e raccontato con allarme da varie fonti: giudiziarie, giornalistiche, sociologiche, narrative ecc.

Il dato è stato ripreso nell'ultima relazione pubblicata dalla Dia, relativa al primo semestre 2022 e presentata una decina di giorni fa. Non si tratta certo di un problema connesso alle sole cosche italiane, visto che il documento precisa che «le organizzazioni criminali italiane e straniere ormai sono strutture che valicano sistematicamente i confini nazionali, costituendo una crescente minaccia per la sicurezza degli Stati, delle loro economie e dei diritti dei cittadini».

Si è così assuefatti a tali discorsi che le parole finiscono per rimbalzare in una sorta di spazio nebuloso, quello dei concetti ripetuti, masticati e rigettati, ormai privi di costrutto e di senso. Eppure, non si tratta di contenuti irrilevanti: si parla di sicurezza degli Stati, di economie in pericolo, di diritti lesi ed erosi. In un discorso tenuto a Roma nel giugno dello scorso anno alla Scuola superiore della Magistratura, Filippo

---

14 *Girodivite*, 3 maggio 2023

Spiezia, vice-direttore di Eurojust – l'Agenzia dell'Unione europea per la cooperazione giudiziaria penale, con sede a L'Aia –, ha ribadito come l'azione delle mafie costituisca un'autentica emergenza e non solo di natura economica. Guardando al contesto Ue, Spiezia ha osservato, infatti, che il danno economico si associa a un danno forse più grave e irreparabile, ossia al progressivo sfilacciarsi della fiducia dei cittadini nelle istituzioni, alla graduale perdita di credibilità di queste ultime. Inoltre, se lo Stato di diritto arretra – rilevava il magistrato –, se i suoi elementi costitutivi involvono e si erodono, ciò favorisce «lo sviluppo di situazioni di impunità e collusione e l'affermazione della criminalità, anche organizzata». A tale proposito, ha citato i casi di Polonia, Ungheria, Romania, dove un assetto costituzionale e legislativo involutivo ha prodotto «una riduzione degli standard di protezione, con l'adozione di politiche vessatorie nei confronti di giudici, pubblici ministeri, avvocati o giornalisti, ovvero nei confronti di coloro che svolgono funzioni di controllo, contrasto e denuncia dell'esercizio arbitrario del potere».

Certo, non si possono accusare le sole mafie dell'arretramento dello Stato di diritto e dell'abrasione della più generale impalcatura del *welfare state* e dell'assetto dei diritti fondamentali all'interno dell'Europa, sia essa o meno aderente all'Ue. È evidente che lo smantellamento dei diritti collettivi e individuali in Europa, e fuori d'Europa, attenga ad altri potentati. Tuttavia, le mafie contribuiscono al complessivo sfaldamento di tale assetto e di tale impalcatura e il fenomeno, guardato con gli occhi di un'agenzia di contrasto quale la Dia, pare preoccupante. Al di là della penetrazione specifica in altri Stati europei ed extra-europei di cui si dirà più avanti, la Direzione investigativa antimafia, sorretta dalle analisi dell'Europol (Ufficio europeo di polizia), sottolinea come i gruppi criminali partecipino alla vita politico-amministrativa per accedere «alle risorse finanziarie di cui dispone la pubblica amministrazione e ne condizionano le attività con la connivenza di politici e funzionari» e precisa che il condizionamento dell'apparato politico-amministrativo «si manifesta soprattutto nel settore degli appalti e dei lavori per la realizzazione di opere pubbliche, dei finanziamenti pubblici, dello smaltimento di rottami e rifiuti, nonché dei contatti diretti all'acquisizione di beni di ogni tipo e alla gestione di servizi».

Non è solo il variegato ed eterogeneo insieme delle attività illecite che desta allarme, quanto una sorta di inebetito ottundimento delle coscienze dei cittadini; dentro e fuori dal nostro Paese. Così come è noto che le mafie stanno espandendosi a livello planetario, indirizzandosi verso attività sulle quali si tornerà più avanti, è risaputo anche che, da anni ormai, le consorterie più strutturate stanno adottando una strategia di "inabissamento" che consente loro di essere meno esposte. I clan si mimetizzano nella società e conducono i loro traffici illeciti in condizioni di relativa tranquillità, agendo con «modalità silenziose, affinando e implementando la capacità d'infiltrazione del tessuto economico-produttivo anche avvalendosi delle complicità di imprenditori e professionisti, di esponenti delle istituzioni e della politica formalmente estranei ai sodalizi». Tale inabissamento, a cui corrisponde una sostanziale diminuzione del ricorso alla violenza, comporta, appunto, il rischio di una ridotta percezione della pericolosità sociale della criminalità organizzata, soprattutto fuori dai confini nazionali.
La disattenzione o la guardia abbassata nei Paesi estranei alla presenza secolare o decennale delle organizzazioni mafiose ha influito sulla polarizzazione degli interessi criminali in quelle aree, anche in virtù di lacune normative o di legislazio-

ni anticrimine meno stringenti, soprattutto sotto il profilo patrimoniale. Dunque, i motivi di allarme sono molteplici: una rete sempre più stretta di interessi illeciti, una legislazione e una società civile poco guardinghe, poco attente nel recepire i segnali di una presenza inquinante che inquina le economie degli Stati attraverso «consorterie criminali *multi service provider*, in grado di sfruttare nel mondo digitale la capacità organizzativa di fare *networking*, di stabilire alleanze operative e strategiche tra gruppi diversi, anteponendo l'unità di intenti alle lotte interne».

Le organizzazioni mafiose si strutturano in reti, stabiliscono alleanze e strategie, suddividendosi compiti e risorse, trovando nella Rete uno strumento potente di affermazione. Perché se è vero che alcuni dei settori legati ai traffici illeciti sono quelli tradizionali, a partire dal più redditizio, ossia il narcotraffico, è anche vero che mutano le modalità di gestione delle sostanze psicotrope, a partire dalla loro vendita, condotta sempre più tramite il ricorso alla rete telematica. Accanto al mercato della droga, si accampa poi il contrabbando di TLE (tabacchi lavorati esteri), in ripresa e potenziato dai canali di trasferimento delle merci provenienti dall'Est Europa. Altro ambito di interesse criminale è quello del gioco d'azzardo e delle scommesse, legato a imprenditori prestanome che costituiscono «società "cartiere" con sede legale nei paradisi fiscali, atte a far nascere un mercato parallelo a quello legale finalizzato a realizzare smisurate forme di guadagno e, nel contempo, a riciclare cospicue quantità di denaro». E, ancora, la produzione e la commercializzazione di beni contraffatti o di carburanti, la commercializzazione di esseri umani, l'erogazione di servizi finanziari con prestiti ad usura, il riciclaggio attraverso circuiti fiduciari e, più recentemente, attraverso le forme di moneta virtuale in grado di assicurare sufficienti condizioni di anonimato (le cripto valute), l'acquisizione di attività economiche nei settori dell'edilizia, della ristorazione, alberghiere, logistica, security, attività di falsa fatturazione.

In tutte queste attività, la Rete è padrona, tanto che la relazione della Dia precisa che l'uso delle innovazioni tecnologiche ha assunto un ruolo cruciale nell'ambito delle organizzazioni criminali, «capaci di sfruttare la crittografia nelle comunicazioni ed i molteplici strumenti che il mondo digitale mette a disposizione per pubblicizzare merci illegali o per diffondere la disinformazione facendo del Web l'ambito in cui viene svolta la maggior parte delle attività lucrative». Non si trascuri la notazione relativa alla diffusione della disinformazione, nuova potente arma di distrazione di massa, di offuscamento delle coscienze, di disorientamento. E le coscienze europee e mondiali di disorientamento ne hanno conosciuto, in particolare da tre anni a questa parte, prima con la cosiddetta "emergenza" Covid-19, ritenuta da più parti una fonte preziosa di risorse per le cosche, e adesso a seguito del conflitto tra Russia e Ucraina. Tale conflitto si configura come nuovo, lucroso *business* per i clan: ciò in relazione alla questione della diffusione delle armi, com'era accaduto in passato a seguito della guerra balcanica. È l'Agenzia Europol che, già agli esordi del conflitto russo-ucraino, aveva messo in guardia sulla possibilità che le armi inviate sul fronte di guerra potessero essere intercettate da trafficanti interessati a rifornire la criminalità organizzata continentale. A tale proposito, il capo dell'Interpol, Jurgen Stock, ha osservato: «una volta terminato il conflitto grandi quantità di materiale bellico spedito in Ucraina inonderanno il mercato internazionale, come accaduto in passato per altri teatri di guerra. I gruppi criminali cercano di sfruttare queste situazioni caotiche e la grande disponibilità di armamenti, anche pesanti. Tali armi saranno disponibili sul mercato nero. Nessun paese o regione può affrontarlo individualmente, perché questi gruppi operano a livello globale».

Quanto alla geografia della presenza delle mafie italiane all'estero, la relazione più volte citata passa in rassegna il quadro europeo, allargandosi poi alla realtà extra-continentali. Non è possibile citare tutti gli Stati in cui le consorterie criminali nostrane mostrano una straordinaria vitalità, tuttavia vale la pena spiluccare qua e là nel mondo, a partire dalla Spagna, attualmente una delle principali porte d'ingresso in Europa della cocaina e dell'hashish, dove le mafie italiane si occupano, in particolare, di riciclaggio e di copertura dei latitanti. Altro paese latino, la Francia, le cui regioni a rischio sono quelle nella zona alpina, la Provenza, la Costa Azzurra, all'interno delle quali operano cosche mafiose che, accanto allo smercio di droga, riciclano capitali illeciti nei settori immobiliari e del turismo, utilizzando peraltro questi territori come luogo di ricezione dei latitanti. Poi il Regno Unito, la cui deregolamentazione in atto da diverso tempo consente ai mafiosi aprire società *offshore* e di reinvestire proventi di attività illecite nel tessuto economico sociale, profittando inoltre di un assetto giuridico che non persegue alcune attività, dal narcotraffico, in cui eccelle la 'ndrangheta, alla contraffazione di merci dominio delle consorterie camorristiche. Altra area fortemente esposta è, poi, quella tedesca, regione ricca nella quale si assiste a una vera e propria spartizione delle attività illecite: se il narcotraffico è appannaggio della 'ndrangheta, la mafia siciliana e la camorra si riservano, rispettivamente, il settore edile e la vendita di merci contraffatte.
Per non contare alcuni Paesi dell'Est europeo, come Bulgaria o Romania, fondamentali per la cosiddetta "rotta balcanica"

degli stupefacenti, nella quale la criminalità locale opera di concerto con le grandi "holding" mafiose nostrane. Il quadro si allarga, poi, alle Americhe e all'Australia, territori in cui le basi logistiche mafiose sono impiantate da decenni.

Il dato più rilevante, in termini geo-criminali, pare però quello sottolineato dal già citato Filippo Spiezia. In un'analisi che ha quale *focus* l'area europea, ma che allarga la prospettiva in chiave planetaria, il vice-direttore di Eurojust osserva, infatti, che negli ultimi anni non si sta assistendo soltanto a fenomeni di colonizzazione della criminalità organizzata in paesi stranieri, «con l'inserimento di teste di ponte, all'estero, di organizzazioni mafiose», laddove lo richiedano i mercati o nelle zone di transito della droga o, ancora, nelle aree favorevoli al riciclaggio internazionale, quali i paradisi fiscali o penali. La novità è data da un altro, evidente processo in atto, ossia «una vera e propria delocalizzazione dei centri decisionali all'estero di molte organizzazioni mafiose». A sostegno della propria tesi, il magistrato porta due esempi: da un lato, l'entità dell'insediamento a Dubai di esponenti di alto livello delle cosche mafiose e, dall'altro, la scelta di creditori esteri di rivolgersi ai clan per intervenire in caso di insolvenze, tralasciando così di muoversi sulla strada legale e testimoniando come «la fama criminale dell'organizzazione sia direttamente percepita e riconoscibile anche in comunità estere, a conferma dell'intervenuto controllo del territorio».

Insomma, il *mafia style* è un marchio perfettamente coerente con alcune dinamiche macro-economiche, in grado di inserirsi nei meccanismi del «capitalismo più sfrontato», a cui giova la capacità delle consorterie criminali di spostare significative quantità di denaro o di offrire servizi a basso costo, riconoscendo tacitamente la criminalità come soggetto con cui interloquire, come attore dinamico e funzionale alle logiche del mercato e del profitto, in un rapporto di scambio reciproco che aumenta, alla fine, il capitale sociale mafioso e il capitale economico più cinico e strozza, via via, le economie e, di fatto, i diritti e le libertà. Tutto ciò dinanzi a cittadini scarsamente consapevoli del problema o, peggio, consapevoli e complici delle opportunità che la violenza privata organizzata mafiosa può offrire agli interessi privati.

I "dintorni" delle mafie

Pubblici poteri

Umberto Mormile, un omicidio con il nullaosta dei servizi segreti

Senza ragioni apparenti, trentuno anni fa, l'11 aprile 1990, due uomini gli spararono mentre si stava recando al lavoro in macchina[15].

Era un educatore carcerario, Umberto Mormile. Aveva iniziato a lavorare in quel ruolo nel 1978, uno dei primi professionisti di quella riforma carceraria che cercava di reintegrare i pregiudicati attraverso un percorso di recupero sin dall'interno dei penitenziari. Qualche anno, dopo, nel 1987, per ragioni professionali e personali si trasferì da Parma al carcere di Opera, a Milano, dove si qualificò come una delle figure più competenti e carismatiche.

Senza ragioni apparenti, trentuno anni fa, l'11 aprile 1990, due uomini gli spararono mentre si stava recando al lavoro in macchina. Qualche mese dopo, nell'ottobre dello stesso anno, l'omicidio fu rivendicato, per la prima volta in Italia, da un'organizzazione destinata a tornare altre volte alla ribalta della cronaca nostrana, la Falange armata carceraria.

---

15 *Girodivite*, 14 aprile 2021

Proprio domenica 11 aprile, pochi giorni fa, un intenso dibattito in diretta web sulla piattaforma del Movimento delle Agende Rosse, 19luglio1992.com, ha consentito di illuminare meglio la vicenda Mormile sulla quale, in tre decenni, si sono depositati fango e omissioni, depistaggi e ignobili deformazioni della realtà. Per quell'omicidio, la giustizia milanese ha condannato quali mandanti i fratelli Domenico e Antonio Papalia e Franco Coco Trovato, boss della 'ndrangheta solidamente impiantati in Lombardia, e quali esecutori materiali Antonio Schettini e Antonino Cuzzola, legati ai Papalia e ad altre famiglie criminali calabresi. Ma quella stessa giustizia ha condannato pure Umberto, accusato di corruzione, di aver cioè consentito a Domenico Papalia di godere di benefici carcerari, salvo poi, in un secondo tempo, defilarsi dall'accordo implicito con il capo 'ndranghetista.

Contro questa deformazione della verità si è mosso il dibattito di domenica scorsa. Aperto da Angela Romano, coordinatrice del gruppo Agende Rosse "Umberto Mormile" di Perugia e Trasimeno, ha visto alternarsi Marco Bertelli, moderatore e membro del Direttivo delle Agende Rosse, Stefano Mormile, fratello di Umberto, e Fabio Repici, avvocato difensore della famiglia Mormile e di altre famiglie vittime di mafia, da Borsellino a Manca. Non è questa la sede per riproporre i molti contenuti dell'incontro, che si invita a guardare, per la sua rilevanza e l'apertura a scenari che vanno ben al di là della singola, per quanto importante, vicenda di Umberto Mormile.
Sì, perché l'omicidio di questo giovane educatore carcerario – aveva 37 anni quando fu ucciso – è maturato dentro una cornice piuttosto diversa da quella in cui l'hanno collocato le risultanze del discutibile *iter* processuale milanese. È quanto emerge con chiarezza dalle circa due ore di incontro, nel cor-

so del quale, con rigore metodologico e argomentazioni robuste, le Agende Rosse e gli ospiti disegnano una vicenda dai contorni frastagliati. Lo fanno a partire da alcune registrazioni audio. Quella della requisitoria del pubblico ministero Giuseppe Lombardo al processo "ndrangheta stragista" (autunno 2019) e le deposizioni di Vittorio Foschini, collaboratore di giustizia, e di Antonino Cuzzola, anch'egli collaboratore di giustizia e killer di Mormile, entrambe rese nell'estate 2020 al processo d'appello sulla trattativa Stato-mafia.

È Marco Bertelli, moderatore del dibattito, a sottolineare come sia proprio dall'incrocio dei riscontri emersi da questi processi, oltre che dal lavoro svolto dalla Dda milanese e dalle integrazioni fornite da Stefano Mormile e dall'avvocato Repici, che si possa parlare oggi di nuove verità sul caso in questione. Quali verità? In sintesi, l'omicidio Mormile va inquadrato, da un lato, nel contesto più ampio dell'affermazione delle cosche malavitose nel Nord Italia, grazie anche a un velenoso sodalizio con comparti dei servizi segreti deviati e della massoneria deviata. Dall'altro, la scomparsa dell'educatore carcerario si inserisce nella cornice dei sommovimenti politici internazionali dettati dalla caduta del regime comunista e dei riflessi interni al nostro Paese, anche questi ultimi riguardanti membri deviati dei nostri servizi segreti. È il pm Giuseppe Lombardo a tratteggiare i contorni di quest'ultima cornice. Lo fa a partire dalla rivendicazione della sedicente Falange armata circa l'omicidio di Mormile; sigla, va ricordato, che si assunse la responsabilità di una lunga serie di fatti di sangue negli anni Novanta, dall'omicidio in questione alla Uno bianca sino alle stragi del '92 e '93.
Come avrebbero potuto i fratelli Papalia, certo potenti capi della 'ndrangheta ma scarsamente alfabetizzati, a utilizzare una sigla di questo tipo? Altre menti, più raffinate, avrebbe-

ro, secondo Lombardo, suggerito quella sigla. Menti legate a un reparto particolare del Sismi, il reparto Ossi (Operatori Speciali Servizio Italiano), che avevano operato per anni agli ordini di Gelli e che si muovevano nella rete Stay Behind, l'organizzazione militare segreta legata al Patto Atlantico. Una rete il cui compito, prima e dopo la caduta del muro di Berlino, era quello di destabilizzare il Paese, creando panico fra la gente, per giustificare il loro operato, ribadisce Lombardo, soprattutto dopo che il crollo dell'Urss aveva dettato un nuovo scenario politico.

Sulla validità e la legittimità della tesi del pm si può opinare, ma non può essere rigettata placidamente, visto che, fra le altre cose, la rivendicazione dell'omicidio Mormile da parte della Falange armata seguì di due giorni la rivelazione di Giulio Andreotti, il 25 ottobre 1990, alla Camera dei Deputati dell'esistenza di Gladio, affiliata alla rete Stay Behind. E non si può rigettare per l'insieme complessivo degli accadimenti italiani di quegli anni o, se si preferisce, per una larga parte della nostra storia repubblicana, in cui le stragi e le motivazioni profonde alla loro base hanno visto saldarsi segmenti criminali ed eversivi in maniera aggrovigliata e complessa, ma non più così nascosta. Se non agli occhi di chi non vuole vedere o non vuole che tali sodalizi si vedano.

Al di là di tale ipotesi, su cui occorrerà un lavoro ulteriore di indagine, storiografico oltre che giudiziario, resta il fatto che Umberto Mormile si trovò nel luogo sbagliato, anzi, nei luoghi sbagliati: Milano e il suo penitenziario di Opera. La città lombarda perché, suggerisce l'avvocato Repici, si trovava (si trova) al centro di quel sistema criminale integrato che vedeva le mafie, la 'ndrangheta in particolare, particolarmente attive e in grado di intessere stretti rapporti collusivi con ampie frange della società civile, occulta e meno occulta. Rapporti che hanno, a detta dell'avvocato, caratterizzato attività di indagine e processuali lacunose e incerte, così come testimonia il caso Mormile, al quale Repici affianca, per inerzia giudiziaria, la vicenda di Bruno Caccia.

Milano, la città dell'autoparco di via Salomone, crocevia di traffici illegali e sede del cosiddetto "Consorzio", una consorteria criminale entro la quale trovavano posto esponenti della 'ndrangheta, di Cosa Nostra, della camorra, della mafia pugliese e in cui, secondo alcuni riscontri giudiziari, non mancavano presenze occulte e coperture istituzionali e giudiziarie. A dimostrazione del lassismo evocato dall'avvocato Repici a proposito di alcune inchieste milanesi, lassismo colpevole si intende, le attività dell'autoparco trovarono una battuta d'arresto nell'inchiesta svolta dalla Procura della Repubblica di Firenze, che portò all'arresto di 18 persone e all'emergere del ruolo nell'autoparco di figure di rilievo quali Rosario Cattafi, da più parti dipinto come prezioso intermediario tra il mondo della criminalità organizzata e quello dei servizi segreti. Sede operativa di traffici e delitti in tutta Italia, l'autoparco è legato alla vicenda di Mormile perché, fra gli esponenti di spicco della 'ndrangheta calabrese interni al Consorzio, vi era proprio Domenico Papalia.

L'educatore carcerario, dunque, si trovava in una città complessa. Ma in quella città lavorava al penitenziario di Opera, come si è detto. E il carcere, questa è una nuova acquisizione giudiziaria, era luogo di frequentazione illecita da parte di membri dei servizi segreti deviati. Da tale frequentazione Domenico Papalia, i cui rapporti con esponenti dei comparti deviati del Sisde sono ormai stati accertati, aveva tratto benefici enormi per un ergastolano, soprattutto al carcere di Parma dove si era incrociato per la prima volta con Mormile. Ritrovatisi a Opera, Mormile avrebbe commesso il torto di rifiutare di redigere relazioni compiacenti a favore di Domenico Papalia e, soprattutto, di affermare a un altro detenuto che era a conoscenza dell'origine di quei benefici. Per questo, Papalia avrebbe chiesto al fratello Antonio di organizzare l'omicidio dell'educatore carcerario. Un ordine suggerito forse dagli stessi appartenenti al Sisde, che elaborarono, poi, la rivendicazione a nome della Falange armata. Troppo fuori controllo Umberto Mormile per restare in vita.

Questa è l'altra acquisizione, i cui tratti sono chiaramente definiti nelle testimonianze audio mandate in onda di Foschini e di Cuzzola.

Non è questo, però, o non è solo questo l'aspetto inquietante della vicenda. L'avvocato Repici osserva che la questione Papalia, i suoi rapporti in carcere con uomini di Stato, è solo un aspetto di un fenomeno molto più ampio, scandaloso, per usare le sue parole. Si tratta della larghezza delle maglie carcerarie per alcuni detenuti sottoposti al 41bis, il carcere duro per gli esponenti mafiosi. Domenico Papalia, nelle parole di Repici, ha intrattenuto rapporti epistolari con altri importanti esponenti mafiosi ristretti al 41bis, ad esempio Giuseppe Gullotti, boss di Barcellona Pozzo di Gotto. Ma ha anche intrattenuto colloqui in carcere con altri membri della criminalità organizzata.

Questo *modus vivendi* carcerario, per l'avvocato, è testimonianza di rapporti estesi, larghi e complessi tra malavitosi, membri dei servizi segreti deviati, magistrati, amministratori dei penitenziari, avvocati. Affonda il colpo Repici, osservando come "una parte della storia di questo Paese, la parte naturalmente più occulta e indicibile, ha avuto quale propria base le carceri. Molti dei fatti che sono accaduti in questo

Paese hanno dei presupposti che sono stati discussi e decisi anche all'interno delle carceri".

Dunque, Umberto Mormile si trovò al centro di una complessa rete illecita, i cui tratti stanno lentamente affiorando, nonostante ancora molte siano le resistenze istituzionali. È Stefano Mormile, nel suo appassionato intervento, a sottolineare come questo e non altro vogliano dire gli attacchi reiterati al lavoro di Nicola Gratteri; sottolineatura sostenuta, poi, dall'avvocato Repici. Il quale ultimo, a proposito di magistrati attaccati dal fuoco nemico e amico, ne approfitta per affermare come la retorica sulla strage di Capaci, il prossimo maggio, fiorirà tra le labbra di coloro i quali stanno cercando di scardinare gli strumenti creati da Falcone contro le mafie, a partire dall'ergastolo ostativo.
Sempre Stefano Mormile rivendica, poi, le responsabilità e le omissioni di una larga parte dell'informazione e dei media relativamente all'omicidio del fratello. Così come, in una requisitoria calda e insieme garbata, si domanda perché in una democrazia debbano esistere dei servizi segreti, delle figure fuori da ogni controllo istituzionale, in grado di determinare il destino individuale e collettivo degli abitanti di questo Paese.

Non è una domanda banale, quella di Stefano. È una domanda pericolosa.
Per questo, vale la pena vedere, seppur in differita, il dibattito della scorsa domenica. Perché è così dolorosamente impegnato nella ricerca di una verità che deve restare nascosta: gli occhi di Umberto Mormile, anche solo per un attimo, si sono posati su uno scenario fetido, l'abbraccio sinistro tra un criminale e altri criminali vestiti da buoni. L'elenco di altri occhi simili a quelli di Umberto sarebbe lungo. Ma, unendo i punti

da uno a dieci, tirando una riga continua nella nostra storia repubblicana che passi dal fallito golpe Borghese alla strage della stazione di Bologna o dai fatti della Uno bianca alle stragi di Capaci e via D'Amelio, si potrebbe veder comparire un racconto unitario e coerente, con gli stessi personaggi e gli stessi ambienti, con le stesse consorterie impegnate nella strozzatura criminale e reazionaria di ogni qualsivoglia forma di democrazia reale o di giustizia.

Consorterie che stanno, con larghe complicità, soffocando i diritti dei più deboli per difendere i più potenti. Come afferma Repici, alle cui spalle, non a caso, campeggia il Quarto Stato di Pellizza da Volpedo.

Depistaggi e verità nascoste in Italia: il caso esemplare di Attilio Manca

In termini giudiziari, le attività volte a occultare, per intero o in modo parziale, la verità, a sviarla, a offuscare la reale natura di un atto delittuoso sono state definite "depistaggi"[16].

Al secondo incontro del corso di formazione per docenti piemontesi, organizzato congiuntamente dal Liceo artistico torinese "Renato Cottini" e dalla sezione torinese "Paolo Borsellino" del Movimento delle Agende Rosse, è stato il turno dell'avvocato Fabio Repici, noto per la difesa legale di molti famigliari vittime di mafia: Campagna, Alfano, Parmaliana, Mormile, Manca, Caccia, Borsellino, tra gli altri. Sabato 22 gennaio, in mattinata e in streaming, l'avvocato ha affrontato

---

16 *Girodivite*, 26 gennaio 2022

il tema dei depistaggi che hanno caratterizzato la nostra storia repubblicana, focalizzando in particolare l'attenzione sulla vicenda paradigmatica dell'urologo siciliano Attilio Manca.

Il tema è in linea, di fatto, con il filo rosso che guida l'intero corso di formazione, il cui titolo è "Mafie e dintorni". Ecco, i "dintorni" sono l'oggetto reale di interesse degli incontri previsti. I dintorni rappresentano l'elemento esterno alle mafie che ne ha consentito il plurisecolare sviluppo e la tenuta di lunga durata. Senza il fiancheggiamento, la collaborazione, la complicità, le collusioni, le cointeressenze o, ancora, l'indifferenza di alcuni segmenti della società civile, della pubblica amministrazione, dei poteri nazionali e locali e della Chiesa cattolica, è indubbio che le organizzazioni mafiose non avrebbero potuto radicarsi e consolidare il proprio potere per un tempo così lungo. È stato fatto notare che pirati e briganti disponevano di una potenza di fuoco non inferiore, eppure, quando lo Stato decise di porre fine a quelle compagini, riuscì a estirparle, ripristinando il monopolio della forza e del potere legale.
Dunque? La risposta, per qualche studioso, è proprio nei legami saldi con il potere: «il mafioso è nella storia – scrive Isaia Sales – il superamento del bandito, del brigante e del pirata. Egli ha successo permanente perché si relaziona con il potere costituito e non si contrappone ad esso, sia sul piano politico, sia su quello economico che su quello sociale».
Ecco, è a partire da questa ipotesi di lavoro che il corso di formazione ha cercato di orientare gli interventi dei relatori. Se nel precedente incontro, il prof. Rocco Sciarrone ha affrontato la questione dell'area grigia nella creazione delle mafie del Nord, ossia quella nebulosa in cui si incontrano gli interessi differenti dei mafiosi e di altri attori sociali (professionisti, imprenditori, politici, maestranze ecc.), la relazione dell'av-

vocato Repici ha cercato di illuminare l'ambito degli intrecci fra potere costituito e gruppi criminali.

L'intervento dell'avvocato si è strutturato in due distinti momenti: una prima parte, più breve e sintetica, volta a definire il problema del delitto di depistaggio e una seconda parte, un poco più corposa, nella quale il relatore ha illustrato la vicenda Manca. Il primo contenuto importante offerto ai docenti è di natura etimologica e terminologica. Verità, ricorda Repici, è termine che i Greci antichi traducevano con l'espressione "alètheia" (ἀλήθεια), la cui traduzione letterale può essere resa con "non nascondimento", "non elusione". In tale accezione, la verità risulta un bene negativo, un qualcosa la cui visibilità richiede uno sforzo per eliminare i nascondimenti.

In termini giudiziari, le attività volte a occultare, per intero o in modo parziale, la verità, a sviarla, a offuscare la reale natura di un atto delittuoso sono state definite "depistaggi". Tuttavia, precisa l'avvocato, per quanto la parola depistaggi fosse presente come lemma nei vocabolari e nell'uso comune, soprattutto a partire dagli anni feroci della strategia della tensione, essa non era presente nel nostro ordinamento giuridico. Perché ciò accadesse, perché il depistaggio entrasse cioè come reato nel codice penale, è stato necessario attendere la legge n. 133 del luglio 2016: una legge il cui primo firmatario fu l'allora parlamentare Paolo Bolognesi, cioè il presidente dell'associazione dei famigliari delle vittime della stazione di Bologna. È un dato importante questo, perché «nella storia del nostro Paese – precisa Repici – non di rado l'impegno e lo sforzo per la ricerca della verità su fatti che interessano tutta la collettività (...) hanno dovuto sobbarcarseli i parenti delle vittime anziché le nostre istituzioni».

Elencare i depistaggi presenti nella nostra storia repubblicana sarebbe già di per sé oneroso, perché richiederebbe qualche ora anche la semplice enumerazione nominativa dei singoli casi. Per tale ragione, il relatore rievoca alcuni fatti esemplari, a partire dalla strage di piazza Fontana del 1969 che, fin dall'inizio delle indagini, fu accompagnata da un'attività di sviamento; tra gli altri aspetti, ricorda gli sforzi investigativi per sostenere la pista anarchica e il tragico caso di Giuseppe Pinelli, così come rammenta l'esfiltrazione dal nostro Paese verso l'estero di soggetti indiziati della strage a opera di figure apicali dei nostri servizi segreti. Né estranea al depistaggio fu la drammatica vicenda della stazione di Bologna: vi è in tal senso una sentenza definitiva e irrevocabile per calunnia a carico di Licio Gelli e di alcuni responsabili del Sismi, oltre che di Francesco Pazienza, consulente dei servizi segreti militari.

Il sommario elenco del relatore prosegue, poi, con alcune vicende di cui si è occupato per ragioni professionali: cita, fra gli altri, il caso di Graziella Campagna, giovane uccisa nel 1985 in provincia di Messina, i moventi della cui morte furono ascritti dagli investigatori a un'unica "sconclusionata" pista passionale. Ne approfitta, Repici, per precisare come in Sicilia sia piuttosto lungo l'elenco delle vittime innocenti di mafia il cui assassinio sia stato ricondotto, nelle prima fasi delle indagini, al calderone torbido del delitto passionale. Amanti traditi, mogli tradite, mariti traditi o soggetti, in qualche modo, esasperati da ragioni sentimentali sarebbero all'origine, sull'isola, di una quantità di omicidi ben superiore a quelli perpetuati da Cosa Nostra. La stessa morte del poliziotto Antonino Agostino e della moglie Ida Castelluccio fu interpretata dalla squadra mobile diretta da Arnaldo La Barbera in chiave passionale. Contemporaneamente a ciò, gli appunti conservati dall'agente della polizia di Stato nella propria abitazione furono trafugati da un ispettore, suo amico, e distrutti, come lo stesso ispettore rivelò inconsapevolmente nel corso di un'intercettazione ambientale del 2008. Nessuna pena, per prescrizione del reato, fu comminata all'ispettore in questione, sottolinea l'avvocato Repici.

E, sempre in tema di sviamenti e di depistaggi, viene immediato evocare il caso dell'agenda rossa di Paolo Borsellino, della sua sottrazione, dell'evidente dato oggettivo in base al quale la borsa del magistrato appena fatto saltare in aria fu prelevata dall'allora capitano dei carabinieri, Giovanni Arcangioli, poi salito di grado, come osserva, non senza un tono caustico, l'avvocato. Mai quell'ufficiale né altri hanno detto al Paese cosa fu fatto di quell'agenda.

L'enumerazione di Repici si conclude con un sommario e veloce riferimento, una citazione appena, al recente caso di Serena Mollicone e alla sua morte in una caserma dei carabinieri, così come sostiene l'accusa.

Quali elementi comuni hanno le vicende sopra enumerate e quelle che, per ragioni di tempo, Repici ha dovuto omettere? L'avvocato giunge alla risposta dopo un'interrogazione retorica: «c'è qualcuno di voi che ha mai sentito di un'attività di depistaggio in relazione a furti commessi da extracomunitari al mercato o in case private? C'è qualcuno di voi che ha sentito di attività di depistaggio per delitti commessi o di cui erano accusati soggetti ai margini della società? Io non ne conosco nessuno».

È chiara, quindi, la risposta che giunge netta e senza ambiguità: il depistaggio è un reato che ha a che vedere con il potere, perché è nella natura stessa del delitto, così come da articolo 375 del codice penale, che a compierlo sia necessariamente un pubblico ufficiale o un incaricato di pubblico servizio. Non può essere cioè commesso da un comune cittadino.

La prima qualità del depistaggio, così come emerge dall'analisi dei fatti, è dunque quella di essere un «delitto del potere, commesso nell'interesse degli assetti del potere». Il simbolo più rappresentativo del depistaggio come occultamento della verità e dello sforzo di superare tale verità da tenere occultata è, in termini letterari e secondo le parole di Repici, il bambino della fiaba di Andersen, "I panni dell'imperatore". Davanti alla pavidità o al servilismo o alla cecità degli adulti, il piccolo protagonista della fiaba fu l'unico ad affermare con forza e chiarezza che l'imperatore non aveva abiti nuovi, ma era completamente nudo.

Il bambino di questa fiaba, nella nostra storia nazionale, ha assunto i panni di tante persone che, per decenni, hanno dovuto impegnarsi nella ricerca della verità su gravi delitti. Delitti dalla verità indicibile, agganciati a soggetti istituzionali, disturbati dall'idea che qualcuno parlasse dell'imperatore nudo.

Depistaggio uguale potere. Questa è l'equazione che il relatore ritiene difficile da confutare. A ciò, Repici aggiunge un ulteriore aspetto: le organizzazioni mafiose, in alcuni territori, «detengono spesso il monopolio dell'esercizio della violenza» e, in tal senso, le mafie sono «soggetti partecipi al potere, anche al potere ufficiale». Ed è a partire da questa legge generale che Repici introduce la seconda parte della sua trattazione, ossia il caso Manca. Lo fa a partire da qualche dato biografico: la provenienza da Barcellona Pozzo di Gotto, la "Corleone del terzo millennio", l'attività medica con la specializzazione in urologia presso l'ospedale Belcolle di Viterbo, l'abilità nell'operazione del tumore alla prostata in laparoscopia, primo chirurgo in Italia a praticarla, il rinvenimento del cadavere il 12 febbraio del 2004, dopo che il medico non si era presentato al nosocomio per un intervento.

Per molti lettori, la vicenda Manca è nota, così come sono note le ambiguità investigative, a partire dalla direzione univoca presa dalle indagini: la morte del medico fu ascritta, infatti, alla scelta dell'uomo di inocularsi due dosi di eroina in combinazione fatale con un ingente quantitativo di sedativo. Dosi di eroina procurategli da Monica Mileti, l'unica coinvolta nelle indagini.

Repici sciorina le tante, troppe incongruenze che hanno caratterizzato l'analisi della morte dell'urologo da parte degli inquirenti: il fatto che si sia iniettato le dosi di eroina, da mancino puro qual era, nel braccio sinistro, con un'acrobazia davvero incomprensibile per un individuo che teneva il cellulare con la mano sinistra anche se ascoltava con l'orecchio destro; la posizione innaturale del cadavere sul letto per un uomo che sarebbe morto per overdose, ossia placidamente disteso e composto con le braccia parallele al corpo; le pantofole ordinate con cura accanto al letto e non perse per strada da qualcuno crollato sul letto morente; le siringhe prive di impronte digitali e debitamente chiuse dal tappo di protezione; la mancanza di oggetti utili per sciogliere l'eroina, quali il cucchiaino, o la stagnola contenente la droga; la presenza di un'impronta del cugino, Ugo Manca, nell'appartamento dell'urologo a fronte della mancanza di impronte di amici o famigliari di Attilio; il buco nero nel giorno della morte, ricondotto non all'11 ma al 10 febbraio nonostante una vicina avesse sentito la porta di casa del giovane chiudersi la sera successiva al dieci di quel mese.
A dispetto di tutto ciò, la procura di Viterbo elaborò un'equazione inossidabile: Manca ha incontrato la Mileti a Roma, fatto accertato, la Mileti ha avuto precedenti generici legati alle sostanze psicotrope, dunque Manca ha preso da lei l'eroina ed è morto per il mix fatale. Punto.

Quelle della procura di Viterbo su Manca furono delle indagini su Attilio Manca stesso; lacunose e largamente incomplete e chiuse dall'ipotesi del suicidio di un eroinomane, a fronte delle dichiarazioni di colleghi e amici che avevano largamente negato tale dipendenza del giovane dalla droga.

Repici sposta poi l'attenzione su Barcellona Pozzo di Gotto, sulla sua vischiosa realtà mafiosa, su Rosario Cattafi, sullo stesso Ugo Manca, amico di Cattafi, e su un collaboratore di giustizia, attendibile agli occhi degli inquirenti, quale Carmelo D'Amico che, alcuni anni dopo la morte dell'urologo, disse che tale decesso doveva essere inteso come un omicidio: l'eroina gli era stata iniettata per assassinarlo da un killer legato ai servizi segreti.

D'Amico spiega anche il perché di quell'assassinio: Manca sarebbe stato coinvolto, attraverso la mediazione di Cattafi, nelle cure e nell'operazione al tumore alla prostata dell'allora latitante Bernardo Provenzano, ricoverato sotto falso nome in una clinica privata della Francia meridionale. Dichiarazioni, quelle del D'Amico, a cui vanno aggiunte quelle di altri collaboratori di giustizia.

Il quadro è arricchito dalla questione del processo «farsesco» in primo grado a Monica Mileti: processo dal quale furono allontanate la parti civili – cioè i famigliari di Attilio Manca – e nel quale la difesa della Mileti non chiamò a testimoniare i collaboratori di giustizia che avrebbero potuto scagionare l'imputata. Nel frattempo, Repici e i Manca si rivolsero alla Dda di Roma, competente per delitto di mafia, i cui vertici erano gli stessi che si erano occupati a Palermo, dieci anni prima, della latitanza di Provenzano. Nuovo buco nell'acqua, indagine archiviata contro ignoti, un nulla di fatto, nessuno fu iscritto nel registro degli indagati: Manca morì per essersi iniettato la droga. Così si chiuse a Roma l'inchiesta sull'omicidio a sfondo mafioso dell'urologo.

La vicenda non finisce qui, però: da un'intervista del giornalista Paolo Borrometi al difensore di Monica Mileti, pubblicata nel gennaio 2021, emerge che la procura di Viterbo avrebbe offerto alla difesa della donna, in cambio della confessione del reato, «un'ipotesi di contestazione di reato attenuata, che avrebbe implicato la prescrizione del reato e così il proscioglimento della sua assistita». Ma la Mileti, comprensibilmente, non si sentì di confessare quanto non aveva commesso. Di fatto, la Corte d'Appello di Roma, nel febbraio 2021, ha assolto la donna perché il fatto non sussiste.

Il relatore, nella sua disamina, inserisce ancora il crescente interesse dell'opinione pubblica per la vicenda Manca, tanto da destare l'attenzione della politica e, in particolare, della Commissione parlamentare antimafia presieduta, nel 2014, da Rosy Bindi. Dopo le audizioni, presidente e vice-presidente della Commissione, in un primo momento, osservarono, in conferenza stampa, che la morte dell'urologo non poteva ascriversi a un suicidio, ma che si trattava di omicidio. Fin quando, come «con un cambio di vento e di clima», dopo pochi mesi la Commissione antimafia cambiò indirizzo e sottoscrisse, nella relazione conclusiva di maggioranza, le tesi della Dda di Roma: Manca è morto da eroinomane.

Cosa contribuì al cambiamento, per così dire, di umore della Commissione, Repici preferisce tacerlo, sia per ragioni di tempo sia perché «sarebbe particolarmente spiacevole per lo stato di salute delle nostre istituzioni».

Come concludere, prima delle domande dei docenti? Quello di Manca, ripete Repici, è un delitto che investe ambiti del potere, che apre la questione del buco nero delle cure e degli spostamenti del latitante Provenzano, mai chiariti dalla giustizia, che, alla pari di altri fatti efferati viziati da potenti depistaggi, richiederà decenni per poter fare affiorare la verità. Ciò in un Paese, come dirà rispondendo agli insegnanti, le cui madri piangenti – Manca, Impastato, fra le altre – ricordano quelle argentine della Plaza de Mayo, pur non essendo il nostro uno Stato vissuto sotto il tacco di una dittatura.

Non sotto la dittatura, certo, ma in una democrazia parziale.

Enti sciolti per mafia: le criticità della legge

È dal 1991 che la lotta contro le mafie, in particolare contro il potere territoriale delle consorterie criminali, si è mossa nella direzione dello scioglimento delle amministrazioni locali colluse o, comunque, vicine agli interessi delle cosche[17].

Introdotto nel nostro ordinamento dal decreto-legge 164, in uno dei momenti più difficili del conflitto contro Cosa Nostra, tale scioglimento è stato, poi, disciplinato dal Testo unico delle leggi sull'ordinamento degli enti locali (TUEL, artt. 143-146 del decreto legislativo 267 del 2000). Il TUEL ha subito, in seguito, delle modifiche a opera della legge 15 luglio 2009 n. 94 (Pacchetto sicurezza *bis*).

La misura non ha carattere sanzionatorio, ma preventivo, poiché i destinatari diretti del provvedimento sono gli organi elettivi nella loro generalità e non il singolo amministratore. Obiettivo di fondo della legge è quello di interrompere il rapporto di connivenza o di soggezione dell'amministrazione lo-

---

17 *Girodivite*, 30 novembre 2022

cale nei confronti dei clan mafiosi, in grado, questi ultimi, di condizionarne le scelte attraverso metodi corruttivi o tramite pressioni e atti intimidatori. Per giungere allo scioglimento dell'ente locale devono essere presenti, e adeguatamente argomentati da indagini mirate, degli elementi «concreti, univoci e rilevanti» su collegamenti con la criminalità organizzata di tipo mafioso degli amministratori locali – sindaci, consiglieri comunali, presidenti delle province o delle comunità montane ecc. – o su «forme di condizionamento degli stessi, tali da determinare un'alterazione del procedimento di formazione della volontà degli organi elettivi ed amministrativi e da compromettere il buon andamento o l'imparzialità delle amministrazioni comunali e provinciali».

Dopo che il prefetto ha predisposto una relazione dettagliata sulle vicende del singolo ente locale e l'ha trasmessa al Ministro dell'Interno, questi propone al Presidente della Repubblica lo scioglimento dell'ente, che diventa operativo a seguito di un decreto del Capo dello Stato. Da quel momento cessano le cariche di tutti i detentori di ruoli elettivi e di governo, così come gli incarichi dirigenziali a contratto, e il decreto conserva i suoi effetti da dodici a diciotto mesi, eventualmente prorogabili a ventiquattro in casi eccezionali. La gestione dell'ente viene affidata a una commissione straordinaria, composta da tre membri scelti tra funzionari dello Stato e magistrati della giurisdizione ordinaria o amministrativa in quiescenza; la commissione resta in carica sino allo svolgimento del primo turno elettorale utile.

Si tratta di una misura estrema, è evidente: con lo scioglimento si azzerano, di fatto, i diritti politici dei cittadini, la possibilità da parte di questi ultimi di esprimere liberamente un voto, ma è chiaro che le ragioni che portano all'adozione di tale provvedimento indicano la presenza di un funzionamento dell'autogoverno locale già compromesso. Anzi, patologicamente compromesso, come osserva l'interessante "Relazione sulla prevenzione della corruzione e sulla trasparenza nei comuni sciolti per mafia", pubblicata, alcuni mesi fa, dalla Commissione antimafia presieduta dal pentastellato Nicola Morra (il documento è reperibile in Rete).

Da questa fonte si ricava un dato importante, oltre che un'analisi piuttosto dettagliata dell'esito dei provvedimenti di scioglimento nel corso del 2020. Dal 1991 al novembre 2021 (dieci i decreti nell'anno in corso), in Italia sono stati sciolti per mafia, almeno una volta, 265 comuni e 7 aziende ospedaliere: l'aspetto forse più significativo è che sono tredici le regioni interessate, a dimostrazione di come il fenomeno non sia limitato al solo Meridione, spazio storico di dominio territoriale delle mafie. Oltre alla Calabria (prima in questa triste classifica con il 35% del totale), alla Campania (30%), alla Sicilia (25%) e alla Puglia (6%), si registrano, infatti, regioni quali il Lazio, il Piemonte, la Lombardia, la Liguria, l'Emilia-Romagna, il Veneto, la Basilicata, la Sardegna e la Valle d'Aosta. Nel complesso, circa il 3% dei comuni italiani – sono 7904 in totale – è risultato contiguo agli interessi dei clan, a essi soggetto o da essi intimidito al punto da compromettere qualsiasi ordinata e trasparente forma di vita associata e, per conseguenza, qualsiasi godimento reale dei diritti politici, sociali, economici, civili. Si tratta di qualcosa come 5 milioni di persone, l'8% della popolazione residente in Italia.

Pur in misura nettamente inferiore, dunque, il Nord Italia, così come il Centro, pare non esente da un fenomeno crescente e in linea con la duttilità mafiosa. Questo è l'aspetto messo maggiormente in evidenza dalla "Relazione" sopra citata, ossia il fatto che le consorterie criminali da anni sono soggette a un processo di «sommersione» e dedite a sostituire «l'uso della violenza, ormai residuale, con linee d'azione di silente infiltrazione» negli apparati pubblici, sia inquinando le competizioni elettorali sia corrompendo uomini delle istituzioni: dirigenti, funzionari o anche semplici impiegati.

Circa la questione dell'inquinamento delle elezioni, basterebbe citare, fra gli altri, il caso di Rosarno (RC), dove lo stesso programma elettorale era stato redatto con la collaborazione dei clan locali.

Dalle relazioni prefettizie relative ai comuni sciolti per mafia nel 2021 – pubblicate da Avviso pubblico in Rete – emerge con chiarezza che lo «scopo principale delle mafie, nel loro operare sul territorio, è costituito dalla ricerca di occasioni di infiltrazione dell'economia locale, attraverso l'accaparramento di appalti e la gestione di servizi pubblici». La gamma dei settori interessati all'infiltrazione mafiosa è nota: settore edilizio/urbanistica, edilizia residenziale pubblica, rete idrica, rifiuti solidi urbani, servizi cimiteriali, tributi locali, verde pubblico ecc. Nel caso di un centro importante come Foggia, sciolto nel 2021, a tali ambiti, le consorterie criminali ne avevano aggiunti degli altri: il servizio di installazione e manutenzione ordinaria e straordinaria di impianti semaforici e segnaletica stradale, la manutenzione del servizio di video-sorveglianza cittadino, il servizio dei bidelli nelle scuole comunali per l'infanzia.

Proprio contro queste realtà dovrebbe muoversi lo strumento dello scioglimento e della gestione straordinaria degli enti, contrastando i fenomeni di infiltrazione accertati e ricercando, per il futuro, soluzioni capaci di prevenirli.

Eppure, stando alle considerazioni generali degli estensori della "Relazione" già evocata, esautorare gli enti collusi e avviare il loro commissariamento non comporta affatto il superamento delle cause che ne avevano determinato lo scioglimento. «Dall'analisi compiuta è emerso che le gestioni commissariali non prestano la dovuta attenzione o, comunque, non riescono ad affrontare in maniera adeguata gli aspetti della trasparenza e della prevenzione della corruzione».

Il quadro tracciato dalla Commissione antimafia è, per certi aspetti, impietoso. Pur se relativo al solo 2020, il resoconto enumera una lunga serie di problemi che attestano la sostanziale inefficacia della misura di scioglimento degli enti nel corso di quell'anno solare. Tanto per fare qualche esempio, restando a livello generale e di sintesi come impone questa sede, in più casi, durante la tornata elettorale dell'autunno, sono tornate nel ruolo di sindaco figure già elette prima del commissariamento del comune, così come è risultata pregnante la presenza di liste civiche al posto dei partiti tradizionali e «talvolta, si è riscontrata una scarsa effettiva competizione». In qualche caso, l'amministrazione comunale poi disciolta era risultata vincitrice in una competizione elettorale con una sola lista (San Gennaro Vesuviano, NA) o con due liste civiche e, più in generale, caratterizzata dalla scarsa presenza di elettori e da una «assai modesta esposizione dei partiti».

Non soltanto. Gravi carenze vengono evidenziate dalla Commissione antimafia dalla ricognizione dei contenuti che avrebbero dovuto essere presenti nella pagina "Amministrazione trasparente" degli enti sciolti, vero e proprio strumento di controllo da parte dei cittadini dell'operato della pubblica amministrazione. Stesso discorso vale per la pagina "monitoraggio delle opere pubbliche" (MOP) e per ciò che concerne l'elenco dei beni confiscati alle mafie, risultato gravemente deficitario.

Non va meglio sul piano dei bilanci degli enti sciolti, il cui disordine e la cui imperfetta registrazione rendevano impossibile una chiara comprensione delle voci di entrata e di uscita del comune e, per conseguenza, l'impossibilità da parte dei revisori dei conti e della Corte dei Conti di operare i dovuti controlli. Una situazione nebulosa, questa, che non era stata risolta neanche da alcune gestioni commissariali.

E, ancora, si sottolinea come problematico sia il riscontro relativo a una figura centrale del piano anti-corruzione, ossia il Responsabile per la prevenzione della corruzione e della trasparenza (RPCT), istituito nel 2012, e avente il compito di avviare quelle procedure utili per contrastare l'insorgenza di fenomeni corruttivi principalmente attraverso il Piano triennale di prevenzione della corruzione e della trasparenza. Non pochi dei comuni commissariati presentavano mancanza di stabilità e di continuità in tale ruolo, spesso assolto da chi svolgeva le funzioni di segretario comunale, in una duplicità di mansioni che rendeva impossibile il corretto e pieno assolvimento degli obblighi di entrambi. Inoltre, anche laddove si era cercato di avviare pratiche anti-corruttive adeguate, erano intervenuti altri ostacoli, quali la mancanza di risorse economiche e strumentali, la carente informatizzazione e l'inadeguatezza delle risorse umane, la resistenza frapposta dagli stessi funzionari o dipendenti locali.

Altri aspetti ancora sono messi, poi, in evidenza dalla Commissione antimafia a supporto della valutazione generale, ossia dell'insoddisfacente contributo portato dalle gestioni commissariali allo scioglimento degli enti in odore di mafia.

A questo punto non è il caso di evocare altre criticità, ma piuttosto di chiedersi: perché i commissari preposti a subentrare ai comuni esautorati falliscono, in molti casi, nel tentativo di ripristinare qualcosa che somigli a un andamento amministrativo trasparente e controllabile dalla cittadinanza? Lo dimostra il fatto che, in più casi, l'ente è stato sottoposto ad altri decreti di scioglimento: per quattordici comuni ciò si è verificato tre volte e per quarantuno, invece, si sono registrati due decreti di scioglimento.

È chiara la risposta, per quanto la "Relazione" resti stranamente silenziosa a riguardo e registri le inadempienze dei commissari con una certa asettica burocraticità formale. È molto difficile orientare gli enti locali verso il rispetto della funzione pubblica quando il tessuto politico, sociale, economico e culturale del territorio è così profondamente permeato dagli interessi e dal dominio mafiosi. Non si ripara con un commissariamento il *deficit* civico atavico di alcune zone, né è possibile farlo senza un continuo supporto dello Stato centrale, la fornitura di mezzi economici adeguati al riparo dalle bramosie delle cosche, l'opera di vigilanza continua e insistita sulle dinamiche politico-amministrative, la diffusione non epidermica di una mentalità diversa ed estranea a una certa cultura corrotta e volta al profitto personalistico delle consorterie criminali.

Non a caso, il dibattito attorno alla norma che stabilisce lo scioglimento degli enti locali è tuttora aperto – una valida sintesi delle posizioni a riguardo è reperibile sul sito di Avviso pubblico – e destinato a prolungarsi, soprattutto dal momento in cui, a centri di più piccole dimensioni, si sono affiancate grandi realtà urbane infiltrate dagli interessi criminali (Mafia capitale). Sciogliere un ente è l'*extrema ratio*, la misura più radicale e drastica, come sostiene chi propone una "terza via" tra l'azzeramento del decreto di scioglimento e l'atto dissolutorio, ossia l'ipotesi di affiancare la pubblica amministrazione nei casi in cui non siano rinvenuti tutti gli elementi necessari per esautorarla e, però, esistano significative disfunzioni amministrative e la pervasiva presenza sul territorio della criminalità mafiosa.

Quis custodiet ipsos custodes, si domandavano gli antichi. Chi sorveglierà i sorveglianti, chi controllerà i controllori? Perché appare evidente, in ultima analisi, che la latitanza di una cultura della politica locale e nazionale quale servizio al cittadino consentirà di rado il superamento delle prassi mafiose e collusive, o in odore di mafia, che hanno determinato la sospensione dell'ente e dei diritti politici dei cittadini. Alla legge va il merito di aver immaginato un percorso di reintegro degli enti inquinati nel consorzio civile; ma dove non è in vigore un reale Stato di diritto, dove mancano i presupposti di base per un'affermazione anche minima della convivenza democratica, la legge resta un atto decorativo, privo di valore sostanziale.

L'origine e il successo delle mafie

Cosa accadde, dunque, agli albori delle mafie, e perché accadde proprio in quelle regioni che fecero da culla alla mafia siciliana, alla 'ndrangheta e alla camorra e non altrove, in altre regioni meridionali, altrettanto e anche più povere?[18]

«Professore, perché la mafia dura da così tanto tempo»?

Questa domanda, posta da una studentessa brillante e curiosa, non può rimanere inevasa, per quanto il professore in questione non abbia armi così affinate da soddisfare quella legittima e invidiabile curiosità. Invidiabile, s'intende, rispetto a una parte del Paese a cui i conti con il presente, che non possono prescindere da quelli con il passato e la memoria, paiono interessare poco o, nel peggiore dei casi, per nulla.

La domanda resta, però, e il professore spulcia documenti e analisi, cercando di trovare in quelle righe qualcosa di plausibile e fondato, qualcosa di affidabile sul piano della ricostruzione storica di un fenomeno per sua natura nascosto a metà, ossia sufficientemente criptico da non essere smascherato e sufficientemente visibile per imporre il proprio dominio e affermare la propria presenza territoriale.

Spulciando, quel professore si imbatte in un volume datato ma non antico, l'*Atlante della corruzione*, uno dei volumi, il primo, curato da Enzo Ciconte, Francesco Forgione e Isaia Sales (Rubbettino editore, 2012). Il saggio d'apertura, *Le ragioni di un successo*, è forse utile all'intelligenza del problema posto dalla discente, come attesta già il titolo, legato appunto alla durata plurisecolare delle consorterie criminali e alla loro

18 *Girodivite*, 19 aprile 2023

espansione mondiale. Un fenomeno, come scrivono gli autori, «che si presenta sulla scena della storia meridionale e italiana nella prima metà dell'Ottocento, che si consolida soprattutto dopo l'Unità della nazione nella seconda metà dell'Ottocento e che conosce, poi, un successo negli Usa nella prima metà del Novecento e un successo planetario nella seconda».

Cosa accadde, dunque, agli albori delle mafie, e perché accadde proprio in quelle regioni che fecero da culla alla mafia siciliana, alla 'ndrangheta e alla camorra e non altrove, in altre regioni meridionali, altrettanto e anche più povere? Perché quelle aggregazioni di criminali poterono attraversare indenni una storia più lunga della stessa storia unitaria italiana?

L'approccio analitico scelto dagli autori è quello di non leggere separatamente le vicende delle tre consorterie mafiose, ma di riflettere sui loro aspetti comuni, su quello che chiamano "modello mafioso", sicuramente di successo vista la capacità di tale modello di radicarsi ben lontano dai suoi luoghi di origine e di trovarsi a proprio agio nell'odierna economia globalizzata, distante anni luce dal latifondo presso il quale esso si radicò e sviluppò. Talmente a proprio agio «che il termine mafia è oggi un termine della globalizzazione e indica il peso che nei suoi equilibri sta conquistando la violenza privata organizzata (...). Hanno, cioè, successo quelle criminalità organizzate che riescono a integrarsi nella società in cui operano fino a esserne una delle forme di regolazione».

Tale precisazione serve agli autori, fra le altre cose, per sottolineare quanto sia ormai analiticamente scorretto continuare a stabilire un raccordo indissolubile tra mafia e Sicilia, come se lo statuto identitario di quella terra non potesse che essere raccordato alla mafiosità, tratto antropologico appannaggio dei siciliani. Ciò senza contare il successo plurisecolare di altri fenomeni mafiosi, come quella turca, le Triadi cinesi e la Yakuza giapponese.

Tornando al discorso centrale, è proprio alla violenza privata organizzata, ossia all'uso della forza intimidatoria, e non solo, esercitata da gruppi privati e distinta dal monopolio della forza pubblica, che bisogna guardare per comprendere la genesi delle mafie e del modello mafioso. Quanto a quest'ultimo, viene riconosciuto in cinque fattori peculiari, comuni a tutte le consorterie e, più precisamente, nel riconoscimento sociale interclassista, ossia trasversale dall'alto al basso della scala sociale; nella collusione con la politica; nell'iniziativa economica diretta o indiretta; nella presenza di un'ideologia nobilitante; nella struttura ordinamentale, ossia nella costruzione di un'organizzazione avente propri statuti e regole.

A partire da tali fattori, pur con inevitabili difformità passando da una mafia all'altra, è possibile provare a raccontare quali siano state le condizioni attraverso le quali si rese possibile l'affermazione delle mafie nel Sud Italia, a partire dal primo Ottocento, secondo quando ormai pare accertato in sede storiografica. La genesi mafiosa è, infatti, rinvenibile in un momento storico ben preciso, ossia il momento in cui il vecchio sistema feudale, organizzato attorno al latifondo retto dai baroni meridionali, crollò a seguito delle leggi che ne determinarono la fine nel 1806 nel Regno di Napoli e nel 1812 in Sicilia. E proprio a partire da questo momento che, nel trapasso da un vecchio ordinamento socio-economico ai nuovi assetti della proprietà fondiaria, che si sprigionarono nuove forze sociali, nuovi soggetti che si inserirono nelle dinamiche post-feudali. È dai ceti sociali più bassi, inizialmente, che si formarono aggregazioni capaci di collocare la loro violenza privata organizzata accanto a quella ormai decaduta del baronaggio, cercando di affermarsi proprio in virtù di tale potere intimidatorio, non di rado usato dalle stesse istituzioni borboniche come fattore di regolazione della vita associata e, agli albori dell'Unità d'Italia, recuperato dal nuovo ceto dirigente. Ne dà testimonianza, ad esempio, quanto fece con la camorra Liborio Romano, ministro della polizia borbonica, al tempo dell'ingresso di Garibaldi nell'antica capitale del Regno; un accordo con la malavita organizzata, tipico uso delle mafie come *instrumentum regni*, assegnando loro funzioni, per così dire, di ordine pubblico.

Insomma, pur se più tardi rispetto ad altre realtà europee, il vecchio regime feudale nel Sud d'Italia implose e aprì spazi e occasioni per quanti, dal basso, furono capaci di profittare della nuova situazione, raccogliendo, in tal modo, tanto una sorta di consenso ammirato da parte dei ceti meno abbienti quanto un'interlocuzione dialettica con il notabilato locale e nazionale. All'indomani delle leggi che spazzarono via l'antico regime feudale, gli *homines novi* si misero al soldo di quanti tra i proprietari di terre, ora rese più dinamiche in termini di proprietà, avessero bisogno di protezione. Accanto ai gabellotti, intermediari dei latifondisti, si muovevano i campieri, in Sicilia, o gli "industrianti" calabresi; è tra questi uomini che va rinvenuta la radice delle mafie, furono loro che assunsero, in forma privata, quella violenza che, nei secoli addietro, era stata espressione dei baroni, una violenza che si privatizzava e che consentiva carriere dal basso. «Prima la violenza era al servizio di chi rappresentava lo Stato, ora si mette al servizio della proprietà. Dal feudo passa al mercato». E, in seguito, passerà dalla proprietà al voto, quando cioè si affermerà gradualmente l'allargamento della base elettorale dell'Italia unita.

Quella espressa sin dagli albori delle mafie, che almeno sino al 1865 – data in cui la parola "maffia" compare per la prima volta in un documento ufficiale, a firma del prefetto di Palermo Antonio Filippo Gualterio, dopo essere stata in realtà già evocata in una rappresentazione teatrale, "I mafiusi di La Vicaria" di Giuseppe Rizzotto, 1862 – non avevano tale denominazione, è una violenza che viene definita di "relazione" o di "integrazione". Si tratta, cioè, non di una forza minacciosa e ostile agli assetti ordinari della società, non di una fiammata rivoltosa simile a quella dei briganti, quanto piuttosto di un mezzo attraverso il quale le consorterie mafiose hanno cercato, riuscendovi, di integrarsi nella società anziché separarsi da essa, di stabilire dei legami proficui per la loro sopravvivenza e il loro consolidamento anziché porsi al di fuori della società e al di là della legge. La violenza mafiosa, spesso minacciata e talvolta attuata, è stato uno straordinario strumento grazie al quale le cosche sono riuscite a stabilire delle relazioni con i ceti dirigenti e la componente più abbiente della società e, inoltre, di rappresentare agli occhi dei ceti meno agiati un modello di scalata sociale da invidiare.

Al di là di ricostruzioni semplicistiche e ormai superate, le mafie non hanno mai rappresentato un sistema anti-statuale, una forza eversiva: «mentre alcune forme di contestazione armata si sono manifestate apertamente contro le leggi e contro la visione unitaria dello Stato (in particolare le rivendicazioni etniche e territoriali, il terrorismo politico), le mafie hanno usato una violenza non di contrapposizione, non di scontro frontale, ma di integrazione, interna alla società e alla politica e al potere costituito». Questa capacità di stabilire dei raccordi preferenziali con il Paese legale, con i ceti dirigenti, è alla base del successo mafioso. «Senza queste relazioni, senza questi rapporti, le mafie non sarebbero tali, non sa-

rebbero durate tanto a lungo, non peserebbero come un ma-
cigno sul passato, sul presente e sul futuro dell'intera nazione».

Peraltro, va detto che tale violenza privata era funzionale agli
stessi assetti del potere politico in Italia, prima e dopo l'unificazione, nel senso che, a differenza di altri Stati europei, la
contestazione del monopolio della violenza da parte delle organizzazioni mafiose è stata duratura, persiste tuttora. «La
violenza privata – scrivono ancora gli autori – è stata una delle modalità che hanno concorso a tracciare i particolari elementi della formazione e dell'identità dello Stato italiano e al
delinearsi della concezione del potere e del governo della
cosa pubblica (...) Lo Stato post-feudale e poi lo Stato italiano
nascono senza il monopolio della violenza e non lo raggiun-
geranno mai».

In sostanza, l'incapacità o la non totale volontà delle istituzioni pubbliche di esercitare un monopolio totale della forza
ha consentito, in Italia, il consolidamento di associazioni criminali di stampo mafioso capaci di surrogare quella forza in
forma privata e di legittimarsi come potere territoriale parallelo, senza che questo creasse attriti con la testa della nazione. Anzi, ciò avvenne in una graduale ricerca di relazioni con
i gruppi dominanti. In effetti, se si dà voce agli stessi protagonisti mafiosi, vicini a noi, di quel mondo criminale, è difficile contestare l'assunto degli autori del testo. Il boss della
'ndrangheta Giacomo Lauro, nel corso di un processo del 1994
che lo coinvolgeva, ha osservato: «Non ci sarebbe mai stata
una 'ndrangheta in Calabria così forte e potente senza la
complicità dei politici corrotti e dei professionisti della massoneria deviata. Non esiste mafia senza questi appoggi». E
uno dei membri del clan dei Casalesi, Carmine Schiavone,
negli stessi anni Novanta disse: «Noi volevamo vivere con lo

Stato. Se qualcuno dello Stato ci faceva ostruzionismo, ne trovavamo un altro disposto a favorirci».

Certo, si tratta di dichiarazioni interessate e forse manipolatorie. Ma gli studi sembrano confermarle, così come sottolineano altri due aspetti interessanti: da un lato, come nel nostro Paese la visione della politica e quella delle mafie, in relazione al bene pubblico, paiono a tratti coincidere. «La concezione del mondo e della vita di alcuni politici coincide con quella dei mafiosi: potere è sottrarre beni ad altri privatizzando la politica stessa». Non a caso, uno dei personaggi di Sciascia osserva che non rubare alla collettività significa rubare alla propria famiglia. È su questo terreno, quello della distorsione del concetto di bene e di servizio pubblico, che si sono incontrare le mafie con una certa politica, sul terreno di una somiglianza che spiega determinate collusioni e determinati ambiti di reciproco interesse.

In secondo luogo, gli studiosi sottolineano come, sin dagli esordi, le mafie abbiano scimmiottato le classi dominanti, dalle "fratellanze" calcate sul modello della massoneria, ai riti, dall'uso del "don" alla protezione e così via. Lo stesso modello di violenza mafiosa sarebbe desunto da quello degli aristocratici, dei baroni. Solo che, stavolta, la violenza è anche verso l'alto, si democratizza, come si è detto; non viene più unicamente esercitata verso i ceti inferiori.

Quest'ultimo aspetto rende conto del probabile successo della componente mafiosa presso i ceti popolari. «Noi non comprenderemo mai il consenso dei mafiosi senza capire la tragicità della condizione popolare sotto il dominio dei baroni». Questo è stato, forse, il fraintendimento maggiore da parte delle fasce meno abbienti della società: l'idea che l'accesso delle persone più "scetate" (più sveglie) al potere attraverso la violenza potesse essere una forma di riscatto collettiva, la scalata di tutti ai gradini più alti e non, invece, il balzo sociale in avanti di gruppi di persone capaci di sfruttare le latitanze e le storture dello Stato per garantirsi una nicchia ecologica di condivisione del potere stesso. Non una rivoluzione, anzi, ma un'integrazione. Nessuna eversione, solo l'accomodamento strategico negli interstizi lasciati aperti, prima, dall'eversione della feudalità e, dopo, dall'irrisolto controllo del territorio da parte dello Stato unitario.

Tuttavia e almeno da questo punto di vista, le cose paiono cambiate, il riconoscimento dal basso alle mafie pare scemato, almeno secondo gli autori del saggio: «oggi mafia e criminalità coincidono, un mafioso è innanzitutto un assassino e un criminale, ma questo cambiamento di percezione è un fatto recente, degli ultimi decenni». Di quei decenni in cui, a partire dagli anni Ottanta e responsabile l'assalto stragista dei Corleonesi – anomalo rispetto l'approccio più cauto delle mafie originarie –, quel consenso popolare che aveva, in parte, legittimato le organizzazioni mafiose è venuto meno, l'aspettativa popolare di una giustizia non esercitata più solo dai nobili e da una violenza non più appannaggio di chi ha la ricchezza è svanita. I raddrizzatori di torti, i giustizieri che ricomponevano l'ordine infranto sulla base del loro potere armato non appaiono più come risolutori di conflitti o paterni fornitori di prebende. La scarnificazione dell'ideologia mafiosa è un tratto culturale importante, per quanto ciò non significhi che il fenomeno mafioso sia meno virulento e pressante.

Semmai, il problema, come si è detto all'inizio, è nelle garanzie fornite alle mafie tradizionali e a quelle rampanti contemporanee dallo stesso mondo globalizzato, in cui il modello mafioso, per così dire, sguazza a proprio agio, forte della propria violenza usata come valvola di regolazione dei meccanismi economici. Ecco, studentessa, bisognerebbe dire a quella curiosa discente, le mafie durano da tanto perché hanno cercato e trovato relazioni in alto e in basso, perché hanno recepito un vizio radicato nei potenti, quello dell'uso personale di ciò che è di tutti, perché non hanno cercato di scardinare lo Stato, ma di farne parte: un soggetto politico a tutti gli effetti, se si intende con questo termine un potere che «ha relazioni e interazioni permanenti e stabili con il livello istituzionale e politico della nazione».

Altre collusioni

Massomafie e non solo. L'evoluzione delle consorterie 'ndranghetiste

È nel decennio Settanta, anni di duttile adattamento delle mafie al pendolo della nostra storia politica soggetta agli strappi della strategia della tensione, che le consorterie mafiose cominciano a prendere confidenza con la massoneria[19].

«La 'ndrangheta non esiste più! Una volta a Limbadi, a Nicotera, a Rosarno, c'era la 'ndrangheta! La 'ndrangheta fa parte della massoneria! [...] diciamo... è sotto della massoneria, però hanno le stesse regole e le stesse cose [...] ora cosa c'è di più? Ora è rimasta la massoneria e quei quattro storti che ancora credono alla 'ndrangheta! Una volta era dei benestanti la 'ndrangheta, dopo gliel'hanno lasciata ai poveracci, agli zappatori... e hanno fatto la massoneria!».
Era Pantaleone Mancuso, boss di Limbadi, a parlare così, colto da un'intercettazione ambientale. Era il maggio 2010, "Zio Luni" spiegava al suo interlocutore cosa fosse diventata la 'ndrangheta, fotografava, a modo suo, una trasformazione in atto, una trasformazione ormai pluridecennale.

Del resto, sono state tante le metamorfosi delle mafie. E altrettanti sono gli elementi di continuità.
Nel primo caso, si va dai campieri rurali alla mafia con le scarpe lucide, così come definì Alfonso Madeo i criminali ma-

---

19 *Girodivite*, 29 dicembre 2021

fiosi che varcarono le soglie delle città, dallo sfruttamento delle risorse agricole e dal controllo della protesta sociale contadina alla gestione dei traffici planetari di stupefacenti, dagli uliveti al cemento e così via. Quanto agli elementi di continuità, è sufficiente citare i riti di affiliazione, che sembrano risalire a un lontanissimo passato, la ricerca dei padri nobili, Osso, Mastrosso e Carcagnosso o i Beati Paoli, le relazioni collusive con il potere, l'uso sistematico della violenza, una certa unitarietà organizzativa e strutturale.

Continuità e mutamento, dunque, alla pari di ogni altra realtà storica, di ogni altro fenomeno sociale.

Tuttavia, la frase di Pantaleone Mancuso, pur se da assumere con molta cautela, mette davanti ai nostri occhi la percezione di una rottura significativa della continuità storica della mafia calabrese. Non si tratta, certo, di una novità, non è nuovo il rapporto della 'ndrangheta con la massoneria: data dalla fine degli anni '60, dal 1969 precisa il procuratore aggiunto di Reggio Calabria, Giuseppe Lombardo, ospite a Lamezia Terme con lo storico John Dickie, lo scorso settembre, di "Trame. Festival dei libri sulle mafie".

È in questa sede che prende forma, sulla base delle dichiarazioni di Lombardo, il tentativo di sintetizzare l'attuale sistema criminale mafioso. Il procuratore aggiunto di Reggio Calabria, in quell'incontro, prova a sciogliere una matassa intricata di lunga durata, un processo storico che, appunto, egli stesso periodizza a partire dalla fine degli anni Sessanta.

È nel decennio Settanta, anni di duttile adattamento delle mafie al pendolo della nostra storia politica soggetta agli strappi della strategia della tensione, che le consorterie mafiose cominciano a prendere confidenza con la massoneria, a partire dagli accertati legami tra le mafie e la P2 di Gelli. Senza essere estranee, sin dal 1970, al fallito golpe di Borghese e all'eversione neofascista. Nel 1969, l'ordinaria riunione di settembre alla Madonna di Polsi, a Montalto, fu spostata a fine ottobre, per accogliere il principe Borghese, Stefano Delle Chiaie e altri personaggi della destra eversiva, interlocutori politici degli scalpitanti De Stefano e dei Nirta.

Erano gli anni, per intenderci, in cui Stefano Bontate e Salvatore Inzerillo si avvicinavano alla massoneria ed erano gli anni in cui i vertici della 'ndrangheta, forse stimolati dalle stesse *obbedienze* massoniche, davano vita alla "Santa". «Una struttura nuova, elitaria (...) estranea alle tradizionali gerarchie dei "locali", in grado di muoversi in maniera spregiudicata, senza i limiti della vecchia *onorata società* e della sua subcultura (...). Nasceva un nuovo livello organizzativo, appannaggio dei personaggi di vertice che acquisivano la possibilità di muoversi liberamente tra apparati dello stato, servizi segreti, gruppi eversivi». Così si esprimeva la Commissione parlamentare antimafia della XIII legislatura (1996-2001).
Per il procuratore capo di Catanzaro, Nicola Gratteri, la creazione della "Santa", nata dal confronto-scontro tra giovani leve 'ndranghetiste e vecchi patriarchi, aveva una finalità ben precisa, come spiegò nel corso di un'audizione davanti alla Commissione antimafia presieduta da Rosy Bindi, che ha dedicato una sezione specifica dell'attività collegiale al problema dei rapporti mafia-massoneria: «dovevano contare di più, entrare nella stanza dei bottoni, non più mettersi d'accordo su chi doveva vincere un appalto, ma se doveva essere costruita l'opera e dove, cioè entrare nel potere decisionale della gestione della cosa pubblica».

A cogliere acutamente l'inizio di un dialogo tra massoneria e mafie, tanto da coniare, nel 1982, l'espressione "massomafie", fu un docente universitario catanese, Giuseppe D'Urso, presidente per la Sicilia dell'Istituto nazionale di urbanistica e fondatore dell'associazione "I Siciliani". Sin dagli anni Sessanta, D'Urso analizzò gli investimenti di capitali in grandi operazioni immobiliari e accumulò materiale probatorio sulle irregolarità amministrative, gli appalti pubblici pilotati, gli insabbiamenti da parte della magistratura catanese collusa con la mafia, la politica e la massoneria. Tutto materiale inviato all'autorità giudiziaria e rimasto, di fatto, inevaso, inascoltato.

Che il prof. D'Urso avesse ragione, che le sue denunce fossero fondate, apparve chiaro già nei primi anni Novanta. Di quei contatti nella camera di compensazione delle logge deviate, o meno, avevano dato conto, per ciò che concerneva la mafia siciliana, due collaboratori di giustizia, entrambi comparsi dinanzi alla Commissione parlamentare antimafia presieduta da Luciano Violante. Era il dicembre 1992, Leonardo Messina narrava delle trasformazioni della criminalità organizzata siciliana: «Cosa Nostra sta cambiando di nuovo perché molti degli uomini di Cosa Nostra appartengono alla massoneria. (...) Questo non deve sfuggire alla Commissione, perché è nella massoneria che si possono avere i contatti totali con gli imprenditori, con le istituzioni, con gli uomini che amministrano il potere diverso di quello punitivo che ha Cosa Nostra». Gaspare Mutolo, pochi mesi dopo e dinanzi allo stesso Violante, ribadiva un concetto simile.

In Calabria, sempre nel '92, si apriva l'inchiesta di Agostino Cordova, procuratore di Palmi, sui rapporti tra 'ndrangheta e massoneria; com'è noto, Cordova fu trasferito a Napoli e l'inchiesta spostata a Roma, dove rimase immobile per sei anni e fu, poi, archiviata dal gip Augusta Iannini.

Proprio nel '92, nella stagione più violentemente stragista di Cosa Nostra, si avviava l'operazione "Olimpia" della Dda reggina, destinata a rileggere la storia della 'ndrangheta degli ultimi venti anni, comprese la seconda guerra di mafia e le relazioni intercorrenti tra la criminalità calabrese e i *fratelli muratori*. In quella sede e nei processi scaturiti da quell'operazione, emergeva la sistemazione assunta dalla 'ndrangheta dopo lo scontro tra i clan De Stefano e Imerti, appunto la seconda guerra di 'ndrangheta (1985-91), che si concluse, per via anche della mediazione della mafia siciliana, con la creazione di una commissione interprovinciale, la Provincia o Crimine, atta alla mediazione dei conflitti tra le cosche; una sorta di tribunale *super partes*.

Pure sul versante calabrese dei collaboratori di giustizia, si aprirono squarci sui rapporti tra mafia e logge massoniche. Giacomo Ubaldo Lauro, *pentito* che fornì importanti rivelazioni nel corso dell'operazione e del processo "Olimpia", asseriva che «al termine della prima guerra di mafia (anni 1976-77), molti capi della 'ndrangheta decisero di entrare in massoneria al fine di partecipare direttamente alla gestione del potere economico-politico e per poter intervenire direttamente nell'aggiustamento dei processi». Considerazioni simili giunsero da un altro collaboratore di giustizia, Filippo Barreca, legato, tra l'altro, ai servizi segreti e padrone della casa in cui dimorò, nascosto per qualche mese, il terrorista nero Franco Freda, condotto là dagli avvocati Paolo Romeo e Giorgio De Stefano. In questo caso, pur nella loro arida enumerazione, i nomi contano: Romeo e De Stefano corrono lungo tutti questi decenni e spuntano fuori, come si vedrà più avanti, nell'immediato presente.

Del resto, con uno sguardo retrospettivo, fu lo stesso ex Gran Maestro del GOI (Grande Oriente d'Italia), Giuliano Di Bernardo, a spiegare alla Commissione parlamentare antimafia, nel gennaio 2017, che le sue dimissioni nel 1993 dall'incarico che assolveva, proprio nel periodo dell'inchiesta di Cordova, dipesero dal fatto di aver appreso dal Gran Maestro aggiunto del tempo, Ettore Loizzo, che in Calabria su 32 logge 28 erano controllate dalla 'ndrangheta.

Forse non a caso, sulla base delle risultanze dell'attività di inchiesta, la Commissione antimafia presieduta da Rosy Bindi ha osservato che «l'opacità della contemporanea presenza di determinati soggetti nell'una e nell'altra associazione (...), nonché i gravi fatti che hanno coinvolto numerosi aderenti a logge massoniche, sono circostanze che richiedono comunque, nella prospettiva dell'inchiesta parlamentare, un'attenta rilettura, e fors'anche una rivisitazione, degli avvenimenti salienti della storia d'Italia dal dopo guerra ad oggi». Ciò a conferma del reiterato invito dello storico Isaia Sales a mettere mano a un'analisi della storia nazionale in cui trovi un posto adeguato l'interazione dei poteri dello Stato con quelli mafiosi.

Negli anni Novanta, dunque, alcuni passaggi erano chiari, o cominciavano a esserlo, agli occhi degli inquirenti. La 'ndrangheta aveva una struttura parzialmente verticistica, seppur non del tutto assimilabile alla cosiddetta cupola siciliana, dialogava con le altre consorterie mafiose, era in relazione con la massoneria e con i servizi segreti, oltre che con l'eversione di destra. Qual è la successiva evoluzione della 'ndrangheta? Cosa si pensa sia oggi?
Va oltre il Crimine di Polsi e la Santa, almeno stando a ciò che raccontano le aule dei tribunali. In vent'anni, l'attività investigativa e giudiziaria ha prodotto una lunga serie di operazioni, inchieste e relativi processi. "Crimine" del 2011 – che

accertò, a livello giudiziario, l'esistenza della "Santa" –, "Fata Morgana", "Sistema Reggio", "Mamma Santissima", del 2016, confluite tutte nel processo "Gotha", il maxi-processo del nuovo millennio, dopo quello "Olimpia" del trentennio precedente. Da questa poderosa serie di inchieste, stando alle sentenze del rito abbreviato e di quello ordinario del processo "Gotha", emerge, pochi mesi fa, quanto il pm Lombardo ha esposto nel già citato intervento a "Trame".

Lombardo parla di un livello riservatissimo, una mafia alta che non è quella che interagisce con le logge massoniche, deviate o meno, che non è nota alla mafia militare o territoriale – la quale ultima pure esiste ed è fondamentale per la tenuta complessiva del sistema mafioso calabrese – che si rapporta con altri "invisibili" di altre consorterie criminali e che cerca di entrare in contatto con tutti gli ambiti strategici, cioè gli apparati istituzionali, la pubblica amministrazione, i professionisti, le imprese che contano, il sistema bancario e finanziario, il sistema informativo, ossia quello che fornisce informazioni di prima mano soprattutto sull'attività investigativa. È la 'ndrangheta della sostanza, spiegava Lombardo alla Commissione presieduta da Rosy Bindi, che non è la 'ndrangheta dell'apparenza, che sta lì, a quel livello ignoto agli stessi padrini della gerarchia tradizionale, sta lì dove «non si è più nemici dello Stato, (...) lì lo Stato deve essere necessariamente amico, perché altrimenti il sistema criminale si inceppa e non si arriva a perseguire gli obiettivi prefissati».

Il processo "Gotha" ha messo alla sbarra e condannato due nomi già citati, gli avvocati Paolo Romeo e Giorgio De Stefano, figlio d'arte quest'ultimo, quali soggetti perfettamente identificabili con quelle entità – gli invisibili – a cui si è fatto cenno sopra. Ma la particolarità, sottolinea ancora Lombardo al festival lametino, è che, con la lettura di un tempo, i due avvocati sarebbero stati accusati come concorrenti esterni, come soggetti-cerniera, figure di mediazione, anche agli occhi della mafia militare, tra mondo 'ndranghetista e mondo massonico o dell'area grigia. Invece, a detta di Lombardo, si tratta di una struttura superiore e criptica della stessa 'ndrangheta, non esterna, ma interna e invisibile al mondo di sotto. Una struttura non monocratica, fra l'altro, perché, come afferma sempre il procuratore aggiunto di Reggio Calabria, «se tu uccidi il capo unico hai difficoltà di relazione con gli apparati ai quali sei legato».

Durante la sua requisitoria al processo "Gotha", Lombardo ha affermato che la 'ndrangheta si è trasformata «da interlocutore dell'istituzione a istituzione vera e propria», mutando Reggio Calabria «in un enorme laboratorio criminale».
Ecco la metamorfosi. Non più e non solo la collusione con il potere politico e la cointeressenza con le logge massoniche, a proposito delle quali, correggendo la lettura di Pantaleone Mancuso, lo storico Enzo Ciconte asserisce che non di travaso della 'ndrangheta nella massoneria si tratta, ma, appunto, di un sistema simile a un arcipelago, ossia più isolotti in collegamento tra loro sulla base dei reciproci interessi.
La metamorfosi è più rilevante: allevare cavalli di razza 'ndranghetista da inserire nelle istituzioni e, così, alterare il funzionamento degli organi costituzionali. L'esito? È nelle parole del procuratore capo di Reggio Calabria, Giovanni Bombardieri che, riferendosi alla città reggina, afferma: «una città povera, un'economia senza sviluppo, una delle pressioni fiscali più elevate in Italia, una gioventù in fuga, disillusa, frustrata e depressa».

Non c'era da aspettarsi di meno da un enorme laboratorio criminale vestito con i panni buoni e rassicuranti degli organi costituzionali.

La Chiesa davanti alle mafie in Italia: dalla "complice prudenza" alla scomunica

Fra i tanti studiosi che hanno trattato la questione del rapporto Chiesa e mafie vi è Isaia Sales, docente universitario e saggista[20].

Chi si fermasse, oggi, a valutare l'atteggiamento della Chiesa dinanzi alle mafie sarebbe portato a leggervi una condanna aperta e netta del fenomeno criminale. Lo dicono alcuni fatti più o meno recenti, dal significato chiaro, privo di ambiguità. Svolgendo il nastro all'indietro, si possono citare la beatificazione del giudice Rosario Livatino, nel maggio 2021, e, in concomitanza, la creazione di un gruppo di lavoro sulla "scomunica alle mafie" all'interno del "Dicastero per il servizio dello sviluppo umano integrale" voluto da papa Francesco. Nel giugno 2020, è la volta della creazione, da parte della Pontificia Academia Mariana Internationalis, di un "Dipartimento di analisi, studio e monitoraggio dei fenomeni criminali e mafiosi. Liberare Maria dalle mafie e dal potere criminale". In precedenza, vi era stata la richiesta del vescovo di Monreale, Michele Pennisi, ai preti di non ammettere come padrini le persone invischiate con le mafie – siamo nel 2015 – e, ancora, la beatificazione di don Puglisi del 2013.

È poi possibile riferirsi a un documento elaborato, nel 2010, dalla Conferenza episcopale italiana, dai toni netti contro le organizzazioni criminali: «le mafie sono la configurazione più drammatica del male e del peccato. In questa prospettiva non possono essere semplicisticamente interpretate come espressione di una religiosità distorta, ma come una forma

---

20 *Girodivite*, 19 gennaio 2022

brutale e devastante di rifiuto di Dio e di fraintendimento della vera religione: le mafie sono strutture di peccato».

L'espressione "strutture di peccato", mutuata dalla Cei dal linguaggio della teologia della liberazione sudamericana, presuppone la percezione delle organizzazioni criminali quali fenomeni sociali che soffocano le libertà dei cittadini, così come fecero le dittature latino-americane nel secolo scorso.

È possibile, quindi, sottolineare come, nell'ultimo decennio, la Chiesa romana abbia assunto una posizione di indubbia riprovazione nei confronti dei sodalizi mafiosi. Del resto, non dovrebbe stupire più di tanto che una religione incardinata, fra gli altri, sul precetto del "non uccidere" manifesti un atteggiamento di robusto rifiuto di mafiosi, camorristi, 'ndranghetisti e della loro violenza criminale.

Eppure non è così o, meglio, non è sempre stato così. Il tema è enorme, la bibliografia sterminata e la cronaca così ricca di avvenimenti da rendere impossibile in poche cartelle rendere conto di tutte le questioni presenti. Ci si limiterà, in questa sede, a sottolineare alcuni aspetti della posizione della Chiesa nei confronti delle organizzazioni mafiose in Italia, tralasciando volutamente l'altro aspetto della questione, ossia il modo attraverso il quale i mafiosi hanno, per così dire, usato la religione per la loro legittimazione sociale. Si ritornerà, in un altro momento, su un tema così importante e vasto.

Fra i tanti studiosi che hanno trattato la questione del rapporto Chiesa e mafie vi è Isaia Sales, docente universitario e saggista, il quale ha posto in questi termini tale rapporto: «La Chiesa italiana non ha mai prodotto un documento ufficiale, una presa di posizione "contro" le mafie fino agli anni '70 del Novecento, cioè più di un secolo e mezzo dopo l'affermazione e il consolidamento di alcune delle organizzazioni delinquenziali più violente al mondo. La Chiesa non le ha mai combattute, non c'è stato mai un aperto contrasto fino ai tempi recenti. Un lunghissimo silenzio dei cattolici, del clero, delle gerarchie locali e nazionali, ha dominato incontrastato accompagnando l'evolversi di quei fenomeni criminali» ("Atlante delle mafie", vol.1, Rubbettino editore, 2012).

Le parole di Sales sono inequivocabili e durissime, ma lo storico salernitano non ha l'esclusiva di tale giudizio inappellabile. Studiosi e commentatori di varia estrazione culturale e di diversa sensibilità hanno parlato, a proposito dell'atteggiamento della Chiesa cattolica e non solo, nei confronti delle mafie, di «complice prudenza» (Pietro Grasso), di «connivenza, silenzio o indifferenza» (Isaia Sales), di «silenzio, complicità o condivisione» (Umberto Santino), di «indifferenza disincantata» (Augusto Cavadi), di «una chiesa silente per prudenza, ignoranza o, peggio, per interesse» (don Ciotti), di «resistenze, eccessi di prudenza e aperture verso le mafie» (Lucia Ceci), di una Chiesa «permeabile all'ideologia mafiosa» (Lucia Ceci e Tommaso Caliò).

Certo, se a riflettere sui secolari rapporti tra Chiesa e mafie sono esponenti del clero cattolico, tale silenzio, a volte complice e a volte indifferente, assume un'altra configurazione, il tono di condanna, per certi aspetti, si intiepidisce. Emblematica, in tal senso, è la recente analisi di un sacerdote lametino e nunzio apostolico in Tanzania, don Marco Mastroianni: "Chiesa e mafie. Quale condanna?" (Rubbettino, 2021). Nel testo si fa riferimento a una Chiesa il cui approccio alle mafie non è stato «un percorso semplice, né tantomeno spedito». Don Mastroianni prova a spiegare le ragioni di tale mancata speditezza: da un lato, è dipeso, a suo dire, dalla natura di un fenomeno che si è esteso nel tempo, assumendo tratti e caratteristiche che non aveva in origine, dall'altro alla difficoltà di proporre alternative a un male radicato negli stessi luoghi in cui la Chiesa svolgeva la propria missione; e, ancora, al magistero ecclesiastico che condanna ma dev'essere pronto ad accogliere i convertiti. Per ultimo, la lentezza con la quale la Chiesa avrebbe assunto un netto distacco dalla criminalità mafiosa sarebbe dipesa dalla questione della cassa di risonanza offerta, oggi, da mass-media che, in passato, non producevano lo stesso clamore e non avevano lo stesso seguito. I don Puglisi del primo Novecento non avrebbero avuto, secondo l'autore, un adeguato riscontro mediatico, una sufficiente pubblicizzazione.

Non è questa la sede per confutare le ragioni esposte dal sacerdote lametino, ma è almeno il caso di osservare come sia discutibile l'idea che il fenomeno mafioso nel passato fosse caratterizzato da una minore estensione e da una minore violenza. È una lettura, per tanti aspetti, stereotipata della mafia, quella che tanto piace ai mafiosi stessi, quella della *buona e vecchia mafia di una volta*, con un codice d'onore e una faccia più presentabili, meno violenti e crudeli; immagine ormai ampiamente superata dalla letteratura sul tema.

La Chiesa cattolica ha accolto e accoglie, dunque, con qualche fastidio l'accusa di una parte degli studiosi e dei commentatori di aver tiepidamente affrontato la questione delle organizzazioni mafiose. Tuttavia, per quanto le risposte non manchino di argomenti condivisibili e di importanti precisazioni per evitare giudizi acritici o parziali, resta vero un dato, che promana dallo stesso mondo cattolico, dalla stessa risposta sopra riportata: sino agli anni Settanta circa, un silenzio sospetto ha accompagnato la posizione cattolica nei confronti del mondo mafioso.

A partire da questo aspetto, restano aperte molte questioni, una delle quali è particolarmente importante: se diverso fosse stato l'atteggiamento della Curia, i clan avrebbero potuto avere un ruolo così centrale nella plurisecolare storia del Meridione e, poi, dell'intera nazione? No. Questa è la secca risposta degli studiosi, a partire dal già citato Sales: «senza la cultura cattolica e senza la sua influenza sulle vicende storiche e sociali dell'Italia, e in particolare del Sud, sarebbe stato più difficile il radicamento e il condizionamento di massa da parte delle mafie».

Se così è, se davvero così influente e decisiva è stata quella "complice prudenza" di una parte significativa del mondo cattolico nei confronti del crimine mafioso, la domanda non può che essere la seguente: perché ciò è avvenuto? Cosa ha reso opachi e non sempre pronunciabili i rapporti fra questi due "corpi sociali" della nostra penisola?

In primo luogo, è necessario evocare la questione dei rapporti Stato-Chiesa nel periodo successivo all'unificazione italiana. Le tensioni intervenute a seguito della caduta dello Stato pontificio si sono sicuramente riverberate anche sulla questione mafiosa: «per tutto il periodo post-unitario, la Chiesa ha avuto un atteggiamento di pratico disinteresse per il buon funzionamento dello Stato italiano, per la moralità della politica, l'osservanza delle leggi, la formazione di un diffuso senso civico. In questo quadro di avversione e di contrapposizione allo Stato unitario la Chiesa ha ritenuto il problema della mafia non come un suo problema». Così si esprime, ad esempio, Isaia Sales.

Alla natura conflittuale dei rapporti tra il Regno d'Italia e la Curia romana si aggiunse un altro fattore causale per il tema qui analizzato e valido almeno sino alla prima metà del Novecento, ossia la condivisione di comuni interessi fra il blocco agrario-mafioso e la Chiesa cattolica nei territori meridionali. Non c'è dubbio che, in rapporto alle lotte contadine, il clero abbia in larga parte condiviso le ragioni padronali, costituendo parte della proprietà terriera e manifestando, non senza importanti distinguo, un atteggiamento di netto conservatorismo in rapporto alle proteste che si levavano dal ceto bracciantile. Ciò non significa certo un sostanziale disinteresse per le difficoltà in cui si dibattevano i contadini del Sud Italia, come attesta la creazione di casse rurali e forme di apostolato sociale in favore del ceto rurale più povero. Di fatto, però, si trattava di interventi dai quali restava esclusa qualsiasi ipotesi di lotta di classe e che, in alcuni casi, si legavano ambiguamente alla presenza di esponenti della mafia nelle stesse casse rurali cattoliche: è il caso, fra gli altri, di Corleone, dove vengono segnalati, come rileva Umberto Santino, legami della Cassa rurale con affiliati alla cosca dei "fratuzzi" ("Chiesa, mondo cattolico e mafia", 2015, reperibile sul sito del Centro Peppino Impastato).

Questa posizione conservatrice, ostile al movimento contadino per ciò che rappresentava in termini di rinnovamento dei rapporti sociali, la si ritrova, acuita di grado, nel secondo dopoguerra. Sono i decenni della guerra fredda, del posizionamento italiano all'interno del blocco atlantico e, al contempo, della significativa forza elettorale del Partito comunista italiano. In questa cornice, la storiografa Lucia Ceci, una delle curatrici del convegno "L'immaginario devoto tra organizzazioni mafiose e lotta alla mafia" (tenutosi a Roma nel 2014), rinviene le ragioni di fondo della posizione della Chiesa cattolica dinanzi alle cosche criminali: «la questione di fondo che modula la posizione rispetto alla mafia è l'anticomunismo e il collateralismo della Chiesa siciliana alla Democrazia cristiana, un partito al cui interno, dall'inizio degli anni Cinquanta, iniziano a militare i mafiosi».

Sono gli anni del centrismo, gli anni in cui è arcivescovo di Palermo il cardinale Ernesto Ruffini – dal 1945 al 1967 – il simbolo più noto della negazione del fenomeno mafioso nel nome di un richiamo regionalista offeso, con il riferimento a Cosa Nostra, dai comunisti o da figure quali il sociologo Danilo Dolci o il romanziere Tomasi di Lampedusa con il suo "Gattopardo". Ciò è quanto il cardinale scrisse in una pastorale del 1964, "Il vero volto della Sicilia", documento incardinato su un forte sicilianismo, ideologia non priva di filomafiosità.

I legami complessi e, in molti casi, contigui fra Chiesa e mafia, in Sicilia, possono essere ricondotti, poi, ad un'altra ragione, interna al modello organizzativo del clero locale, quello delle parrocchie comuni, prevalenti sino al 1920, ossia parrocchie di cui potevano far parte solo sacerdoti, per così dire, indigeni, ossia del luogo. Come osservava uno storico interno alla Chiesa cattolica, l'arcivescovo di Monreale Cataldo Naro – scomparso nel 2006 –, era «piuttosto difficile a questo clero (...) maturare atteggiamenti critici verso comportamenti, quali anche quelli violenti della mafia, in cui fossero implicati parenti e conoscenti o, al contrario, da cui potessero derivare minacce dirette e immediate verso familiari e amici» ("Chiesa e mafia: la questione storiografica del silenzio", 1994).

In questa sommaria enumerazione delle cause del silenzio cattolico, occorre evocarne ancora una, anch'essa interna al mondo ecclesiastico, di natura teologica e dottrinale, ossia la questione del perdono e del pentimento. Nella dottrina cattolica, la violazione di alcuni comandamenti (non rubare, non ammazzare) non presuppone un risarcimento alla vittima, la colpa non è nei confronti della società, della collettività, ma il peccato è colpa contro Dio. Dunque, la riparazione è nei confronti del Signore e non della comunità e il pentimento interiore personale resta l'aspetto centrale a cui si riferisce il confessore nella propria opera di redenzione del peccatore. In tal senso, questa forma di "privatizzazione della salvezza", come l'ha definita padre Nino Fasullo, mette in secondo piano la conseguenza sociale del peccato e rende tiepida, quando non condannabile, la stessa scelta di collaborare con la giustizia terrena, a cui non si riconosce centralità nel processo di emendamento del peccatore. Si determina uno scollamento fra la significatività dell'atto religioso e il comportamento sociale del mafioso, a cui, per certi aspetti, può fare buon gioco dichiarare assolto il proprio debito con Dio, indipendentemente da quelli aperti con la società. Insomma, esiste un certo divario fra teologia morale e spirito civico e in questo pertugio si sono infilati con una certa prontezza quei criminali che non hanno sentito come offensivo o peccaminoso il proprio *modus operandi* violento e omicida, che non si sono sentiti estranei al corpo di Cristo, pur offendendo, serialmente e consapevolmente, il corpo della società.

Il complesso delle ragioni sopra illustrate ha contribuito a quel silenzio cattolico a cui si è fatto riferimento all'inizio di questo articolo. Certo, non si è trattato di un silenzio tombale, perché non sono mancate né alcune figure di ecclesiastici caduti per mano delle mafie già agli esordi del fenomeno criminale né le prese di posizione ufficiale delle gerarchie ecclesiastiche nei confronti dello stesso fenomeno. Tuttavia, per poter parlare di una risposta sempre meno ambigua e via via più aperta e diffusa e convincente da parte della curia romana è stato necessario che alcune delle ragioni sopra indicate si affievolissero. Si pensi, ad esempio, alla caduta del muro di Berlino, all'intiepidirsi del collante anticomunista, alla dissoluzione del vecchio sistema dei partiti e dell'unità politica dei cattolici.

Non è un caso che i primi importanti e decisi segnali di condanna delle mafie siano giunti a partire dai primi anni Ottanta: don Riboldi contro la camorra, poi l'omelia del cardinale Pappalardo nel settembre 1982 al funerale del generale Dalla Chiesa sulle inerzie di Roma mentre Palermo-Cartagine veniva distrutta. E, ancora, le voci autorevoli dei papi: il discorso nella Valle dei Templi, ad Agrigento, di papa Giovanni Paolo II, nel 1993 dopo le stragi dell'anno precedente, "mafiosi convertitevi", e la più recente omelia di papa Francesco, a Cassano all'Ionio nel giugno 2014, quando il pontefice proferì apertamente la parola "scomunica" («i mafiosi sono scomunicati, non sono in comunione con Dio»).

Al di là di altre considerazioni sulla persistenza di silenzi e fiancheggiamenti da parte del clero cattolico nei confronti delle mafie italiane, è vero che il percorso compiuto dal mondo cattolico nell'ultimo decennio è caratterizzato da una tangibile presa di distanza dal bubbone mafioso, al posto di quel silenzio che aveva spinto padre Bartolomeo Sorge a dichiarare: «mi sono sempre chiesto perché questo sia potuto accadere: il silenzio della Chiesa sulla mafia. Non si potrà mai capire come mai i promulgatori del Vangelo delle beatitudini non si siano accorti che la cultura mafiosa ne era la negazione. Il silenzio, se ha spiegazioni, non ha giustificazioni».
Ora è necessario che tale percorso proceda, sempre più spedito, con sempre minori tentennamenti, evitando tentazioni revisioniste, cadute di tensione morale e di spirito collettivo e senza ulteriori ambiguità. È del 2015 la vicenda della parrocchia e del parroco che officiarono la cerimonia funebre in pompa magna di Vittorio Casamonica, noto criminale, con tanto di manifesti, le note de "Il Padrino" e i cavalli bardati a lutto. Stessa parrocchia nella quale non fu consentito il funerale religioso di Piergiorgio Welby, uomo un po' più mite, ma

macchiatosi di una colpa inaccettabile da parte della Chiesa e da parte dell'allora vicario del pontefice, il cardinale Camillo Ruini, ossia quella di aver deciso di porre fine alla propria vita anziché a quella altrui.

Mafie e Chiesa, donne e 'ndrangheta: il prof. Ciconte al Liceo Cottini di Torino

Venerdì 12 maggio, al Liceo artistico torinese "Renato Cottini", l'ultimo incontro del corso per docenti del Piemonte, "Mafie e dintorni", ha visto quale protagonista e relatore il prof. Enzo Ciconte, collegato in streaming con i partecipanti all'iniziativa[21].

Impegnato in politica tra il 1987 e il 1992, deputato nelle liste del PCI, consulente della Commissione parlamentare antimafia dal 1997 al 2010, l'accademico calabrese insegna Storia delle mafie presso il Collegio di merito Santa Caterina dell'Università di Pavia. È stato tra i primi a occuparsi di storia della 'ndrangheta ed è esperto dei meccanismi di penetrazione delle mafie nel Nord Italia. Difficile sintetizzare la sua bibliografia, che comprende, fra gli altri, volumi quali *Mafie del mio stivale. Storia delle organizzazioni criminali italiane e straniere nel nostro Paese* (Manni, 2017) e i più recenti *L'assedio. Storia della criminalità a Roma da Porta Pia a Mafia capitale* (Carocci editore, 2021) e *Carte, coltello picciolo e carosello. I grandi processi di fine Ottocento alla mala vita e le origini della criminalità organizzata* (Manni, 2023). Insieme a Isaia Sales e a Francesco For-

---

21 *Girodivite*, 17 maggio 2023

gione ha curato, inoltre, l'*Atlante delle mafie*, in due volumi per Rubbettino editore (2012, 2013).

Dinanzi agli insegnanti del corso, il professor Ciconte ha affrontato due diversi argomenti: da un lato, l'atteggiamento della Chiesa cattolica dinanzi alle mafie e, dall'altro, il ruolo della donna all'interno della 'ndrangheta, suggestioni tematiche avanzate dagli stessi partecipanti all'incontro. La prima questione il relatore l'affronta scegliendo l'Unità d'Italia come ideale punto di partenza di un rapporto controverso e, come ha suggerito sin dall'inizio, caratterizzato da una lenta, graduale trasformazione. All'indomani dell'Unità d'Italia, ha precisato, la Chiesa cattolica si trova dinanzi due nemici ideologici: da un lato, il neonato Stato liberale, contro il quale Pio IX scaglia il *non expedit* e interdice ai cattolici la partecipazione alla vita politica di un regno usurpatore; solo i Patti Lateranensi del 1929 cuciranno lo strappo istituzionale. Dall'altro, un avversario ideologico altrettanto, se non più temibile, il socialismo – e la sua evoluzione comunista –, che resterà ben più a lungo, nella percezione del mondo cattolico e delle gerarchie vaticane, quale nemico da contenere e da osteggiare. Ciò almeno sino alla caduta del muro di Berlino, quando il comunismo sovietico implode, portando con sé il vecchio sistema dei partiti in Italia.

Ecco, a fronte di tali avversari, spiega Ciconte, altro è l'atteggiamento della Chiesa cattolica nei confronti della mafia. Quest'ultima non è un nemico ideologico. Non lo è, intanto, perché i mafiosi si presentano come cattolici, dotati di tutto l'armamentario, almeno esteriore, atto a rendere manifesta la loro fede: croci appese al petto, riti religiosi rispettati con certosina dovizia e con larga visibilità pubblica. Lo storico, su questo punto, manifesta il proprio scetticismo sulla fede convinta, sull'adesione piena dei membri dei clan al credo religioso. Si può conciliare, si domanda, la fede con la violenza che è parte integrante del vissuto mafioso? Domanda ineccepibile, alla quale segue una precisazione: gli uomini dei clan non chiedono perdono a Dio dopo aver ammazzato, ma prima. Non è un atto di contrizione, ma quasi un benestare divino a un atto osceno, una sorta di lasciapassare.

In tal senso, l'accademico si sente di valutare come strumentale quell'adesione, come funzionale a un contesto che, in quell'Italia e in modo particolare in quell'Italia meridionale, impone di presentarsi con abiti cattolici.

A lungo, dunque, la Chiesa cattolica mantiene una sorta di convivenza non ostile con le organizzazioni mafiose che, dal canto loro, non mancano di finanziare le parrocchie, di perpetuare quella formale vicinanza al dettato religioso. Una convivenza garantita, inoltre, dallo stesso contesto sociale che vede il sacerdozio come sbocco inevitabile nelle famiglie meno agiate e la carriera ecclesiastica per quelle più abbienti. Si crea, così, un intreccio complesso, in cui la mentalità mafiosa entra negli abiti talari o, per meglio dire, la visione del mondo degli uomini di Chiesa non sente come inappropriata quella mentalità, non la sente distante, altera o, peggio, antagonista.

Su questa convivenza non conflittuale, sul silenzio stesso degli uomini di Chiesa dinanzi alle mafie, sicuramente le consorterie criminali hanno fondato parte del loro consenso presso comunità nelle quali il peso del cattolicesimo e gli orientamenti dei prelati rappresentavano un importante punto di riferimento. Come altrimenti intendere la tradizione delle processioni religiose con tanto di inchino della statua devozionale non appena giunta sotto la dimora del boss locale? In un'occasione, negli anni Settanta in Sicilia, sul balcone si procede anche all'ideale passaggio di consegna tra il vecchio boss e il figlio, mentre l'icona devota attende paziente davanti a una comunità che non ignora affatto il significato simbolico di quel doppio passaggio, quello sotto l'abitazione del "padrino" e quello tra vecchia e nuova generazione di mafiosi.

Questo atteggiamento – che è insieme indifferente, pragmatico, connivente – è durato più o meno sino all'inizio degli anni '80, suggerisce il relatore, ed è andato via via mutando, come si è già detto, con l'evolvere della situazione politica internazionale, il crollo del muro di Berlino, il dissolversi della tentazione socialista di imporre la propria visione del mondo. In questa cornice possono leggersi la condanna di don Riboldi contro la camorra, poi l'omelia del cardinale Pappalardo nel settembre 1982 al funerale del generale Dalla Chiesa sulle inerzie di Roma mentre Palermo-Cartagine veniva distrutta. E, ancora, le voci autorevoli dei papi: il discorso nella Valle dei Templi, ad Agrigento, di papa Giovanni Paolo II, nel 1993 dopo le stragi dell'anno precedente, "mafiosi convertitevi", e la più recente omelia di papa Francesco, a Cassano all'Ionio nel giugno 2014, quando il pontefice proferì apertamente la parola "scomunica" («i mafiosi sono scomunicati, non sono in comunione con Dio»).
Quanto ai pontefici, Ciconte osserva che il discorso di Giovanni Paolo II resta interno al cattolicesimo, l'invito al pentimento ha avuto una scarsa efficacia, anche se simbolicamente importante; mentre più secche e perentorie paiono le frasi di papa Bergoglio, un invito a combattere le mafie, non solo un richiamo alla loro coscienza individuale.

Di fatto, negli ultimi decenni, qualcosa è cambiato, la Chiesa manifesta un comportamento meno ambiguo e ritroso, più coraggioso nella denuncia, anche se non sempre le prese di posizione dei vertici ecclesiastici trovano immediata rispondenza nella base sacerdotale. Quanto a quest'ultima, osserva ancora il relatore, sarebbe opportuno in sede di ricerca storiografica analizzare con certosina pazienza i casi individuali di preti locali che, prima di don Puglisi o don Diana, in anni più lontani hanno avuto la forza e la lucidità di opporsi alle mafie, dentro comunità in cui quella mafiosa non era una mentalità avversata o ritenuta indegna di un cattolico.

L'accademico calabrese passa, poi, ad analizzare il secondo punto all'ordine del giorno, ossia il ruolo della donna nella 'ndrangheta. In termini generali, alla pari di quanto osservato per il rapporto tra Chiesa cattolica e mafie, Ciconte precisa fin dall'inizio che il ruolo della donna nel mondo 'ndranghetista segue, di fatto, l'evoluzione della società e dei tempi. Una seconda precisazione analitica è quella relativa al fatto che i mafiosi «non hanno inventato nulla»: non sono tanto diversi da noi, non vivono nell'iperuranio, afferma il professore, mutuano atteggiamenti dal mondo in cui vivono, per quanto lo facciano adottando, poi, comportamenti che sfociano nell'illegalità. Nel mondo cattolico, l'ingresso del neonato è formalizzato dal battesimo, così come nella 'ndrangheta l'ingresso del giovane nell'organizzazione avviene con un rito di affiliazione. Tutto ciò per dire che la totale assenza della donna nei codici mafiosi non suona innaturale o in controtendenza rispetto alla società e cita, a proposito, il regolamento che normava, in origine, l'abbigliamento da tenere nel Parlamento repubblicano, da cui era completamente assente qualsiasi riferimento al vestiario femminile.

La donna è esclusa dalla 'ndrangheta alla pari di altre categorie, quali parenti o congiunti di appartenenti alle forze dell'ordine o al clero – perché riservavano il loro giuramento allo Stato o a Dio –, chi aveva "macchie d'onore", gli omosessuali e via discorrendo.

Ciò non significa che la donna non abbia avuto un ruolo centrale nelle strategie 'ndranghetiste, precisa Ciconte, a partire da quel drammatico conflitto inter-famigliare che è la faida: lo scontro tra famiglie si chiudeva quando una delle due cosche perdeva l'ultimo maschio e non era più in grado di trasmettere il cognome; ma poteva anche chiudersi con un matrimonio, un rito di ricucitura dello strappo violento, in cui il sangue virginale della sposa faceva da contrappeso simbolico al sangue versato dai membri delle due fazioni.

Per quanto formalmente esclusa dalle riunioni mafiose, la donna di 'ndrangheta ha sempre avuto un ruolo fondamentale, un peso domestico importante, a partire dal compito di trasmettere ai figli l'ideologia mafiosa, così come trasmetteva loro il dialetto, e di custodire l'onore famigliare. Il relatore si ferma un attimo su questo aspetto, sul potere reale della donna nella famiglia meridionale: la forza della donna è stata oscurata da una certa visione consolidata, ma non per questo corretta, osserva Ciconte, la donna non è mai stata totalmente subalterna, in famiglia ha sempre avuto un peso importante, centrale.

In parte, la visione di una donna esclusa dal mondo mafioso è stata orientata e incanalata dagli stessi collaboratori di giustizia, le cui testimonianze hanno fornito un immaginario mafioso da cui era espunta la presenza femminile. Inoltre, a fornire altre lenti analitiche dentro il mondo 'ndranghetista, ma non solo, è stato l'ingresso in magistratura delle donne, che cambiano l'approccio all'indagine della realtà criminale, portano altre istanze e scorgono aspetti sino ad allora ignorati. In tal senso, l'ospite del Cottini parla di evoluzione della

169

presenza femminile, facendo cioè riferimento a quei mutamenti della società che hanno portato a una diversa sensibilità nei confronti della componente femminile, facendo emergere aspetti prima adombrati. Il caso di Ninetta Bagarella, moglie di Riina, è esemplare: gli è compagna nella latitanza, fa con lui quattro figli a cui lascia il cognome del marito; difficile pensare che fosse all'oscuro della condizione del marito, del suo ruolo apicale in Cosa Nostra, della sua violenza omicida.

Le cose cambiano, appunto, e cambiano anche gli atteggiamenti delle donne. Oggi, per un uomo diventare collaboratore di giustizia è una scelta che comporta l'adesione della moglie, perché un percorso di quel tipo stravolge la vita di una famiglia. Se i collaboratori di giustizia di prima generazione non facevano mai cenno alle donne, i "pentiti" di seconda generazione non di rado dicono di voler salvare i figli da una vita pericolosa. E in questo non può non giocare un ruolo importante la madre di questi figli, in un contesto che, a differenza di qualche decennio fa, pone la prole in una posizione centrale, li colloca in una posizione rilevante, più importante di quanto non capitasse negli anni più addietro.
Tuttavia, precisa Ciconte, l'atteggiamento delle donne 'ndranghetiste non è sempre favorevole alla collaborazione. Perché? Perché un'ipotetica "donna Maria" dovrebbe dire al marito: «se parli con gli sbirri ti allontano dai figli»? Perché donna Maria, in paese, è rispettata, si sa che suo marito è in carcere, le si offrono credito e prestigio; ma se donna Maria diventa moglie di un pentito, ecco, allora in una nuova realtà, lontana dal luogo di origine, donna Maria perde il proprio status, la propria rispettabilità, i propri privilegi.

Il comportamento femminile nel mondo della 'ndrangheta è, dunque, complesso e ambivalente. A fronte di donne coraggiose, che hanno avuto o hanno la forza di recidere i legami personali e famigliari con la mala vita locale, vi sono, infatti, donne che detengono un peso rilevante in seno alle consorterie criminali calabresi. Lo dice la stessa evoluzione delle mafie, il loro interramento e la loro più misurata violenza omicida, il loro statuto identitario di *holding* economiche a cui giova la sagacia economica delle donne. Attualmente, chiude l'accademico, le donne hanno una rilevante capacità direzionale, coerente con l'evolvere del peso femminile nella società italiana.

L'ospite del Cottini, una volta terminata la trattazione dei due temi, si presta alle domande dei docenti. I quesiti spaziano dal caso Orlando ai rapporti delle mafie con la massoneria in Calabria, dall'antimafia sociale al peso criminale nella provincia torinese. Risponde a tutti, il prof. Ciconte, mettendo in evidenza una visione del mondo mafioso non cristallizzata e poco propensa ad accogliere certi stereotipi, ricca di suggestioni problematiche, di spunti di indagine, di curiosità intellettuale per un fenomeno che – almeno così pare allo scrivente di poter desumere dalle sue parole – è scorretto separare artificiosamente dal contesto, staccare da noi, collocare in una dimensione altera. Fuori dal mito e dentro la storia, la stessa storia nostra, alla quale i mafiosi partecipano in virtù della nostra stessa condiscendenza, acquiescenza, indifferenza, bisogno, oltre che per via della loro capacità d'urto. «Non sono la maggioranza», ripete il relatore a una docente che rimarca il dominio 'ndranghetista su una realtà locale piemontese («hanno in mano Volpiano»). Non sono la maggioranza, sicuramente, ma percepire i mafiosi come tali è di per sé interessante: non solo indica la capacità mafiosa di influenzare le comunità, godendo di un credito minaccioso che moltiplica i loro poteri effettivi, ma comporta anche quell'atteggiamento in base al quale relegarli in una bolla allogena impedisce la comprensione di ciò che a loro ci accomuna. Se il corso del Cottini ha lasciato in mano qualcosa ai partecipanti è proprio l'idea che non si possa parlare di mafia senza parlare dei "dintorni" in cui prospera. Quei dintorni siamo anche noi.

Antimafia

"Eroi", attivisti, vittime e testimoni

Bruno Caccia, vittima sacrificale sull'altare del Patto Atlantico

Dalla diretta streaming del 26 giugno scorso sul caso Bruno Caccia, emerge ancora una volta l'impressione di vivere in un Paese dalla democrazia parziale, soggetta a inerzie giudiziarie che sanno di collusioni fra Stato e mafie[22].

«...si diceva che, tutto sommato, siamo vissuti in un regime democratico e su questo non si possono avere certamente dubbi. Però, quando io vedo le angosce, i patemi, le vite distrutte di famigliari di vittime di mafia, io vedo nei loro volti e nelle loro esperienze di vita quello che mi sembra di percepire quando vedo o leggo le storie delle mamme di Plaza de Mayo, cioè delle mamme delle decine di migliaia di *desaparecidos* vittime della violenza criminale di un regime dittatoriale militare. E, quindi, mi trovo davanti a questo accostamento fra due paesi, due regimi che non si sono mossi esattamente sullo stesso crinale, per nostra fortuna. Però [...] si è verificata in Italia una situazione per cui certi sacrifici erano, in fondo, dei sacrifici da offrire sull'altare di un patto politico

---

22 *Girodivite*, 30 giugno 2021

internazionale. E poiché erano dei sacrifici che andavano, in qualche modo, accettati dal Paese, la conseguenza quasi fisiologica è stata che a farsi carico della ricerca di verità e giustizia su certi delitti spesso sono stati i famigliari delle vittime, dovendo supplire alle inerzie dello Stato, come è capitato a Paola e ai suoi fratelli».

Questa lunga citazione si colloca all'interno di un dibattito in streaming andato in onda lo scorso sabato 26 giugno sulla piattaforma del Movimento delle Agende Rosse. A parlare è l'avvocato Fabio Repici, difensore di molti famigliari delle vittime di mafia, dai Borsellino ai Manca, dagli Alfano agli Agostino ai Caccia, ossia "Paola e i suoi fratelli", figli del Procuratore Capo della Repubblica di Torino, Bruno, ucciso la sera del 26 giugno 1983, mentre portava a spasso il cane. Non è soltanto la formale e rituale celebrazione di una ricorrenza tragica. Il dibattito in questione che ha visto protagonisti, accanto a Repici, la figlia di Caccia, Paola, il giornalista dell'Espresso Fabrizio Gatti, la coordinatrice delle Agende Rosse di Torino, Carmen Duca, una componente del Direttivo delle Agende Rosse, Federica Fabbretti, e, in qualità di moderatrice, la giornalista Antonella Beccaria, non aveva il fine di recuperare la memoria di quel giorno, quanto piuttosto quello di rilevare le tante, troppe ombre attorno all'omicidio e alla sua conclusione giudiziaria. La volontà dei famigliari e del loro difensore è quella di riaprire il processo, viziato da inerzie, silenzi, anomalie investigative, omissioni, come si dirà più avanti.

Nella riflessione di Repici evocata all'inizio si condensa la tesi di fondo in grado di correlare a quello di Bruno Caccia molti omicidi avvenuti in questo Paese e avvolti da una strana nebbia, quella della ragion di Stato, la *Realpolitik*, la difesa dei presunti interessi dello Stato a qualsiasi costo, anche a costo del sacrificio dei cittadini sull'«altare di un patto politico internazionale». Il Patto Atlantico, per dirla in breve.

Lo afferma Repici, come si è visto, lasciando intendere come la nostra democrazia sia viziata da un tumore profondo, che corregge l'esordio stesso della citazione e che apparenta l'Italia, pur con tutti i distinguo, a un regime dittatoriale, quello argentino dei colonnelli. La presunta difesa di questa democrazia, la necessità di garantire la stabilità politica dentro il quadro della scelta atlantica, ha forzato le garanzie costituzionali, ha inquinato i diritti individuali e collettivi, lasciando sul campo vittime e famigliari in balia di iter giudiziari, a dir poco, fiacchi. È l'inerzia a cui fa riferimento l'avvocato nella citazione, inerzia colpevole, un mettersi di traverso che non è incompetenza, ma complicità.

Dello stesso parere è Fabrizio Gatti, autore nel 2017 di un articolo, "Un omicidio senza giustizia", che provava a far luce sui misteri del caso Caccia. Anch'egli non usa mezzi termini. Facendo riferimento ad alcuni aspetti emersi nei suoi lavori, Gatti esplicita una convinzione: l'Italia andava, e va mantenuta, dentro il Patto Atlantico e i servizi segreti, costi quel che costi, cercavano di garantire l'adesione a questo accordo internazionale, permeati di una «paranoia anticomunista» che accomunava, così come accomuna ancora, molti uomini legati agli apparati dello Stato.

Ma cosa c'entra l'omicidio di Bruno Caccia con questo quadro politico, con questa tesi alla quale manca, è ancora Repici a parlare non senza tono di rimprovero, l'apporto analitico degli storiografi? Per capirlo è necessario partire dalle risultanze processuali del caso Caccia. A oggi, e sono passati 38 anni, risulta condannato all'ergastolo Domenico Belfiore, boss della 'ndrangheta operante al tempo nel Torinese, quale mandante dell'omicidio, oggi ai domiciliari per gravi ragioni di salute. Movente dell'azione delittuosa sarebbe stato, secondo la sentenza della Corte di Assise di Appello del febbraio 1992, l'ostacolo rappresentato dalle attività del procuratore torinese all'organizzazione criminale capeggiata da Belfiore. Punto e basta, almeno sino in tempi recenti. L'omicidio più eccellente della storia repubblicana di una città quale Torino, pur graffiata dalla violenza del terrorismo brigatista contro il quale lo stesso Caccia aveva svolto un'azione efficace di contrasto, è stato così ricondotto a una sorta di vendetta di un leader della 'ndrangheta per il fastidio provocatogli dall'atteggiamento austero e privo di compromessi di un procuratore.

Troppo poco per i famigliari e per l'avvocato Repici. Non si tratta di un "troppo poco" meccanico, per l'occhiuta tendenza a sospettare trame e imbrogli ovunque. È un iter giudiziario ritenuto lacunoso e incerto sulla base di argomentazioni puntualmente enumerate e spiegate dall'avvocato nel corso del dibattito in streaming. Nel momento in cui, nel 2013, Repici affianca la famiglia nella ricerca di una verità giudiziaria completa, individua una serie di inerzie investigative e giudiziarie, a partire dalla devittimizzazione di Caccia dal processo. Scompare, cioè, dalle carte processuali la figura della vittima: nessuna seria attenzione alle indagini svolte dal procuratore, nessuna nota biografica, nessun coinvolgimento dei suoi colleghi d'ufficio e, ancora, nessuna attenzione prestata alla moglie e ai figli. Tanto che Guido, il figlio maggiore, soltanto nel 2017, nel già citato articolo di Fabrizio Gatti, riuscirà a rivelare che il padre, la mattina del giorno in cui fu ucciso e contravvenendo all'abitudine di tacere in famiglia della propria attività professionale, gli disse che nei giorni successivi ci sarebbe stato un risultato clamoroso legato alle indagini che stava curando.

Con amarezza, Paola Caccia riassume così l'attività inquirente: è stato condannato un mandante, Domenico Belfiore, sulla base della registrazione effettuata dal capo del clan dei "catanesi" a Torino, Francesco "Ciccio" Miano, contattato da un funzionario del Sisde, Pietro Ferretti, a cui i magistrati di Milano responsabili dell'inchiesta avevano delegato, ufficialmente e per la prima volta nella storia repubblicana, le indagini. Ciccio Miano avrebbe, in effetti, raccolto presso il centro clinico della Casa circondariale di Torino le confessioni di Belfiore e ciò avrebbe rappresentato il capo d'accusa contro il boss della 'ndrangheta.

Belfiore vs Caccia. Questo fu l'assioma alla base della prima vicenda giudiziaria. In realtà, come sottolinea l'avvocato Repici, c'è molto di più. Intanto, a leggere la biografia di Caccia, si sarebbe notata una strana evenienza, ossia il fatto che fra il 1967 e il 1970, quando rivestiva la carica di Sostituto procuratore generale a Torino, era stato tenuto abusivamente sotto il controllo del Sid. Fatto questo che non riguardava il solo Bruno Caccia, perché sotto l'attenzione dei servizi segreti, nei primi anni Ottanta, ci fu anche, fra gli altri, Giancarlo Caselli. Ciò che è particolare è il fatto che del Sid faceva parte quel Pietro Ferretti a cui, in modo piuttosto insolito, la Procura milanese competente per le indagini su Caccia aveva delegato le indagini sulla morte del procuratore.

Non solo. Perché ciò che più lascia perplessi nell'iter giudiziario è l'accantonamento di un filone d'inchiesta rilevante, di cui pure il faldone Caccia porta testimonianza, ossia quello relativo al riciclaggio di denaro illecito, proveniente dai sequestri di persona, presso il Casino di Saint-Vincent. Di questo si stava occupando il magistrato torinese quando fu ucciso. Si tratta di un aspetto pregnante: è Fabrizio Gatti a sottolineare come il denaro proveniente dai sequestri di persona, utile per entrare nel mercato crescente degli stupefacenti, trovasse un possibile canale di accesso nei casino del Nord Italia. E aggiunge: «lo possiamo dire a distanza di anni, il riciclaggio dei soldi della mafia, dei sequestri, del traffico di droga nel Casino era frutto di un patto tra lo Stato e le organizzazioni criminali che, nel periodo della guerra fredda, hanno assunto il ruolo di braccio operativo per gli interessi dello Stato». Torna, cioè, quanto affermato all'inizio: l'uso di Cosa Nostra in funzione della stabilità atlantica.

Al di là della necessità di sondare con maggior rigore analitico questa ipotesi, resta il fatto che la Procura di Milano, nel corso della prima indagine, si trovò a fare i conti con la questione del riciclaggio, ma ignorò (volutamente?) questa pista e si concentrò esclusivamente sulla figura di Belfiore. Il fatto che il denaro sporco nei casino fosse materia scottante lo dimostra la vicenda umana di Giovanni Selis, Pretore di Aosta, scampato miracolosamente, il 13 dicembre 1982, allo scoppio di una bomba nella sua autovettura e a un altro attentato quattro giorni dopo. Selis stava lavorando proprio sul Casino di Saint-Vincent, ma agli inquirenti non venne in mente di collegare il suo attentato all'omicidio Caccia, avvenuti, fra l'altro, a distanza di sei mesi l'uno dall'altro. Selis, per completezza d'informazione, si suicidò quattro anni dopo, forse mai pienamente recuperato al trauma subito.

Che il responsabile delle prime indagini, Francesco Di Maggio, originario di Barcellona Pozzo di Gotto e in capo alla Procura di Milano, avesse incrociato il filone investigativo del riciclaggio del denaro sporco nel Casino di Saint-Vincent è un dato che emerge dalle carte giudiziarie. Nel primo dei ventitré faldoni che costituiscono la documentazione processuale, rileva Repici, sono contenute centinaia di pagine che riguardano il possibile coinvolgimento nell'omicidio Caccia di un barcellonese noto alle cronache, Rosario Pio Cattafi, e di un boss della 'ndrangheta, Demetrio "Luciano" Latella, legato al clan catanese di Angelo Epaminonda e ad altri esponenti di Cosa Nostra. Pagine dalle quali si evince come il delitto potesse essere ricondotto alle indagini svolte dal magistrato sul casino. Eppure, quel filone investigativo fu abbandonato, trascurato, omesso, silenziato. A tale riguardo, è lo stesso Repici a dichiarare che, nel giugno 2009, nel corso di un'intercettazione telefonica di un magistrato, Olindo Canali, allora in servizio presso la Procura di Barcellona Pozzo di Gotto, a dialogo con il giornalista e scrittore Alfio Caruso, sarebbe emerso che, nella primavera 1984, durante una perquisizione nel domicilio milanese di Cattafi, fu sequestrato un documento contenente il testo della falsa rivendicazione brigatista dell'omicidio Bruno Caccia. Sì, perché, il giorno successivo al delitto, alcuni quotidiani romani e la Rai di Milano ricevettero delle telefonate in cui le BR si attribuivano la paternità dell'attentato; quindici giorni dopo, però, dal carcere delle Vallette di Torino, il brigatista Francesco Piccioni sconfessò la matrice terroristica dell'assassinio. Va ancora rilevato come Olindo Canali, negli anni delle indagini sul sequestro Caccia, fosse uditore presso il titolare di quell'inchiesta, ossia Francesco Di Maggio.

Bene. Il testo della falsa rivendicazione brigatista non solo non venne usato per approfondire le indagini in quella direzione, ma la documentazione sequestrata in quell'occasione a Cattafi, dietro le reiterate e pressanti richieste di quest'ultimo, gli fu restituita qualche tempo dopo senza che ne rimanesse fotocopia nel fascicolo. Ragione per la quale, è attestato il sequestro dei documenti, ma del testo in questione non vi è più alcuna testimonianza cartacea, tranne quella, ovviamente, nuovamente nelle mani di Cattafi.

È qui che il racconto di Repici, di Gatti, di Paola Caccia si ferma con maggior vigore, nella persona di Rosario Cattafi, nel centro di Barcellona Pozzo di Gotto, ombelico nero dei fatti di mafia e delle perduranti collusioni fra lo Stato e le mafie. Assunto l'incarico di rappresentare la famiglia Caccia e con la consulenza tecnica di Mario Vaudano, collega di Bruno, Repici ha tentato insistentemente di far riaprire le indagini, proprio sulla base delle omissioni processuali rilevate, sollecitando un'inchiesta che allargasse il raggio dei mandanti, indicando in Cattafi e in Demetrio Latella due nomi centrali per il disvelamento del caso. Per ben due volte, la Dda milanese, guidata da Ilda Boccassini, ricusò la richiesta della famiglia, iscrivendo la denuncia tra gli atti non costituenti notizia di reato. Soltanto nel 2015, dietro il forte richiamo del Procuratore generale reggente, Laura Bertolè Viale, si accolsero le sollecitazioni di Repici e dei figli di Bruno Caccia.

Le indagini non si mossero, però, lungo la linea indicata dall'avvocato difensore, ma tornarono a insistere su Belfiore e i suoi sodali e giunsero all'arresto, a seguito di un'intercettazione telefonica, di un panettiere calabrese residente a Torino, Rocco Schirripa, accusato e poi condannato definitivamente per la morte di Bruno Caccia.

Di fatto, le indagini della Procura milanese sono ancora in corso, come ricorda Repici. Alcuni silenzi investigativi sono stati riparati, a partire dall'ascolto dei figli e di quello degli allora colleghi d'ufficio di Bruno Caccia, per quanto con quasi quarant'anni di ritardo. Ma tanto resta ancora da fare. La lunga citazione iniziale rappresenta la chiave di lettura particolare e generale di questa vicenda, che non può essere derubricata a una resa dei conti di Belfiore con il procuratore torinese. Il caso Caccia, alla pari di altri egualmente tragici, si colloca presumibilmente all'interno di un quadro ben più ampio: quello delle cointeressenze tra mafie, massoneria, eversione di destra, apparati deviato dello Stato nel più volte richiamato equilibrio democratico in funzione dell'accordo atlantico.

A tale riguardo, Repici annuncia che, insieme a Mario Vaudano e ad Antonella Beccaria, ha lavorato sui «buchi neri di una certa ricostruzione storica del nostro Paese su importanti fatti criminali», occupandosi di alcune vicende rilevanti di cronaca – dall'omicidio Caccia all'attentato a Giovanni Selis all'uccisione del Sostituto procuratore di Roma Vittorio Occorsio – legate proprio dal collante concettuale sopra esposto. Il lavoro dovrebbe essere pubblicato il prossimo autunno con il titolo "I soldi della P2". E, a proposito di pubblicazioni, vale ancora la pena di suggerire la lettura del dettagliato dossier a puntate che le Agende Rosse stanno pubblicando sul loro sito, "Mafia e antimafia a Barcellona Pozzo di Gotto", uno dei quali capitoli riguarda proprio l'omicidio Caccia (https://www.19luglio1992.com/?s=barcellona+pozzo+di+gotto).

A proposito del dossier su Caccia, Google, come dice Fabrizia Ferretti, ha comunicato alle Agende Rosse che, sulla base di una richiesta pervenutale, ha dovuto censurare alcune pagine del documento, che non saranno più reperibili attraverso il motore di ricerca. Non è stato possibile sapere chi avesse avanzato questa richiesta. Ma certo a qualcuno piace morto il dovere di cronaca e il diritto di informarsi di una cittadinanza che si preferisce ignara.

Salvatore Borsellino agli studenti: "continuate voi il sogno di Paolo"

Emozionante incontro con Salvatore Borsellino per gli studenti del Liceo artistico "Renato Cottini" di Torino[23].

È mercoledì 24 novembre. Poco dopo le otto del mattino, Salvatore Borsellino compare, puntuale, davanti alla web-cam. Lo attendono alcuni membri del Movimento delle Agende Rosse torinesi, qualche insegnante e un centinaio di studenti del Liceo artistico statale "Renato Cottini" di Torino, poche classi sistemate nell'aula magna e altre in collegamento Meet nelle rispettive aule. Non è la prima volta che parla all'uditorio del liceo. Qualche anno fa, prima della pandemia, aveva raccontato dal vivo a un pubblico via via sempre più scosso dalle sue parole la storia insanguinata della nostra Repubblica. Lo aveva fatto sulla scorta di una lucida rabbia, a cui si può dare il nome di indignazione, che aveva sorretto il discorso, consentendogli di agganciare emotivamente il pubblico senza far perdere agli uditori il pungolo critico e razionale.

Ero presente a quell'incontro. Mercoledì, Salvatore, lo si chiama così con una confidenza piena di rispetto, non appare più quello di tre anni fa. La rabbia, all'intendimento di chi osserva, sembra aver lasciato spazio a un sentimento meno graffiante, più dolente di amarezza. Durante il suo ultimo intervento, l'ospite non ha perso affatto, però, quello straordinario armamentario retorico che è parte suggestiva della sua capacità di comunicare: la *vis* polemica, il tono satirico, quello in-

23 *Girodivite*, 25 novembre 2021

dignato, l'accento carico di *pathos*, la nota dolente, la critica lucida e graffiante.

Salvatore racconta Paolo, non il magistrato, precisa, ma l'uomo. E lo racconta a partire dal sentimento più umano e diffuso: il coraggio dietro il quale si cela la paura, perché ci sono "giochi" nei quali si rischia la vita. Paolo è consapevole, dopo aver sorretto tra le braccia Giovanni Falcone morente in ospedale, che dovrà morire a sua volta. Falcone, aggiunge Salvatore, è il fratello di Paolo: perché vedete, spiega alla sala, io sono il fratello biologico, ma Giovanni era suo fratello perché con Paolo condivideva gli stessi sogni, gli stessi obiettivi. E i due magistrati trucidati nel '92 avevano una complicità di lungo corso, sin da quando, bambini, muovevano i loro passi nella vita fianco a fianco con futuri mafiosi, nel rione della Kalsa, con giovani la cui appartenenza alle famiglie mafiose segnò per sempre il loro destino, lo vincolò a una vita criminale.

Anche i due fratelli di sogni hanno un destino comune, quello di saltare in aria in due stragi compiute non soltanto dalla mafia, ma grazie alla complicità di pezzi deviati dello Stato, aggiunge; una storia lontana, precisa il relatore, databile almeno al 1947, alla strage di Portella della Ginestra, una storia macchiata di eccidi, spesso non spiegati a scuola, e di cui ancora, pur conoscendo in qualche caso gli esecutori, non si conoscono i mandanti.

Ma l'orrore di via d'Amelio era un avvenimento di cui Paolo aveva certezza. Per questo Salvatore evoca il coraggio del fratello, per questa consapevolezza carica del senso ineluttabile della propria fine. E cerca di spiegare questo coraggio, prova a dargli una tinta: lo fa citando una frase nota del magistrato, "Palermo non mi piaceva, per questo ho imparato ad amarla.

Perché il vero amore consiste nell'amare ciò che non ci piace per poterlo cambiare".

Paolo non scappò, non voleva farlo; era un uomo di fede, «morendo, poteva salvare l'umanità». Così, Salvatore rilegge il sacrificio del fratello, di un uomo che aveva conosciuto con Falcone, dopo i primi successi giudiziari, gli attacchi pesanti di chi aveva qualcosa da perdere nel lavoro investigativo del pool antimafia. Perché il pool aveva incrinato una certa lettura folkloristica della mafia, quella che ne negava l'esistenza a partire dagli stessi alti prelati – e cita il nome del cardinale Ruffini per il quale, a domanda diretta, la mafia poteva essere una marca di detersivo –, grazie anche alla testimonianza preziosa di Tommaso Buscetta.

In un racconto rapsodico e impressionistico, Salvatore allarga il quadro alla Sicilia, quella depauperata da Cosa Nostra. La città della Conca d'oro, tra monti e mare, la città di un giardino di straordinaria bellezza, colorato delle tinte dorate degli agrumi, era stata avvilita dalla violenza mafiosa, che l'aveva cementificata. Sulla scorta delle parole di Peppino Impastato, Salvatore materializza davanti agli occhi degli astanti la metamorfosi di un paesaggio naturale sconvolto dall'avidità umana, che trova in Vito Ciancimino, sindaco della città, un volto e una mano pronta a firmare centinaia di licenze edilizie in una notte.

È in questa città che i mafiosi hanno imposto un contro-Stato, che rappresenta un'alternativa allo Stato in termini di erogazione di servizi, in cui «per far valere i tuoi diritti devi chiedere dei favori». Da questo luogo, a differenza di Paolo, Salvatore si allontana; per un ingegnere, spiega, non c'erano possibilità reali di lavoro. Non lo dice, ma il sottotesto è il seguente: a meno di non voler chiedere dei favori. Nel '69 lascia Palermo. Ma il suo allontanamento dal cancro mafioso è più apparente che reale. Perché la mala pianta mafiosa, nata nel Sud e mai veramente combattuta dai governi che si sono succeduti in Italia dalla Seconda guerra mondiale in poi, si è espansa, si è ramificata, gradualmente ha raggiunto il Settentrione, cambiando, però, volto.

La 'ndrangheta, ragiona con il pubblico Salvatore, è presente in ogni regione italiana, ma non ha la faccia brutta dei morti ammazzati che lui ha visto, a centinaia, da ragazzo a Palermo. Le mafie si sono truccate da persone perbene: cercano contatti con gli amministratori locali, si preoccupano di riciclare legalmente i soldi sporchi, entrano nelle gare d'appalto senza bombe. Ma, ammonisce, per quanto non si vedano lenzuola bianche per le strade, sotto le quali giace un morto ammazzato, gli effetti devastanti dell'inquinamento mafioso dell'economia legale si vedranno più avanti.

Guarda idealmente in faccia gli studenti, ai quali, in più occasioni, dice mancargli la loro fisicità, l'incontro diretto, la loro tensione, i loro umori: «voi avete un compito difficile davanti a voi, quello di distinguere tra ciò che è mafia e ciò che non lo è». Perché i mafiosi vivono tra noi e ci somigliano.

Torna al '92, dopo un breve silenzio. Fu la madre a dargli conferma della morte di Paolo. Lui era lontano, ma ricostruì la scena grazie alle parole di alcuni testimoni corsi sul posto. Salvatore racconta l'orrore nei suoi particolari più raccapriccianti. Fu Luciano Traina, fratello di Claudio ossia uno dei membri della scorta, a dirgli di aver rinvenuto una scarpa del fratello sotto una macchina; la scarpa con dentro il piede del congiunto.

Antonio Vullo, che si salvò perché stava facendo manovra con l'auto mentre l'esplosivo faceva saltare i suoi colleghi e il magistrato, narrò di essere sceso dal mezzo e di aver sentito il cemento bagnato sotto i piedi, bagnato dal sangue colato a secchi lungo l'asfalto. Oggi, a distanza di anni, Vullo fatica ancora a scendere dal letto, al ricordo dell'impatto con i piedi con quel terreno umido in estate.

Un pezzo di Emanuela Loi era sul portone di via d'Amelio. Un pezzo, spiega Salvatore, perché il resto era stato scaraventato lontano centinaia di metri.

Di suo fratello resta il ricordo fornitogli dalla figlia di Paolo, Lucia, che lo prese tra le braccia e che vide un sorriso sotto il volto annerito del magistrato. Forse, aggiunge l'ospite, ognuno vede ciò che vuole vedere, forse effettivamente Paolo sorrideva.

Di fatto, ucciderlo fu uno sbaglio, afferma, perché i suoi "pezzi" vivono ancora. In questi trent'anni, racconta Salvatore, abbiamo fatto nostro il monito di nostra madre, quello cioè di andare in giro a mantenere vivo il sogno di Paolo. Non sono stati anni facili, precisa, ci sono stati cinque processi, nel corso dei quali si è assistito a diversi depistaggi, depistaggi di Stato. Cita il caso Scarantino, il balordo a cui qualcuno ha chiesto di addebitarsi la colpa della strage, quella di aver portato la 126 carica di esplosivo sotto casa della mamma di Borsellino. Non gliel'ha solo chiesto, aggiunge, lo ha torturato perché un uomo privo di cultura e di capacità operative si accollasse quella colpa. Chi lo educato a quella testimonianza, fornendogli indicazioni su aspetti ignoti a tutti, tranne che agli ideatori della strage?

È il momento dei dubbi su quella vicenda. Perché via d'Amelio era piena di auto tanto da rendere impossibile la "bonifica" della zona da parte delle forze dell'ordine che stavano arrivando con il magistrato? Che fine ha fatto l'agenda rossa di Paolo?

I dubbi sono giudiziari. Salvatore, in termini di analisi di quel dramma, non ne ha: Paolo è stato ucciso per via della trattativa dello Stato con la mafia. Ed è questo ciò che graffia e rende più amaro il discorso del testimone al Cottini: a trent'anni di distanza dalla morte del magistrato, non c'è verità né giustizia, afferma, anzi, ci si è allontanati dalla verità. Si riferisce, e lo spiega agli studenti, alla recente sentenza della Corte d'Assise di Palermo (settembre 2021) con la quale si cancellano le responsabilità dei funzionari dello Stato – Mori, Subranni e De Donno – perché il "fatto non costituisce reato". Salvatore si ferma: non perché il fatto non sia stato commesso, il fatto è stato commesso, ossia un rapporto tra componenti mafiose e rappresentanti dello Stato è comprovato, ma per la nostra giurisprudenza ciò non costituisce un reato.

«Adesso so anche io che non riuscirò ad avere giustizia». Così sentenzia, amaramente, Salvatore, riscuotendosi subito, però, scuotendo la platea, invitando gli studenti a portare avanti loro il sogno di suo fratello. Non è facile, commenta, perché le stesse persone che infiocchettano paroloni sulla fedeltà di Giovanni Falcone e di Paolo Borsellino alle istituzioni sono quelle che stanno, pezzo per pezzo, smontando il loro lavoro e il loro contributo: ne sono dimostrazione gli attacchi al carcere duro, all'ergastolo ostativo, così come la stessa ipotesi di riforma della giustizia sembra voler cancellare decenni di acquisizioni fondamentali per il contrasto alle mafie. Cita il caso Brusca: è un pluriomicida, mi ripugna pensare fuori dal carcere un uomo che ha ucciso in quel modo un bambino, ma ha collaborato con la giustizia e la legge prevede, per questo, uno sconto di pena. Il fatto è che coloro i quali hanno tuonato compulsivamente contro quella scarcerazione, con toni così accesi, stanno chiedendo che venga abolito l'ergastolo ostativo, consentendo a un uomo come Graviano di salutare la giustizia senza aver offerto la minima volontà di collaborare e un qualche pentimento.

È un Borsellino provato quello che conclude e che si presta alle domande degli studenti. La platea è emotivamente toccata da un uomo forse scorato, ma combattivo ancora e ancora speranzoso, almeno in chi gli sta davanti e lo interroga con un fuoco di fila di domande. «Come vede Palermo a tanti anni di distanza dalla strage?»: è una città in parte cambiata, nei giovani soprattutto, non in alcuni gruppi di adulti rimasti complici delle mafie. «Cosa ne pensa dell'antimafia?»: una certa antimafia mi crea disagio e mi disturba, dice, perché ci sono persone che hanno usato la legalità per perpetuare il proprio potere.

«Si sente libero?». Sì, risponde Salvatore dopo aver chiesto alla studentessa di precisare cosa intendesse con libero. Mi sento libero di esprimere la mia opinione, al punto da aver attaccato un presidente della Repubblica, Giorgio Napolitano, per aver consentito la distruzione di intercettazioni telefoniche, garantendo, in tal modo, l'impunità a un imputato in un processo (Nicola Mancino, n.d.R.).

«Cosa direbbe a Giovanni e a Paolo se potesse parlare con loro oggi?». Avrei difficoltà a dire ai due fratelli di sogni che stanno cercando di distruggere i loro sogni.

Le domande degli studenti continuano. Un applauso prima timido, poi robusto e partecipato saluta Salvatore, che promette di tornare a parlare con questo uditorio giovane, a cui giova un testimone così forte di una storia repubblicana che i manuali, prima o poi, dovranno imparare a correggere. Per non perpetuare stancamente una storia che sta stretta alla verità e alla giustizia.

Splendori e miserie dell'antimafia

Il contrasto alle mafie è tutt'altro che recente, è vecchio più o meno quanto Cosa Nostra, se si retrodata la storia e si guarda a partire dai Fasci siciliani e dalle lunghe lotte contadine e sindacali[24].

Era il 10 gennaio 1987 quando Leonardo Sciascia, sulle pagine del "Corriere della Sera", attaccava i "professionisti dell'antimafia", evocando la figura di Leoluca Orlando e citando apertamente quella di Paolo Borsellino, da poco nominato procuratore di Marsala al posto di un magistrato con maggiore anzianità di servizio. Criterio, quest'ultimo, ritenuto centrale per l'assunzione di incarichi di maggior responsabilità all'interno della magistratura.

I toni e i caratteri del dibattito seguito a quell'articolo sono noti. Era in gioco, al di là delle posizioni presenti in quella polemica, la questione complessa dell'uso distorto delle agenzie di contrasto alla mafia. Se, a distanza di tempo e alla luce di quanto accadde, si può ritenere errata la considerazione di Sciascia sui protagonisti di quella stagione, forse non del tutto errata fu l'intuizione che mosse quello scritto, ossia il timore che il movimento antimafia potesse diventare il camerino in cui i lupi avrebbero potuto travestirsi da agnelli.

In quegli anni, la mafia esisteva già nel discorso pubblico, non era più la marca di un detersivo secondo la celebre e oltraggiosa dichiarazione del cardinal Ruffini. Per conseguenza logica, esisteva pure l'antimafia o, quantomeno, iniziava a muovere i primi passi una forma di contrasto diffuso alle or-

---

24 *Girodivite*, 1 dicembre 2021

ganizzazioni criminali anche al di là dell'ambito giudiziario o sindacale. Cominciava, cioè, a diffondersi nell'opinione pubblica più avvertita un sentimento di crescente ostilità a un fenomeno a lungo sommerso, destinato a diventare eclatante negli anni successivi, quando il fuoco mafioso alzò il livello dello scontro, sino ai drammatici primi anni Novanta.

In realtà, il contrasto alle mafie è tutt'altro che recente, è vecchio più o meno quanto Cosa Nostra, se si retrodata la storia e si guarda a partire dai Fasci siciliani e dalle lunghe lotte contadine e sindacali contro il blocco proprietario e mafioso nelle campagne isolane. Da quelle lotte, in sincrono con la metamorfosi stessa delle organizzazioni criminali, l'antimafia approdò alla realtà urbana, anche se, per alcuni decenni, restò appannaggio di una minoranza politico-sindacale e degli apparati giudiziari.

Furono gli omicidi eccellenti dei primi anni Ottanta – Piersanti Mattarella, Gaetano Costa, Pio La Torre, solo per citarne alcuni – e in particolare quello del generale Dalla Chiesa, a rappresentare una sorta di spartiacque che segnò il passaggio della questione da una dimensione locale, la Sicilia soprattutto, a una dimensione nazionale, fornendo una spinta tangibile sia alla consapevolezza comune della pericolosità e pervasività del fenomeno sia alla mobilitazione attiva di enti, associazioni, centri studi, comitati che, dal Nord al Sud, agirono nel nome di un recupero democratico della legalità.

Le stragi dei primi anni Novanta fornirono un ulteriore slancio al movimento antimafia, anche attraverso forme inedite di protesta, quale quella delle donne palermitane che, tra luglio e agosto 1992, si riunirono nella centrale piazza Politeama, digiunando e chiedendo, ottenendola, la rimozione di alcune figure istituzionali, dal prefetto al questore al procuratore capo. Fu in questo stesso decennio, più precisamente nella primavera del 1995, che nacque Libera, associazione capace di aggregare attorno a sé parte di quell'ondata di protesta contro le cosche mafiose.

Tuttavia, nell'ultimo ventennio qualcosa è cambiato. In peggio. Non è solo il problema già presentatosi in altre occasioni dello scemare dell'ondata emotiva, della caduta di tensione a distanza di decenni dagli avvenimenti più sanguinosi, della frammentazione in molti rivoli dell'associazionismo non capace di creare un coordinamento unitario e coeso. Negli ultimi vent'anni, le mafie sono cambiate, questo è un dato evidente. Agli occhi di qualcuno, si sono semplicemente interrate, hanno assunto caratteri meno aggressivi, la mafia militare ha lasciato spazio ai colletti bianchi e alla costruzione, soprattutto da parte della 'ndrangheta, di un capitale sociale in termini di relazioni collusive con la politica e la società civile. Questo interramento, questo liquefarsi della criminalità organizzata nei gangli della società, al punto da diventare indistinguibile dalla società stessa, ha condotto gli interessi mafiosi sin dentro la stessa antimafia – magari per darsi una qualche forma di verginità dinanzi le pubbliche amministrazioni per l'aggiudicazione degli appalti – e l'ha intorbidata, gettandole addosso una patina screziata poco cara all'opinione pubblica.

Lo diceva già in modo chiaro la "Relazione conclusiva" della Commissione antimafia presieduta dall'on. Rosy Bindi nella seduta del febbraio 2018, reperibile in rete: «in molti casi l'antimafia è stata rappresentata come moralmente inquinata, intossicata da ambizioni personali, da millanterie, dalla ricerca di vantaggi di potere, di status o addirittura economici, quando non da relazioni di connivenza e complicità con gli stessi ambienti mafiosi».

Sarebbe lungo riproporre un documento che vale la pena leggere per esteso, soprattutto per ciò che concerne l'analisi di un movimento «cresciuto troppo in fretta» a detta degli estensori della relazione, non capace di cogliere il sensibile mutamento intervenuto nelle organizzazioni criminali, e appannato nello slancio, come sostiene lo stesso fondatore di Libera, don Ciotti: «la spinta propulsiva che ha accompagnato noi e tanti altri in questi anni si è in gran parte esaurita».

Non solo. Quel movimento è stato inoltre caratterizzato, in qualche caso, da venature incompatibili con gli obiettivi di fondo del movimento stesso. Quali incompatibilità? Dalla presenza di miriadi di piccole associazioni che drenano fondi pubblici per creare contenitori privi di contenuto, seminari o convegni fini a sé stessi, alla distorsione dei fondi per i servizi di scorta, dal finanziamento di attività inesistenti ad alcuni casi eclatanti di personalità di rilievo nel contrasto alle organizzazioni criminali incappate in vicende giudiziarie che ne hanno messo in luce l'ambiguità di fondo, le doppiezze. Ci si riferisce, ad esempio, al caso di Antonello Montante, già presidente degli industriali siciliani, delegato alla legalità di Confindustria e figura di spicco nella lotta al pizzo, processato per reati di mafia, condannato a 14 anni in primo grado per associazione finalizzata alla corruzione e accesso abusivo al sistema informatico, tuttora in attesa della sentenza d'appello.
O, ancora, a Silvana Saguto, presidente della sezione misure di prevenzione del tribunale di Palermo, accusata di aver avvantaggiato professionisti amici nell'assegnazione degli incarichi di amministrazione dei patrimoni sequestrati. La madrina della manifestazione "Le vele della legalità" è stata condannata un anno fa, in primo grado, a otto anni e sei mesi.

È un duro danno d'immagine per l'antimafia. Non tanto per le singole vicende, che non rappresentano certo un caso isolato in una realtà, quale quella italiana, permeata di frequenti comportamenti illeciti. Non è quanto accade nella magistratura, tra il personale sanitario o le forze di polizia ecc.? In questi casi, però, la reazione pubblica è meno scandalizzata, appare più blanda.

Il problema è che sulle vicende dell'antimafia sociale qualcuno soffia, ama cavalcarle e lo fa con l'intento evidente di destabilizzare tutto il movimento. Chi lo fa? I professionisti della mafia travestiti da professionisti dell'antimafia. Oppure, in modo non innocente, tutti coloro i quali abbiano da perdere dal contrasto alle mafie: l'area grigia che trae profitti dalle collusioni con le cosche, i nostalgici del buon tempo andato, quello in cui la mafia non esisteva, quella parte di opinione pubblica il cui sostentamento materiale doveva o deve qualcosa al paternalismo interessato dei boss.

Né giova all'antimafia sociale l'analisi critica di intellettuali refrattari all'anima antisistemica del movimento: si pensi a Salvatore Lupo e alla sua netta condanna della natura "forcaiola" di parte di quei gruppi, analizzata in un precedente articolo su questa rivista. Lupo getta il bambino con l'acqua sporca, immiserisce, sostenendo le ragioni liberali della sua analisi, l'intero movimento, che accusa, peraltro giustamente, di non aver colto il mutamento delle mafie.

Dunque, l'antimafia sociale è in crisi di identità e di credibilità sociale e, ancora, è fiaccata nella spinta propulsiva, per ragioni interne ed esterne a questa galassia. Tra le ragioni dell'una e dell'altra specie ve n'è una sottolineata da Franco La Torre, figlio di Pio e attivista in quell'universo, in un bel volume intitolato "L'antimafia tradita. Riti e maschere di una rivoluzione mancata" (2021, Zolfo editore): «il movimento antimafia si troverà sempre più in difficoltà, se continuerà a sviluppare analisi e produrre azioni sulla base delle risultanze giudiziarie». Il libro sollecita a molte altre riflessioni, ma la frase citata si ritiene centrale perché si allarga a un'ulteriore considerazione a essa legata in uno stretto rapporto di causa-effetto: «l'antimafia ha bisogno di una classe dirigente che si assuma le proprie responsabilità e sia pronta a risponderne, che non deleghi, nei fatti, alla magistratura. Non è un bene per la politica che l'avversario lo si sconfigga nelle aule di tribunale. È una vittoria di Pirro».

Le miserie dell'antimafia, per meglio intendersi, derivano sicuramente da questioni quali lo sviluppo repentino di un movimento di massa cresciuto in fretta e senza una struttura stabile, dalla mancanza di una forte riflessione analitica, dalla formazione dei suoi membri, dall'infatuazione per eroi di cartone che, gridando "la mafia fa schifo", sdoganano comportamenti mafiosi, o dall'aver individuato nella magistratura onesta – leggi Falcone e Borsellino, ieri, e Di Matteo o Gratteri, oggi – un interlocutore, forse l'unico interlocutore valido e al quale riferirsi.
E tuttavia, una certa crisi di tale movimento deve molto anche a un ceto dirigente che si è sottratto alla responsabilità di perseguire, con costanza e sistematicità, la lotta alle organizzazioni criminali. Senza una classe politica saldamente orientata alla repressione del fenomeno, senza il convinto supporto di un gruppo dirigente statale capace di rilanciare le parole d'ordine nate all'indomani delle stragi, la società civile manca di un perno fondamentale.
Quale che sia la verità storica e giudiziaria sulle stragi, quale che sia la verità sulla "trattativa", se quest'ultima sia il frutto dello spaesamento analitico di qualche magistrato e di chi li appoggia in questa tesi o la perversa distorsione del suo ruolo

da parte di chi dovrebbe rappresentare lo Stato, resta indubitabile il fatto che il ceto politico si sia defilato, in larga parte, dal proprio ruolo di indirizzo della società, dalla costruzione attiva di un diffuso sentimento democratico ostile a ogni collusione. Il sentimento spontaneo dei cittadini va accolto e ascoltato, sorretto, non lasciato morire come sta accadendo.

È solo un caso il fatto che Luca Tescaroli, procuratore aggiunto di Firenze, in un recente articolo su "Il Fatto quotidiano", abbia sottolineato come ormai si stiano addensando i proclami di quanti chiedono la sospensione della regolamentazione antimafia? Sono stati sconfitti i Corleonesi, dunque, è possibile smantellare l'apparato giudiziario scaturito dalla violenza stragista. Questo, secondo Tescaroli, è il percorso logico di quanti, dalla memoria corta, hanno dimenticato che le mafie non sono state solo bombe e violenza, di quanti fanno finta di non ricordare la trama lontana del sistema di potere mafioso e dei suoi rapporti con il mondo altro, quello civile, di quanti, come di recente ha detto Salvatore Borsellino davanti a degli studenti torinesi, piangono nei riti stanchi di celebrazione degli eroi morti e poi operano perché alcuni degli strumenti più brillanti ed efficaci elaborati dall'antimafia giudiziaria vengano smontati e riposti nel dimenticatoio nazionale.

Di recente, è sempre Tescaroli a osservarlo, il condirettore del "Corriere dello Sport", Alessandro Barbano, ha detto che «la giustizia è la più potente macchina di dolore umano non giustificabile in questo Paese». Lo ha detto dal palco della Leopolda, alle sue spalle, secondo quanto Nicola Morra riporta sul proprio profilo Facebook, Matteo Renzi annuiva.

Non è necessario commentare la frase di Barbano, non all'intelligenza di chi sa quali siano le macchine di dolore umano in questo Paese; Barbano che ha aggiunto anche considerazioni critiche sull'istituto della confisca dei beni sequestrati alle cosche. È necessario, invece, unire i puntini da uno a dieci per veder configurarsi l'ombra sempre meno immateriale di un sistema ampio di poteri – politici e mediatici, fra gli altri – che sta decretando la fine dei discorsi sulle mafie, al di là dei pianti polifonici e tartufeschi, spacciandola per la fine delle mafie.

Ciò con buona pace di quei cittadini che pensano, invece, che sia questo il vero momento critico della nostra società in termini di mantenimento di qualche traccia di legalità e di democrazia diffuse e reali. Cittadini impegnati, magari, in quel movimento antimafia che la "relazione" sopra citata considera «uno dei maggiori e più importanti attori della storia civile repubblicana, oggi forse il maggiore riferimento per la rigenerazione morale del Paese, suscitatore di passioni gratuite e di disponibilità a impegni prolungati, ragione di speranza per le nuove generazioni».

Non un oggetto vuoto da accantonare, ma un arcipelago di sensibilità da sostenere con senso critico e fiducia. Non abbiamo tanti altri argini in una realtà in cui, come sostiene provocatoriamente la Commissione antimafia nella sua "relazione", «se la mafia è più debole di una volta, la società è però più mafiosa di una volta».

Lorenzo Baldo, vice-direttore di "Antimafia Duemila", al Liceo Cottini di Torino

Al di là dei singoli casi, sui quali si tornerà, qual è la valutazione generale fornita da Lorenzo Baldo?[25]

«Io ho un concetto etico del giornalismo. Ritengo infatti che in una società democratica e libera quale dovrebbe essere quella italiana, il giornalismo rappresenti la forza essenziale della società. Un giornalismo fatto di verità impedisce molte corruzioni, frena la violenza, la criminalità, accelera le opere pubbliche indispensabili, pretende il funzionamento dei servizi sociali, tiene continuamente all'erta le forze dell'ordine, sollecita la costante attenzione della giustizia, impone ai politici il buon governo».

Con le parole di Pippo Fava – tratte dall'articolo "Lo spirito di un giornale" dell'11 ottobre 1981 pubblicato dal "Giornale del Sud" – il vice-direttore di "Antimafia Duemila", Lorenzo Baldo, ha aperto il terzo incontro del corso di aggiornamento sulle mafie rivolto ai docenti del Piemonte e organizzato dal Liceo artistico "Renato Cottini" e dalle Agende Rosse. Sono passati quarant'anni da quelle parole, scritte nere su bianco, ci si avviava a una delle stagioni più cupe della storia italiana, sia sul versante politico generale sia dal punto di vista della storia mafiosa; aspetti, va detto, che non è necessario scindere, anzi che vanno letti congiuntamente. E le parole di Fava illustrano a meraviglia il senso complessivo dell'intervento di Baldo.

---

25 *Girodivite*, 29 marzo 2023

Leggiamole in filigrana. È il giornalismo etico il punto di raccordo delle nove storie di giornalisti uccisi dalla criminalità di stampo mafioso che ha raccontato Baldo; giornalisti coraggiosi, ispirati da curiosità e senso dell'indagine, da una potente voglia di raccontare ciò che esiste dietro le apparenze, spesso lasciati soli e osteggiati dai loro stessi colleghi, vicini o dentro ciò che non si sarebbe dovuto scoprire. Si intende, con quest'ultima asserzione, la presenza di una galassia nebulosa di interessi dietro alcune vicende di cronaca o dietro alcuni processi in atto, che presentavano magari una faccia esclusivamente mafiosa e celavano, invece, un coacervo di presenze a cui la visibilità dava fastidio: pezzi deviati dello Stato, massoneria, imprenditoria, politica collusa, Chiesa.

Al di là dei singoli casi, sui quali si tornerà, qual è la valutazione generale fornita da Lorenzo Baldo? Qual è oggi lo stato dell'arte giornalistica in rapporto all'idea espressa da Pippo Fava di un sistema di informazioni votato all'indagine della verità? Usa una classifica, il relatore, per portare i partecipanti al corso dentro la delicata situazione nostrana: l'Italia perde diciassette posizioni nella classifica mondiale sulla libertà di stampa rispetto all'anno scorso, passando dalla quarantunesima alla cinquantottesima posizione (su 180 complessive) della lista compilata da *Reporter sans frontières*, ossia il *World Press Freedom Index*. A ciò ha contribuito sicuramente un dato, le 44 intimidazioni che, nei primi tre mesi dello scorso anno, sono state rivolte ai giornalisti.

Ma non è solo questione di minacce o intimidazioni o, ancora, di censure, quelle degli editori, a cui pure fa riferimento l'ospite del Cottini. Vi è un altro aspetto, intimamente connesso a una parte della stampa, una larga parte della stampa si direbbe: il fatto che alla verità strozzata dalla violenza intimidatoria si associ la verità truccata, deformata, e, ancora, la verità burocratica e priva di mordente, il "copia e incolla", come lo definisce Baldo, ossia l'antitesi dello slancio di ricerca a cui faceva riferimento Fava. In un gioco reticolare di rimpalli, la notizia zampilla da una testata all'altra e dietro non si scorge più la mano del singolo giornalista d'indagine, ma una asettica ripetizione di concetti. Non di rado, epidermici.

Baldo parla del giornalismo libero come di un'utopia e, forse, fa riferimento alla propria stessa vocazione giornalistica, quella sorta all'indomani delle stragi del '92 e delle stragi seguenti, quella che ha portato lui e un gruppo di giovani giornalisti ancora in erba a dar vita alla testata "Antimafia Duemila", prima in versione cartacea e, in seguito, come periodico online. La ricerca della verità – espressione ricorrente nella tessitura concettuale di Baldo – era chiara per i fondatori di quella rivista alternativa, settoriale nella misura in cui decideva di occuparsi di mafie: individuare i mandanti esterni delle stragi del '92 e del '93.

Non a caso, il vice-direttore della testata sopra menzionata ribadisce l'importanza di quanto emerso nel processo sulla cosiddetta "trattativa", ossia un'interlocuzione fra Stato e mafie a cui, però, non è stata riconosciuta la categoria del reato da parte della prima componente. «Individuare i connubi tra mafie, politica, imprenditoria, Chiesa», questa era ed è la ricerca della verità per Lorenzo Baldo, Giorgio Bongiovanni – il direttore di "Antimafia Duemila" – e per i loro colleghi.

A dispetto delle amarezze che pure traspaiono dalle parole del giornalista, legate al soffocamento di un giornalismo veramente libero e indipendente, Baldo sottolinea l'importanza della propria esperienza, una «palestra di vita» definisce gli anni che lo hanno accompagnato dal Duemila a oggi, per gli incontri con straordinari testimoni della violenza mafiosa, famigliari delle vittime della mafia, che non hanno accolto passivamente le versioni ufficiali, edulcorate o artefatte circa la fine tragica dei loro cari. E, in tal senso, ha invitato i docenti presenti al corso a porre questi testimoni dinanzi ai discenti: certo, il sapere accademico è importante, asserisce Baldo, ma altra cosa è l'incontro con la passione, la forza e il coraggio di chi ha dovuto lottare per veder riconosciuta anche una parziale verità.

A questo punto, il relatore colloca le nove storie di giornalisti, che qui si elencano, perché compaiano tutti, noti e un po' meno noti, colti ognuno con plastica intelligenza narrativa da Baldo attraverso brevi video tratti da "La storia siamo noi" o da trailers di film, come *Fortapasc* di Marco Risi (2009, su Giancarlo Siani), o da altri documentari, con interviste a parenti, amici, colleghi. Eccoli uno dietro l'altro, in ordine cronologico, i nove cronisti uccisi dalle consorterie mafiose e non solo: Cosimo Cristina (5.05.1960), Mauro De Mauro (16.09.1970), Giovanni Spampinato (27.10.1972), Peppino Impastato (9.05.1978), Mario Francese (26.01.1979), Pippo Fava (5.01.1984), Giancarlo Siani (23.09.1985), Mauro Rostagno (26.09.1988) e Beppe Alfano (8.01.1993). A questi vanno, poi, aggiunti altri giornalisti uccisi per il ruolo che svolgevano: Carlo Casalegno (1977), Walter Tobagi (1980) e, ancora, Ilaria Alpi e Miran Hrovatin (1994) e Italo Toni e Graziella De Paolo, scomparsi nel 1980 in Libano.

L'enumerazione può risultare arida, ma così non è stato il racconto di Lorenzo Baldo, pacato e penetrante allo stesso tempo. È stato capace di far emergere la peculiarità di ogni filone d'indagine del singolo giornalista e, al contempo, di sottolineare con chiarezza i punti di connessione e le ricorrenze di queste nove vicende umane: i depistaggi, per esempio, quelli legati alla morte lontana nel tempo di Cosimo Cristina, creatore della testata giornalistica "Prospettive siciliane" e trovato morto sui binari del treno, come Impastato, dopo la sua scomparsa a Termini Imerese. "Suicidio di mafia", lo definisce Baldo, perché di suicidio parlarono le inchieste, senza che fosse nemmeno effettuata una perizia calligrafica sulle lettere trovategli indosso. Cristina aveva intuito le metamorfosi della mafia, quelle che portarono alla «mafia con le scarpe lucide», come la definì il giornalista Alfonso Madeo, Cosa Nostra che si allontanava, almeno in parte, dalla campagna e approdava in città, veleggiando verso il "sacco di Palermo».

E di depistaggi e ritardi e misteriose scomparse di documenti si trova larga presenza in altre morti: è il caso di Mauro Rostagno, il piemontese che operava a Trapani, che aveva avvicinato fili scoperti pericolosi, come testimonia una relazione su Gladio scomparsa, insieme ad altri documenti, dopo la sua morte. Come non ricordare, poi, l'archivio di Peppino Impastato – altro "suicida" secondo le prime indagini – anch'esso scomparso: all'epoca furono indagati quattro carabinieri, tra i quali quell'Antonio Subranni coinvolto di recente nel processo sulla trattativa Stato-mafia. Pochi anni fa, il giudice per le indagini preliminari di Palermo, Walter Turturici, ha archiviato l'inchiesta sul generale dei carabinieri, parlando di «un contesto di gravi omissioni ed evidenti anomalie investigative».
Non è da meno la vicenda di Beppe Alfano, ucciso a Barcellona Pozzo di Gotto, cuore pulsante di intrecci torbidi come appare dalla ricca messe di documenti forniti dal sito ufficiale delle Agende Rosse (19luglio1992). Alfano stava indagando sul traffico di armi e uranio e aveva registrato la presenza della

massoneria nelle vicende locali; pure in questo caso, da casa Alfano, dopo la sua uccisione, scomparvero appunti, documenti e altro materiale prezioso mai restituito alla famiglia.

Baldo racconta, tra un video e l'altro, tira le fila di un discorso che, pur nelle sue inevitabili frammentazioni, intende mantenere unitario; e la cucitura di raccordo riesce. Perché le vite di questi giornalisti sfioriscono alla luce delle loro rigorose indagini, della loro persistente voglia di capire. E se il già citato Pippo Fava aveva puntato il dito contro i "cavalieri dell'Apocalisse", gli imprenditori catanesi collusi con la mafia locale, il giovane Giancarlo Siani si era mosso con eguale determinazione – da precario per cinque anni, sino a poco prima della sua scomparsa – per individuare i nessi tra camorra e politica locale, indagando, in particolare, sugli appalti per la ricostruzione post-terremoto del 1980.
Giovanni Spampinato ebbe invece l'ardire di occuparsi, tra le fine degli anni Sessanta e il 1972, della "provincia babba" di Ragusa, di cui era corrispondete per "L'Ora" palermitana: nella sua ricerca trovò connessioni tra la mafia locali e i gruppi neofascisti, tra trafficanti di armi e trafficanti di reperti archeologici. Almeno sino ai primi anni Duemila, la sua morte fu ascritta a un delitto comune, derubricata, per certi aspetti, dal novero degli omicidi di chi dietro le "province babbe" vedeva altro, ben altro; ad esempio, ed è il caso di Spampinato, l'esistenza di Gladio.

La narrazione porta a valle le vicende di altri due giornalisti, gli ultimi, Mauro De Mauro e Mario Francese. Uno, il primo, scomparso e mai più ritrovato. Una sentenza della Corte di Cassazione del 2015 – quarantacinque anni dopo il suo rapimento – ha individuato in un particolare filone d'inchiesta le ragioni della sua fine: De Mauro stava lavorando alla sceneggiatura, per conto del regista Francesco Rosi, sugli ultimi giorni della vita di Enrico Mattei, il presidente dell'Eni morto nell'ottobre del '62 precipitando con un velivolo. Morte misteriosa quella di Mattei, scomparsa infinita quella di De Mauro. Qualche anno dopo, toccò a Mario Francese, reo, agli occhi dei poteri forti e occulti, dei poteri mafiosi e non, di aver indagato sulla nuova mafia, sull'ascesa dei Corleonesi – intervistò la moglie di Riina – sulla destinazione dei fondi per il terremoto del Belice, sugli appalti dietro la costruzione della diga Garcia, dietro le cui imprese si collocava la figura del *capo dei capi, 'u curtu*. Vicenda, quella di Francese, che Baldo sente vicina perché il figlio del giornalista, Giuseppe, ha collaborato con "Antimafia Duemila" e si è tragicamente tolto la vita, nel 2002, dopo la condanna di Leoluca Bagarella e di altri boss per la morte del padre.

Vittima indiretta della mafia, Giuseppe Francese. E si torna così alle parole iniziali di Pippo Fava. Si muore di mafia quando la verità si oscura, quando chi dovrebbe illuminarla, per mestiere, la copre, la nasconde. Lorenzo Baldo continua la lettura pubblica del pezzo giornalistico di Fava: «se un giornale non è capace di questo – di raccontare la verità – si fa carico anche di vite umane. Persone uccise in sparatorie che si sarebbero potute evitare se la pubblica verità avesse ricacciato indietro i criminali. Ragazzi stroncati da overdose di droga che non sarebbe mai arrivata nelle loro mani se la pubblica verità avesse denunciato l'infame mercato, ammalati che non sarebbero periti se la pubblica verità avesse reso più tempestivo il loro ricovero. Un giornalista incapace – per vigliaccheria o calcolo – della verità si porta sulla coscienza tutti i dolori umani che avrebbe potuto evitare, e le sofferenze, le sopraffazioni, le corruzioni, le violenze che non è stato capace di combattere. Il suo stesso fallimento!».

L'ospite del Cottini non nasconde l'amarezza per una lotta condotta con pochi compagni, in un clima asservito alle narrazioni facili e opportunistiche, alle narrazioni artefatte e lontane da qualsiasi forma di ricerca costante e coraggiosa e onesta della verità. Non a caso, allarga il quadro e dal racconto burocratico delle vicende mafiose passa a sottolineare l'ottundimento informativo legato alla guerra in Ucraina e ad altri fondamentali fenomeni del nostro tempo. Quei fenomeni che ci vogliono passivi: è questo il suo monito finale, destate dal torpore i vostri giovani studenti, date loro in mano una conoscenza croccante e non premasticata, scioglieteli da una certa oscurità di pensiero, dall'idea che non esista un'alternativa, che non esista la possibilità di cambiare lo stato delle cose.

Baldo evoca, pur senza citarla esplicitamente, l'aberrante profezia di donna Margaret Thatcher, secondo la quale la società non esiste e non c'è alternativa. Ecco, cercare un'alternativa, poter pensare a un futuro meno liberticida e ingiusto è la conclusione di Lorenzo Baldo, relatore che ha costruito con grande sagacia narrativa una vicenda tragica del nostro Paese, anestetizzandone gli aspetti truculenti senza far loro perdere il senso tragico, non solo individuale, di quelle vite infrante in nome di una società che si voleva esistesse come collettività democratica e libera.

Gaetano Porcasi, "pittore antimafia", al Liceo Cottini

Proveniente dall'istituto "Enzo Ferrari" di Susa (TO), la mostra è stata inaugurata il 29 maggio[26].

È mercoledì 31 maggio. L'aula magna del Liceo artistico torinese "Renato Cottini" è aureolata da decine di tele e all'interno di questa cinta pittorica alcune classi dell'istituto ascoltano attente l'autore della mostra "Il pittore dell'antimafia".

Proveniente dall'istituto "Enzo Ferrari" di Susa (TO), la mostra è stata inaugurata il 29 maggio, alla presenza del Dirigente scolastico del Cottini, arch. Antonio Balestra, del Sostituto procuratore di Torino, Dionigi Tibone, del Tenente Colonnello Andrea Corinaldesi – del Comando provinciale di Torino – e di Carmen Duca, responsabile della sezione torinese "Paolo Borsellino" delle Agende Rosse, ai quali si sono uniti in streaming Salvatore Borsellino e Gaetano Porcasi, il pittore antimafia, così come è conosciuto.

Due giorni dopo, l'autore delle tele è intervenuto dal vivo al Cottini, accolto dai professori Davide Anzalone e Franco Plataroti. Nato a Partinico (PA), laureatosi a pieni voti all'Accademia di Belle Arti di Palermo, Porcasi affianca, tutt'ora, l'attività pittorica a quella di insegnante presso il Liceo scientifico "Santi Savarino" di Partinico, dopo aver formato alla storia dell'arte studenti sardi e di altre realtà siciliane e attraverso una parabola artistica che lo ha portato a collaborare con artisti di fama internazionale e a varcare, in termini di notorietà, i confini nazionali.

---

26 *Girodivite*, 3 giugno 2023

È lo stesso ospite del Cottini a raccontarsi ai discenti, con un timbro appassionato, di chi sa comunicare con un pubblico giovane, e diretto, misurato e incisivo al tempo stesso. Ne emerge la biografia di un uomo fin da piccolo dedito a raccontare, a scrivere, come afferma egli stesso, con il pennello e, al contempo, di un pittore in erba già interessato a raccontare la realtà, in particolare quella faccia della realtà locale che è tinta di mafia. E con questa realtà, Porcasi, deve subito imparare a interagire, a scontrarsi, a decodificare il codice, per così dire, mafioso rilasciato da chi, attorno a lui, coglie il valore di denuncia della sua opera. Giungono intimidazioni e minacce alla sua famiglia, la madre lo interroga, gli domanda perché debba proprio occuparsi di mafia. Perché sento che è quello che devo fare, risponde il giovane.

Prende per mano gli studenti, Porcasi, e li conduce gradualmente presso il Museo della Legalità di Corleone. Ci si arriva con Cosmo Di Carlo, il giornalista del "Giornale di Sicilia" scomparso alcuni anni fa, che accompagna il pittore in una casa confiscata alla mafia; non a una mafia qualsiasi, ma a quella corleonese, quella di Bernardo Provenzano, a cui l'edificio apparteneva. Gli offre di contribuire al progetto di un museo, un luogo di riflessione sul potere mafioso, all'interno del quale inserire i suoi quadri, come atto di riappropriazione dello spazio mafioso in chiave di denuncia della criminalità organizzata. Porcasi rileva agli spettatori le sue titubanze iniziali, i timori dinanzi a una scelta che avrebbe gravato ulteriormente su una carriera già graffiata, come si è detto, dalle minacce e dalle pressioni ricevute. Però, decide di accettare, di aiutare la costruzione di un luogo della legalità, inserendo le sue opere, dove racconta la vicenda di vittime e di carnefici.

Il racconto del relatore si apre, quindi, alla questione artistica, peraltro affine al percorso scolastico degli studenti che lo ascoltano. «Il quadro è diretto», afferma, riferendosi alle tele che accompagnano un volume importante, curato dallo storiografo siciliano Giuseppe Carlo Marino, "La Sicilia delle stragi" (2007, Newton Compton). Trentadue tele di Porcasi illustrano l'opera e a queste fa riferimento l'artista quando richiama l'impatto immediato del quadro, la sua voce diretta, incisiva. È in questo passaggio che l'ospite del Cottini sottolinea come l'appellativo di "pittore antimafia" gli stia stretto o, per meglio dire, lo trovi poco adeguato, improprio. Il discorso è chiaro: oggi l'antimafia non è più qualcosa di reale, è facciata, rito, si è smaterializzata, è divenuta una parola vuota o, peggio, utile a quelli che Leonardo Sciascia ha chiamato, decenni fa, professionisti dell'antimafia. Porcasi preferisce parlare di impegno civile e, a tale proposito, precisa che la sua produzione comprende 1800 opere, che narrano di una lunga vicenda, quella unitaria italiana, che affrontano non soltanto la questione mafiosa, pur centrale nella sua vicenda artistica, ma la complessa e a volte tragica serie di lotte sociali, di rivendicazioni soffocate, dai Fasci siciliani a oggi. Opere nelle quali, da un lato, emerge il valore civile dei leader che hanno guidato o promosso quelle battaglie e, dall'altro, risuona netta e inequivocabile la condanna della violenza, in ogni sua forma, del sopruso del potere, della collusione, dell'omertà.

Ecco, indica un quadro alle spalle degli studenti, "Omertà", appunto. Si apre un sipario e sul palcoscenico si accampano maschere o volti bendati di uomini incravattati, la borghesia mafiosa e complice, dita poggiate sulle labbra a indicare il silenzio. E mentre mostra la tela, Porcasi spiega che il pittore lavora con l'immagine, con un pensiero invisibile che diventa materia, si fa visibile, si fa quadro. Il suo sguardo è quello di ogni artista, solo che, afferma con un senso dell'umorismo marcatamente siciliano, «mi occupo di natura morta. Di natura morta sparata». Olio su tela, precisa, le opere si muovono su questa tecnica, e sono caratterizzate da un linguaggio volutamente popolare, un linguaggio di colori forti e violenti, che richiamano, per affinità, quelli dei carretti siciliani. Ogni quadro porta con sé un numero, una sorta di numero civico, che intende dare un senso di continuità alla sua opera, un filo rosso che unisce l'intera produzione. E spiega ai discenti che il numero civico, che indica l'anno in cui si è verificato l'episodio narrato, è diventato una sigla del suo operare anche a seguito del fatto che le case, in Sicilia, erano colorate con l'azolo, per allontanare i moscerini, e lo sguardo dell'artista è caduto sul numero civico che spiccava su quelle facciate così colorate. Un numero che indica la progressione, la gradualità, e che ci unisce come collettività.

«L'arte ferma il tempo», osserva l'artista, e cita Munch e il suo "urlo", un urlo straziante, che manifestava un disagio esistenziale e sociale collettivo. E in questa rassegna d'arte trova posto un accenno a un suo quadro su Marcello Dell'Utri, il cofondatore di Forza Italia, all'epoca della sua fuga in Libano, in attesa della sentenza che lo vedrà condannato a sette anni per concorso esterno in associazione mafiosa. Il volto del sodale del cavalier Berlusconi compare sulla tela, alla cui base si accampa un cavallo bianco su cui è vergata la scritta "incitatus", il nome del cavallo dell'imperatore Caligola. In quest'occasione, i giornali scrissero che «si può sfuggire a un mandato di cattura internazionale, ma nulla si può di fronte alle tele di Gaetano Porcasi». Il richiamo alla tela su Dell'Utri è funzionale sia al discorso dell'arte come strumento eternatore, sia a quello dell'arte come impegno civile e scomodo per la sua forza d'urto.

Non a caso, immediatamente dopo, l'artista evoca un'altra sua tela presente al Cottini, "La macchina del fango", dai colori cupi, al cui centro un volto allarga la bocca in un grido di dolore straziante, coperto di liquame, quel fango che ha sostituito il piombo come strumento attraverso il quale tacitare chi non s'accorda all'omertà, al silenzio, all'inerzia.

La macchina del fango ha cercato di travolgerlo in più di un'occasione, una sorta di continuità nel suo percorso artistico per la tenacia con la quale Porcasi ha raccontato e racconta il nostro Paese e alcune delle sue vicende meno rassicuranti o gloriose. Quel meccanismo volto a svilire, a umiliare le note discordanti rispetto al silenzio dominante, si è attivato in occasione di un'altra tela, che l'autore invita a guardare: "Il giocattolo dell'antimafia". Un'opera che anticipa la consapevolezza attuale del valore ambiguo di questa espressione, la sua natura camaleontica, quella che regala verginità a persone sospette e in odore di mafia. Un cavallo a dondolo, giocattolo con cui trastullarsi da parte di spettatori inerti e senza volto seduti dinanzi al palcoscenico, è il simbolo del cavallo di Troia, escamotage con il quale entrare nella fiducia di chi non capisce il meccanismo subdolo e crede, appunto, nei giocattoli. «Bisogna distruggere Porcasi», dice un giornalista intercettato, riferendosi al lavoro del pittore siciliano.

Agli studenti l'artista spiega di aver dato forma e voce alla verità contro le ipocrisie di chi ha voluto nascondere una certa storia d'Italia, di aver disvelato le contraddizioni stesse insite nella lotta alla mafia e, per argomentare visivamente, volge un nuovo invito agli ascoltatori affinché guardino verso un quadro che raffigura Falcone e Borsellino, attorniati da una folla d'uomini d'affari, senza volto. Ma non ci sono solo individui incravattati e anonimi sulla tela, perché a essi si aggiungono, in un chiaro richiamo alle categorie di uomini secondo il Don Mariano de "Il giorno della civetta" – uomini, mezz'uomini, ominicchi, pigliainculo e quaquaraquà –, corpi di sole gambe e oche starnazzanti e, ancora, camaleonti.

Il viaggio personale di Porcasi continua, una tela dopo l'altra, da quella relativa al piccolo Giuseppe Di Matteo a Emanuela Loi, la cui bara conteneva una scarpa, da Peppino Impastato a Don Puglisi, presentate una per una, unite, come ricorda l'autore, da un medesimo materico impasto, quello del sangue, quello della crudeltà umana. È questa che dipinge l'avventura umana e, con tutti i distinguo del caso, accomuna la crudeltà nazista a quella di una giovane creatura sciolta nell'acido. L'arte deve raccontare questa spietatezza feroce ed è anche per questo, aggiunge l'ospite del liceo, le mie opere non appagano un certo gusto piccolo-borghese, quello che ambisce ad accostare la tela al colore delle tende.
Partendo da Partinico, sottolinea ancora, ho dato alla storia locale e nazionale un'eco più ampia, sono arrivato ovunque, dal Palazzo dei Medici fiorentino alla Bocconi di Milano, dal Museo d'arte contemporanea di Napoli a quello di Cosenza, dal Museo storico dell'Arma dei Carabinieri al Parlamento europeo a Bruxelles.

Qui, mentre sta per concludere l'intervento per aprirsi alle domande dei discenti, il pittore e professore fa un appello agli spettatori, alla loro giovane età carica di premesse e di potenzialità. Lo Stato ha una grande forza – afferma – e noi cittadini dobbiamo muoverci, non dobbiamo assistere inerti come gli spettatori de "Il giocattolo dell'antimafia" prima citato. L'Italia è una bomba a orologeria, è un paese complesso, siamo ricchi, ma ignoranti: «noi vogliamo essere ignoranti», precisa, non siamo democraticamente aperti alla lettura, dobbiamo lavorare per collaborare. È un appello alla coscienza civile dei suoi uditori, sul quale ritorna, poco dopo, davanti alle domande che gli giungono da quella platea. «Come ha fatto a trovare il coraggio per andare avanti, nonostante le minacce?», «come nasce una sua opera?», «quanto tempo impiega per dipingere un quadro?». Porcasi risponde alla studentessa che pone questa domanda, dice che l'atto pittorico in sé, spesso, è immediato, è quasi urgente; ma, aggiunge, non è veloce o immediato il lavoro di indagine che lo precede. Ne approfitta, da insegnante oltre che da artista, per demitizzare l'idea del pittore quasi incolto, istintivamente proteso alla creazione. L'arte è cultura, fatica, studio, tanto studio. Non a caso, richiama nuovamente la sua collaborazione con l'accademico Giuseppe Carlo Marino: la storia d'Italia che ha voluto raccontare, anche quella che i libri non amano esplicitare o di cui non fanno menzione, è un sapere nato da un lavoro di ricerca costante e approfondita.

E poco prima di congedarsi dai liceali, l'artista rivolge loro un invito, in quanto mani che possono raccogliere il suo testimone. Un libro, un lavoro comune, nella cui prima parte trovino posto alcune sue opere, come lascito da raccogliere nella seconda parte, dedicata, invece, ai lavori degli studenti. Un progetto futuro, importante per quanto regalerà ai discenti in termini di impegno e di riflessione critica sulla realtà che li circonda, complessa, così come racconta con immediatezza e chiarezza non ermetica l'arte di Porcasi, così come raccontano le tele che contornano il pubblico, che si alza, dopo l'applauso finale, per andare a porgere un saluto personale e un ringraziamento ulteriore all'artista.

Norme, inchieste, processi

Maxi-processo in Calabria: l'erba che cresce fa meno rumore dell'albero che cade

Una notizia che sembra abbia subito una attenuazione d'importanza, tra il rincorrersi di altre notizie che hanno monopolizzato l'attenzione dell'opinione pubblica, è quella dell'inizio del maxiprocesso alla 'ndrangheta, nell'aula bunker di Lamezia Terme[27].

In realtà, dire processo alla 'ndrangheta è riduttivo, molto riduttivo. Perché la vera notizia, quella così succulenta da essere passata quasi sotto silenzio, è che quello che è iniziato in Calabria non è solo un atto di accusa e un processo contro la malavita organizzata locale, ma un impianto accusatorio contro le relazioni pericolose tra 'ndrine e politica e massoneria e comparti deviati dello Stato e amministratori pubblici e parte della società civile. Non è in questione soltanto la mela marcia dei mafiosi, quanto piuttosto l'ipotesi che il marcio alligni ovunque e che i 'cattivi' siano cattivi quasi quanto i buoni, ai quali lasciano l'onore della visibilità e della buona parvenza, per godere, insieme, dei frutti succosi di questa sceneggiata.

È affascinante considerare l'evoluzione della percezione della mafia nell'immaginario collettivo, attraverso la complicità di chi ha sostanziato la mafia del proprio appoggio. Per decen-

---

27 *Girodivite*, 3 febbraio 2021

ni, la mafia non è esistita e chi ci credeva, direbbe Edoardo Bennato, era un pirata. Poi, ha cominciato a esistere nella vulgata comune e, addirittura, nel vocabolario politico e chi la combatteva era, di volta in volta, un eroe o qualcuno da fare diventare tale. In tal modo lo Stato celebrava i suoi 'servitori', che, a volte, mandava a morire in guerra, soli, senza armi, mentre l'opinione pubblica iniziava a svegliarsi davanti al primo maxi-processo, scopriva che la mafia non era un'invenzione di letterati o magistrati o politici non collusi o giornalisti coraggiosi.

Con un ritardo di circa un secolo dal loro sviluppo e consolidamento, l'Italia scopriva le organizzazioni criminali e, nella frenesia della scoperta e nella tenace volontà di andare sino in fondo, qualche magistrato ipotizzava, dinanzi all'incredulità di molti, che esistessero relazioni pericolose tra mafia e Stato. Cosa Nostra era non solo *loro*, era anche *nostra*, un servizio di pubblica immoralità, che aveva investito nei rapporti di vicinato con le amministrazioni pubbliche e con alcune sacche imprenditoriali, mediche, giuridiche ecc, avvolgendo in una cappa pestifera il Paese.

Perché di questo si tratta. Il 19 dicembre 2019, poco più di un anno fa, un terremoto giudiziario scosse l'area del Vibonese, patria della potentissima cosca dei Mancuso di Limbadi, che vantava importanti addentellati nazionali e internazionali. Dopo circa tre anni e mezzo di attività investigativa, i carabinieri del Ros coadiuvati dalla Procura distrettuale antimafia di Catanzaro, guidata da Nicola Gratteri, arrestavano oltre 300 persone, in Italia e all'estero, per un totale di 416 indagati, con accuse che andavano dall'associazione mafiosa all'omicidio, dall'estorsione all'usura, dalla fittizia intestazione di beni al riciclaggio al narcotraffico. L'operazione, denominata

Rinascita-Scott – quest'ultimo era il cognome di un agente statunitense della DEA[28], attivo fra le due sponde dell'oceano –, fu anticipata di 24 ore, perché altissimo era il rischio di una fuga di notizie. Scale segrete, botoli, tombini erano solo alcuni dei nascondigli nei quali i carabinieri, con diversi blitz, hanno rinvenuto e arrestato diversi latitanti. Vale la pena, a tale riguardo, sottolineare che tra gli indagati risultano un cancelliere del Tribunale di Vibo Valentia e un colonnello dei Carabinieri, Giorgio Naselli, comandante provinciale dell'Arma di Teramo. Difficile non pensare a soffiate provenienti dagli stessi ambienti giudiziari e investigativi.

Nelle oltre 1200 pagine di ordinanza di custodia cautelare, i magistrati hanno disegnato un'inquietante mappa dei rapporti collusivi tra le cosche e il mondo politico-imprenditoriale, sottolineando il ruolo centrale, in tal senso, che sarebbe stato svolto dall'ex parlamentare di Forza Italia Giancarlo Pittelli, avvocato catanzarese e membro del Grande Oriente d'Italia. A lui, secondo l'accusa, al suo ruolo politico e al credito ottenuto presso la massoneria più potente, si devono i lasciapassare alla 'ndrangheta presso le banche, le società straniere, le università e altre istituzioni.

Né il solo Pittelli, tra i politici, risulta coinvolto in questa vicenda giudiziaria. A fargli compagnia, ci sono, fra gli altri, anche il sindaco di Pizzo, Gianluca Callipo, transumante dall'area renziana del Pd all'appoggio garantito alle elezioni regionali a Mario Occhiuto di Forza Italia, Pietro Giamborino, già consigliere regionale dem, e, ancora, Nicola Adamo, consigliere regionale per quattro legislature, figura storica della sinistra calabrese.

---

28 Drug Enforcement Administration, vedi:
   https://it.wikipedia.org/wiki/Drug_Enforcement_Administration

Ne emerge, appunto, un quadro fosco, urticante, ramificato. Se le cosche calabresi riescono a controllare una parte consistente dell'economia regionale, condizionando in maniera diretta e indiretta l'edilizia, il commercio, la ristorazione, i trasporti, il turismo ecc., qualificandosi come realtà imprenditoriale a tutti gli effetti, ciò è dovuto, principalmente, alla capacità di creare robusti e proficui rapporti con figure chiave dell'economia privata e, aspetto più deleterio, della pubblica amministrazione. Lo sostiene con grande lucidità Lirio Abbate in un editoriale de "*L'Espresso*": «Grazie alla rete di relazioni consolidate con esponenti della politica, delle istituzioni e delle professioni, le cosche - sia attraverso prestanome sia con imprenditori e professionisti di riferimento – sono riuscite ad aggiudicarsi importanti pubblici appalti, imporre le proprie ditte e la propria manovalanza nei sub-appalti. Un *modus operandi* che spesso non ha avuto bisogno di ricorrere alla violenza ma che trovava nella convergenza di interessi con ampi settori della classe dirigente locale e regionale una leva per mantenere potere e consenso e garantire l'impunità delle cosche» (12 gennaio 2021).

Questo è l'impianto accusatorio prodotto dallo sforzo investigativo, lo scenario delineato a seguito di un'inchiesta iniziata da quando Gratteri si era insediato nel capoluogo calabrese. Lo scorso 13 gennaio, presso l'aula bunker, è iniziato il processo: 325 imputati, 438 capi di imputazione, 600 avvocati, 30 parti civili, 224 parti offese, numeri che richiamano da vicino quelli dell'altro, grande maxi-processo, quello contro la mafia siciliana, quello che porta alla mente i nomi di Falcone e Borsellino. Si tratta di un processo delicato, non privo di insidie, esattamente come quello siciliano a cavallo tra gli anni Ottanta e Novanta del secolo scorso. Insidie come i tentativi di delegittimazione dell'operato di Gratteri, dei quali, all'epoca del blitz, si rese responsabile l'allora procuratore generale di Catanzaro, Otello Lupacchini, definendo evanescenti le inchieste del magistrato di Gerace e, per questo, subendo il trasferimento a Torino in qualità di sostituto procuratore. È la macchina del fango, quello che si mise in moto, a suo tempo, per Falcone, quella che ha conosciuto Nino Di Matteo, quella che ha investito, ed è difficile non capiti ancora, Nicola Gratteri.

Insidie derivanti dalla complessità di un iter giudiziario lungo, al quale, stando alle parole di un collaboratore di giustizia, Gaetano Antonio Cannatà, i boss intendevano adottare «in massa il rito ordinario, perché, dati gli elevati numeri del processo, una scelta del genere avrebbe messo in difficoltà l'ufficio di Procura e avrebbe dilatato di molto i tempi di durata del processo» (*Corriere di Calabria*, 19 gennaio 2021). Dichiarazioni rese dal pentito, nel corso della seconda udienza del processo nell'aula bunker di Lamezia, ai magistrati della Direzione distrettuale antimafia di Catanzaro: dilatare i tempi del processo per giungere alla scadenza dei termini di custodia cautelare.

Insidie, ancora, legate allo scarso *appeal* che questo processo pare avere per il ceto politico. Solo il presidente della Commissione parlamentare antimafia, Nicola Morra, era presente il giorno di inizio del dibattimento. Un caso, certo, ma quanto suona strana e insolita la sincronia fra l'esordio del "Rinascita Scott" e l'inizio della crisi di governo?

E mentre ancora oggi si dibatte attorno alle volpigne strategie di Matteo il rottamatore, il maxi-processo alle cosche calabresi e ai loro rapporti delittuosi con la parte "sana" del Paese continua e continuano i blitz, come quello del 21 gennaio scorso, che ha portato a 48 arresti – 13 in carcere e 35 ai domiciliari – in tutta la penisola. Neanche a dirlo, sotto accusa le relazioni pericolose tra cosche, imprenditoria e politica regionale e nazionale: Francesco Talarico, assessore regionale al Bilancio, targato Udc, è ai domiciliari con l'accusa di associazione per delinquere aggravata dal metodo mafioso e voto di scambio, ma anche il segretario nazionale del partito, Lorenzo Cesa, risulta fra gli indagati.

Non è un'altra storia, sebbene non rientri a pieno titolo nel maxi-processo. È la stessa storia, con referenti diversi, ma con gli stessi identici meccanismi.

Quei meccanismi a cui, se si consente un richiamo personale, si è fatto riferimento in un lungo dossier su questa rivista ("Dossier Calabria zona rossa"[29], 9 dicembre 2020), sottolineando come la sanità calabrese fosse stata, e sia tuttora, il terreno di caccia del patto ignobile tra 'ndrangheta e politica regionale. Il processo "Rinascita Scott" è una storia giudiziaria in una storia più grande, di cui si riconoscono senza sforzi i contorni e i caratteri, che coinvolge un pezzo significativo della realtà calabrese. Processarla significa processare una parte, minoritaria ma potente, della regione, nella speranza, appunto, di poter rinascere, di poter respirare aria meno mefitica, di lasciarsi alle spalle un'anomalia che sta diventando la normalità.

---

29 https://www.girodivite.it/Calabria-zona-rossa.html

"Noi siamo loro": 'ndrangheta e società civile in Piemonte a dieci anni dal processo Minotauro

Presso l'auditorium del grattacielo Intesa Sanpaolo di Torino, sabato 9 ottobre, all'interno della manifestazione "Biennale Democrazia", si è svolto un incontro dal titolo "A dieci anni dal processo Minotauro. Le mafie in Piemonte"[30].

La discussione rappresentava uno dei segmenti di un progetto più ampio, "Il palcoscenico della legalità", promosso dall'associazione CCO (Crisi come opportunità), impegnata sul fronte dell'emarginazione giovanile, in Italia e all'estero. Tale progetto, che lega insieme teatri, associazioni antimafia, scuole, istituti penitenziari, ha trovato forma in uno spettacolo, "Se dicessimo la verità", andato in scena sempre a Torino, dopo l'incontro relativo al processo Minotauro, e incentrato sul tema del disimpegno, della diffusione sempre più ampia di atteggiamenti corrotti e illeciti, a fronte di una società civile annebbiata.

Presentato dalla vice-presidente dell'associazione CCO, Giulia Minoli, lo spettacolo ha un'intima connessione con il tema del dibattito pomeridiano, al quale hanno preso parte il professor Rocco Sciarrone, docente di Sociologia economica all'Università di Torino e direttore del Larco (Laboratorio di analisi e ricerca sulla criminalità organizzata); il magistrato Roberto Maria Sparagna, sostituto procuratore presso la Direzione nazionale antimafia e antiterrorismo e, nel 2011, impegnato nel processo Minotauro; Elena Ciccarello, direttrice

---

30 *Girodivite*, 13 ottobre 2021

responsabile della rivista "Lavialibera" e ricercatrice presso il Larco così come Davide Donatiello, docente di Sociologia generale nell'ateneo torinese.

Una breve *pièce* teatrale, "La distrazione di massa", ha preceduto il dibattito vero e proprio. Un dialogo a due, due donne, una collaboratrice di giustizia e una giornalista che raccoglieva il racconto delle sue sofferenze, del suo dolore, della sua paura dinanzi alla scelta compiuta. Uscita la 'pentita', l'altra donna ha monologato con il pubblico: ci siamo distratti, un attimo, la mafia è arrivata sino qua, nelle plaghe del Nord, non ce ne siamo accorti che erano mafiosi, erano come noi. «Noi siamo loro».

Ecco, questo è in sintesi il centro fondante dell'intero incontro. Le due donne, dietro le quali era facile scorgere il richiamo a Maria Stefanelli, perno del processo Minotauro, e Manuela Mareso, la giornalista che ha raccolto la sua lunga biografia in un libro importante e pregnante ("Loro mi cercano ancora. Il coraggio di dire no alla 'ndrangheta e il prezzo che ho dovuto pagare", Mondadori 2014), hanno intessuto un dialogo che anticipava le strade concettuali della discussione aperta dal pm Sparagna.

È proprio lui, uno dei protagonisti del processo Minotauro iniziato nel 2011 e conclusosi nel 2016, a spiegare l'importanza discriminante di questo dibattimento rispetto alle esperienze giudiziarie precedenti. Discriminante perché, in primo luogo, mutò il metodo investigativo: alla tradizionale operazione inquirente nella quale si mettevano «insieme tanti reati-scopo per dimostrare la ricorrenza del vincolo associativo» si sostituì un approccio fondato sulla consapevolezza che esistesse un'organizzazione unificante della quale si indagavano i comportamenti illeciti.

Non solo. A detta del magistrato, il processo Minotauro fu anche importante perché fornì degli istituti giuridici poi entrati nella discussione dei magistrati – mafia silente, affiliazione rituale – e perché consentì un duplice vantaggio: da un lato, avviò l'aggressione ai patrimoni della 'ndrangheta, oltre che la cattura dei latitanti quali importanti broker del narcotraffico, ma, soprattutto, contribuì «a essere meno distratti».

Avviato a seguito della collaborazione di altri due testimoni importanti oltre la Stefanelli, Rocco Varacalli e Rocco Marando, il processo, in cui furono coinvolti 180 indagati, mise in luce, infatti, l'esistenza di una solida organizzazione criminale calabrese a Torino e nell'*hinterland*, ben strutturata in 'locali' diffusi sul territorio, dotata di una forza militare cospicua e caratterizzata da un rapporto duttile con le cosche presenti nella terra d'origine. Soprattutto Varacalli fu, a detta di Sparagna, una chiave fondamentale per comprendere un mondo, quello della 'ndrangheta, il cui vocabolario e la cui grammatica organizzativa erano ancora estranei agli inquirenti. Varacalli fu per Torino e la 'ndrangheta quello che Buscetta rappresentò, agli occhi di Falcone, per la Sicilia e Cosa Nostra, cioè un traduttore «dal turco».

Sparagna non nasconde la sorpresa di allora, quando, insieme agli altri magistrati, scoprì che «nel 2006 e nella civilissima Torino» esisteva una struttura compatta e ramificata, saldamente integrata su un territorio che, in qualche caso, era in grado di controllare. E precisa i termini di questa presenza e di questo controllo. Una 'ndrangheta, da un lato, «predatoria o prenditrice», ossia volta al recupero aggressivo delle risorse (estorsioni, usura, gioco d'azzardo, droga ecc.) e, dall'altro, un'organizzazione criminale «imprenditrice», capace di inoculare le risorse sporche nell'economia lecita e di strozzarla o di orientarla verso i propri interessi: ristorazione, appalti e via discorrendo. E, ancora, una 'ndrangheta erogatrice di servizi, dalla guardiania dei cantieri edili o dei negozi a quella che gestisce consulenze per l'investimento del denaro proveniente dall'evasione fiscale. Un terzo indirizzo è quello della penetrazione nella politica e nelle pubbliche amministrazioni: il voto di scambio, la ricerca del consenso elettorale per candidati poi ricattabili, la stessa presenza di affiliati in ruoli rilevanti della politica locale: a Chivasso, ad Alessandria diventarono assessori pubblici uomini delle cosche.

Quanto al controllo del territorio, spiega Sparagna, si andava dalla risoluzione di una lite amorosa all'avviso in caso di ispezioni dell'Inps, dal controllo delle curve dei tifosi dello stadio torinese alla gestione delle processioni religiose o all'acquisto di una squadra di calcio; anche se in questi ultimi casi, precisa il magistrato, si tratta di procedimenti ancora in corso e, quindi, è d'obbligo la presunzione di innocenza.
Un quadro noto, forse oggi, ma che sorprese allora e che pure, aggiunge Sparagna, non avrebbe dovuto farlo, non avrebbe dovuto rappresentare «un fulmine a ciel sereno», perché l'evidenza diceva che da decenni il Piemonte era un polo attrattivo delle cosche calabresi. Due avvenimenti su tutti: la morte del procuratore capo di Torino Bruno Caccia, nel 1983, e lo scioglimento del comune di Bardonecchia, nel 1995, per infiltrazioni mafiose, il primo nel Nord Italia.

Su questa stessa linea, si muove il prof. Sciarrone. Sin dall'inizio, ribadisce l'importanza del processo Minotauro dal quale sarebbero poi gemmate altre importanti inchieste, fondate ormai sulla consapevolezza dell'esistenza di un'organizzazione; una consapevolezza che rende impossibile, precisa l'accademico, restare ancora stupiti, non consente più di avere alibi. Quel vuoto conoscitivo che sembra caratterizzare la storia di una 'ndrangheta in Piemonte già evidente come presenza negli anni '60, poi ancora più tangibile nel decennio successivo, non può più essere assunto come giustificazione per dire di non sapere, rende impossibile la «distrazione di massa». Altri effetti importante del processo sarebbero stati, a detta del prof. Sciarrone, un effetto propulsivo per un associazionismo frizzante, una maggior presa di consapevolezza dei giovani del fenomeno mafioso, oltre che una maggior efficacia delle agenzie di contrasto alle mafie, forze dell'ordine e magistratura.

A questo richiamo all'importanza del processo in questione, il prof. Sciarrone aggiunge, però, un contributo analitico personale. Se è vero che, oggi, si ha una conoscenza meno approssimativa del fenomeno mafioso in Piemonte, e ciò vale per tutto il Nord Italia, è vero che qualcosa di «sconvolgente» Minotauro lo portò con sé: la scoperta dell'esistenza della «zona grigia», ossia i rapporti collusivi delle mafie con la società civile, la politica, la pubblica amministrazione ecc. È questo il punto forte e fermo della riflessione di Sciarrone: la necessità che, una volta chiarito il quadro che concerne l'organizzazione criminale, si guardi con meticolosità analitica al contesto in cui la penetrazione mafiosa è avvenuta, al contesto sociale, economico e politico idoneo alla proliferazione di rapporti illeciti. Così come osserva nel suo libro "Le mafie del Nord" (Donzelli, 2019), l'accademico torinese precisa, in più di un'occasione, che gli 'ndranghetisti non sono «marziani», non sono arrivati come un esercito di conquista – tesi, questa, più cara al suo collega Nando Dalla Chiesa – ma hanno trovato un terreno adatto alla fioritura dei loro interessi. Un terreno colluso e disponibile all'intreccio criminale.

L'appello di Sciarrone, in tal senso, è vibrante. La disattenzione nei confronti della disponibilità a fruire dei 'servizi' mafiosi da parte di alcune componenti della società civile e politica può portare a un deficit conoscitivo simile a quello che ha contribuito a negare l'esistenza stessa delle mafie. In tal senso, sottolinea l'accademico come il ritardo nella comprensione della presenza della cosiddetta «area grigia» sia testimoniato dalla disattenzione al fenomeno da parte delle associazioni di categoria e di rappresentanza degli interessi e da una «disattenzione fortissima da parte della politica». A tale riguardo, parla di iniziative fuorvianti, di alibi che servono per parlare del fenomeno senza affrontarlo, spesso attività più formali che sostanziali. Osserva, ad esempio, come esista una commissione antimafia all'interno della Regione Piemonte: «noi, gli addetti ai lavori, non sappiamo cosa fa; probabilmente non fa nulla. Un altro alibi».

Chiude, quindi, osservando come i calabresi 'cattivi' possano essere stati bravi nel penetrare nei gangli della società piemontese, ma «il vero scandalo è che, nella nostra regione, la 'ndrangheta ha trovato un contesto ospitale e accogliente; non ha dovuto neanche utilizzare una strategia molto aggressiva».

A dare conto di tale accoglienza, è l'intervento del prof. Donatiello, incentrato sulla spregiudicata parabola politica di Nevio Coral, giunto dal Veneto in Piemonte, imprenditore d'assalto e poi sindaco della cittadina di Leinì, alle porte del capoluogo di Regione. L'esercizio politico di Coral, condannato proprio al processo Minotauro a otto anni per concorso esterno in associazione mafiosa, è quanto mai esemplare della ricerca di rapporti collusivi con alcuni esponenti della 'ndrangheta in relazione alla ricerca di un bacino elettorale e, come compenso, la concessione di scorciatoie per l'aggiudicazione di appalti. In tal senso, Donatiello sottolinea come a partire dagli anni Novanta del secolo scorso, larghissima parte dei comuni della cintura di Torino avesse conosciuto un rilevante calo demografico e un conseguente calo edilizio; un dato che si staccava significativamente dal *trend* comune era proprio quello di Leinì, in cui invece c'era stato un *boom* edilizio quanto meno sospetto.

Spregiudicatezza nella conduzione della cosa pubblica, dunque, i cui caratteri sono descritti e presentati, come racconta l'ultima relatrice, Elena Ciccarello, in una ricerca destinata alle scuole superiori per spiegare agli studenti il fenomeno della mafia e della sua presenza in Piemonte: "Le mafie in Piemonte. Impariamo a conoscerle".
Inserita nel già citato progetto "Il palcoscenico della legalità", la ricerca promossa dalla 'Fondazione Giovanni Agnelli' e realizzata, appunto, dal Larco, cerca proprio di mostrare ai discenti piemontesi i tratti peculiari della presenza 'ndranghetista in Piemonte, passando, tra l'altro, dall'episodio di Nevio Coral, ma anche dall'omicidio Caccia, dal pentimento di Maria Stefanelli e dal rapporto epistolare instauratosi fra il giudice Elvio Fassone, che presiedette negli anni Ottanta il primo maxi-processo alle mafie in Piemonte, e un ergastolano, Salvatore, uno degli imputati in quel processo importante.
Con questo richiamo alle scuole, si chiude l'incontro. C'è ancora tanto da fare, sottolineano tutti i relatori, ma oggi non possiamo più dire di non sapere, non possiamo distrarci ignorando quelli come noi.

41 bis: non si butti il bambino con l'acqua sporca

È difficile mantenere la calma mentre intorno tutti fanno rumore, cantava più o meno testualmente Franco Battiato nel suo "Bandiera bianca"[31].

E di calma ci sarebbe bisogno davanti alla vicenda dell'anarchico Alfredo Cospito, da circa 100 giorni in sciopero della fame per protestare contro il trattamento del cosiddetto "carcere duro" a cui è stato sottoposto dallo scorso maggio.

La protesta dell'anarchico torinese ha aperto un dibattito complesso attorno alla questione del 41 bis, non facilmente riconducibile ai poli opposti dei detrattori di tale istituto giuridico, che ne auspicano l'eliminazione, e i sostenitori della sua permanenza tra i sistemi di lotta contro le organizzazioni criminali, terroristiche o eversive.

Di calma ci sarebbe bisogno perché nella confusione si perdono i confini stessi del problema, al punto che autorevoli esponenti del governo in carica, la premier Meloni e il ministro dell'Interno Piantedosi, finiscono, aiutati anche dai titoli dei giornali, per confondere il 41 bis con l'ergastolo ostativo. Ma si tratta di realtà differenti. L'ergastolo ostativo, introdotto di fatto nel 1991 dopo essere stato disciplinato dall'art. 4 bis della legge 26 luglio 1975, impedisce alle persone condannate all'ergastolo per alcuni tipi di reato di accedere alla libertà condizionale e ai benefici penitenziari – permessi premio, lavoro all'esterno, semilibertà; tra i reati vi sono l'associazione di stampo mafioso, il terrorismo, l'associazione finalizzata al

---

31 *Girodivite*, 15 febbraio 2023

traffico di droga. Reati di "ostacolo", appunto, al godimento di determinati benefici. È questo il *fine pena mai* sul quale si è espressa con parere sfavorevole la Cedu, la Convenzione europea per la salvaguardia dei diritti dell'uomo e delle libertà fondamentali. Un articolo di legge il cui fine è quello di imporre al condannato una chiara e trasparente volontà di recidere i legami con le organizzazioni di appartenenza, attraverso la collaborazione con la giustizia.

Altra cosa è il 41 bis. Introdotto in via temporanea nel 1986 dalla legge Gozzini, al fine di sospendere «le normali regole di trattamento dei detenuti e degli internati», in caso di rivolte o di altre gravi situazioni di emergenza, è stato allargato ai detenuti reclusi per mafia a partire dal 1992, dopo la strage di Capaci, sino a diventare definitivo nel 2002 ed esteso anche ai condannati per terrorismo e altri reati.

Di fatto, il "carcere duro" aveva e ha lo scopo di recidere le relazioni dei detenuti con il mondo esterno e interno al carcere, con l'associazione criminale, terroristica o eversiva ancora attiva e pericolosa per la sicurezza pubblica. Ha una durata di quattro anni, che possono essere ulteriormente prorogati di due anni in due anni, nel caso in cui i legami con le organizzazioni di appartenenza non dovessero cessare. Il detenuto sottoposto al 41 bis è internato in una sezione speciale del carcere, è solo in cella, può avere colloqui una volta al mese, attraverso un vetro divisorio, tranne nel caso in cui debba dialogare con minori di 12 anni, la sua posta viene sorvegliata sia in ingresso sia in uscita. Due ore d'aria al giorno, con un gruppo di massimo quattro persone è la socialità interna al carcere delle persone sottoposte a questo articolo.

Stabilita questa differenza, non irrilevante, è opportuno riflettere sul problema a partire da una polarizzazione un po' manichea e, come si è detto, non del tutto rispondente alle innumerevoli posizioni sorte a riguardo. Da un lato, i "rigoristi", ossia coloro i quali propendono per il mantenimento di questo istituto giuridico, affermano che sarebbe un errore assimilare la vicenda Cospito al problema più generale, azzerando i benefici apportati dal 41 bis alla lotta alle mafie, e sottolineano come l'annullamento di questa misura andrebbe incontro a una delle richieste del famoso "papello" di Riina, l'elenco dei *desiderata* del boss corleonese allo Stato affinché cessassero le stragi. Dall'altro lato, si collocano i sostenitori del carattere inumano del "carcere duro", del suo valore afflittivo, lontano da ogni carattere rieducativo e indegno di uno Stato di diritto, che dovrebbe essere capace di erigersi sopra le miserie morali e la barbarie dei criminali contro i quali combatte. Non solo, tra gli argomenti contrari al 41 bis vi sono anche quelli di chi ritiene l'istituto giuridico ormai superato, non più inquadrabile nella situazione storica che lo aveva determinato – la stagione stragista, appunto – e, ancora, superfluo a fronte della sconfitta di Cosa Nostra, come attesterebbe, fra le altre cose, l'arresto del boss latitante Matteo Messina Denaro.

I numeri azzerano gli individui e le loro biografie, splendenti o miserevoli. Però, aiutano a inquadrare alcuni aspetti della questione. In Italia, ci sono circa 56.000 detenuti (dati al 2022 del ministero della Giustizia); le persone sottoposte al 41 bis sono circa 730, ossia l'1,3% del totale. Pare opportuno partire da qui, non per ridurre la portata del problema, giudicando poco importante il peso del carcere duro sulla vita dei singoli individui, ma per cominciare a porre delle domande utili all'intelligenza del dibattito. A fronte di una situazione a dir poco ignobile delle condizioni di vita nelle istituzioni carcerarie, di un costante sovraffollamento, di atti di autolesionismo da parte dei carcerati, solitamente quelli non sottoposti al 41 bis, di proteste di enti e associazioni, italiane e internazionali, sul mancato rispetto degli standard generali di dignità della persona detenuta, qual è il vero problema delle carceri in Italia? Dove realmente dobbiamo guardare per gridare alla non umanità e alla scarsa attenzione al valore rieducativo della pena? E, per contro, quali sono le reali condizioni di vita delle persone sottoposte al 41 bis? Quali sono le reali restrizioni delle libertà a cui sono sottoposti i boss al "carcere duro"?

Quest'ultima domanda non va fraintesa. Non è il rigore a tutti i costi quello che si vuole, incrudelire cioè contro un detenuto, ma comprendere, a fronte dei richiami all'inumanità della pena, quale effettivamente sia lo spazio di manovra dei mafiosi in regime di 41 bis. Perché circa un anno fa, su queste stesse pagine, si diede conto di un allarme lanciato dall'avvocato Fabio Repici nel corso di un incontro sulla morte dell'educatore carcerario Umberto Mormile nel 1990. In quell'occasione, il difensore della famiglia Mormile osservò come il mandante dell'omicidio, Domenico Papalia, intrattenesse rapporti epistolari con altri importanti esponenti mafiosi ristretti al 41 bis, ad esempio Giuseppe Gullotti, boss di Barcellona Pozzo di Gotto. E aggiunse: «una parte della storia di questo Paese, la parte naturalmente più occulta e indicibile, ha avuto quale propria base le carceri. Molti dei fatti accaduti in questo Paese hanno dei presupposti che sono stati discussi e decisi anche all'interno delle carceri».
Non solo. Per comprendere la complessità del fenomeno degli spazi di manovra delle mafie dalle carceri italiane, potrebbe essere opportuno leggere un recente volume del magistrato Sebastiano Ardita, per anni al vertice dell'amministrazione penitenziaria, "Al di sopra della legge. Come la mafia coman-

da dal carcere" (2022, Solferino). Non è solo una riflessione sul ruolo dei boss nelle politiche interne alle carceri, ma un più generale atto di accusa nei confronti dei limiti di un ceto politico poco attento a quel luogo di incubazione della criminalità che è il carcere. E, va aggiunto, non da oggi, se si considera che gli storiografi collocano la nascita del fenomeno camorristico proprio nelle prigioni borboniche.

A queste prime domande, che intendono collocare il dibattito su un piano diverso, ossia allargato all'intera galassia concentrazionaria e volto a fornire indicazioni più precise sul carattere afflittivo del 41 bis, se ne possono affiancare altre. Ad esempio, è utile chiedersi se e quanto sia stato efficace nel contrasto alle mafie il "carcere duro". Ha consentito di limitare i rapporti dei boss con l'esterno? Ha ridotto la loro capacità di guidare da reclusi gli affiliati dei clan, superando la percezione del penitenziario palermitano, precedente il 1992, quale "Grand Hotel Ucciardone"?

Se questo istituto giuridico non è stato efficace, allora andrà riformato, rivisto, cancellato, al di là della vicenda Cospito. Ma se lo è stato, se ha contribuito ad arginare l'influenza e l'operatività dei capi clan all'esterno, allora, se il contrasto alle mafie è un obiettivo reale, sarebbe opportuno riflettere prima di gettare il bimbo e l'acqua sporca. Pure in questo caso, pure nel caso in cui il "carcere duro" abbia avuto una certa efficacia, è opportuno domandarsi se non possa e debba essere rivisto, come suggerisce in un interessante intervento su "Micromega" l'ex magistrato Michele Marchesiello: "Caso Cospito. Una riflessione sul 41 bis e le sue applicazioni" (3 febbraio 2023, reperibile in rete). L'autore propone, infatti, alcuni correttivi alla misura – dalla riduzione dei quattro anni iniziali alla possibilità di una rivisitazione del provvedimento in qualsiasi momento – e riflette sulla necessità di una pena comminata in stretta relazione con «la natura, l'estensione, la concreta pericolosità dell'organizzazione esterna di riferimento. Davvero pensiamo che il pericolo anarchico sia pari a quello provocato dalla mafia?»

L'interrogativo di Marchesiello è tutt'altro che irrilevante e ci si tornerà sopra. Quanto alla necessità di salvaguardare il 41 bis, non significa ignorare le critiche a questo istituto giuridico; critiche che, nei casi migliori almeno, aprono la questione rilevante della salute di una civiltà espressa dalle condizioni di vita della popolazione reclusa in un penitenziario. Si possono e come limare le maggiori asperità di questo articolo? E, con esse, è possibile migliorare le condizioni generali di vita nelle carceri?

Ciò che appare necessario è rifuggire dalla ridda di voci, più o meno interessate, che usano la vicenda Cospito in modo strumentale. *Cui prodest*? A chi conviene l'eliminazione del "carcere duro"? Perché appare evidente che Cospito sia tirato da una parte e dall'altra e che la sua personale condizione possa essere funzionale a schieramenti che approfittano della sua protesta per cavalcare i diversi e contrastanti interessi di parte. Ai boss, sin dal 1992, il 41 bis non piace, anzi. Lo disse Riina e lo hanno ribadito altri mafiosi. Segno che, forse, si tratta di una misura che ha colpito e colpisce nel segno, come gli interventi sui patrimoni dei vertici delle organizzazioni criminali. A loro gioverebbe l'eliminazione di questo articolo di legge, senza dubbio, ed è quello che paventano vari magistrati, da Di Matteo ad Ardita a Lombardo: la vittoria del "papello", insomma.
Anche perché, dei circa 730 carcerati in regime di 41 bis, pochi, pochissimi non appartengono al mondo mafioso. Giusto per fornire qualche dato numerico, tra i detenuti sottoposti

al "carcere duro" circa 240 appartengono alla camorra, 230 hanno legami con Cosa Nostra e 190 sono affiliati alla 'ndrangheta; gli altri appartengono ad altre associazioni mafiose (sacra corona unita, *stidda*), mentre soltanto quattro sono legati al terrorismo internazionale o interno; Cospito è fra questi ultimi.

Partendo dagli oltre cinquantamila detenuti nel nostro Paese, si giunge al collo dell'imbuto, al caso Cospito, di cui in questa sede non si analizzano le ragioni, i torti, la legittimità della condanna o la legittimità della protesta, la scelta estrema e pericolosa per la sua incolumità di non nutrirsi. Cospito ha diritto di portare avanti la sua battaglia. Non ha diritto il dibattito nazionale di muoversi sul piano viscerale che gli è consueto, quello emotivo e divisivo, quello che scomunica i detrattori del "carcere duro", giudicandoli amici dei mafiosi o insensibili al tema delle mafie, e quello che mette al rogo i sostenitori del decreto come forcaioli asserviti al sistema repressivo e conservatore dello Stato.

Chi scrive è convinto che la lotta alle mafie sia tutt'altro che conclusa e condivide l'implicita risposta da dare alla domanda di Marchesiello sull'asimmetria tra il pericolo rappresentato dalle organizzazioni mafiose e quello connesso al movimento anarchico nazionale e internazionale. Il dibattito sul 41 bis va letto in questa luce, senza dimenticare che coinvolge aspetti centrali di una civiltà: il suo sistema giuridico e il suo complesso carcerario, il significato della pena e le ragioni che impongono la reclusione per alcuni reati e ne affrancano altri – come intendere la percentuale dello 0,3% di detenuti per reati di corruzione e contro la pubblica amministrazione, a fronte dell'estendersi del fenomeno e della gravità di questi comportamenti per una comunità? –, il difficile equilibrio tra rigore e umanità in chi deve amministrare la giustizia, il valore reale e non fittizio del concetto di democrazia, nella misura in cui una collettività è in grado di pretendere e di ottenere da chi la rappresenta quel concetto di servizio pubblico a favore degli interessi comuni e non di parte, a favore della salvaguardia dei diritti generali e non dei privilegi di casta.

La "trattativa Stato-mafia" tra cronaca e memoria

Dunque, la Corte d'Assise di Palermo, il 23 settembre 2021, aveva assolto Dell'Utri per «non aver commesso il fatto» e gli ufficiali dei carabinieri perché «il fatto non costituisce reato», avendo appunto incardinato la sentenza sulle loro intenzioni positive[32].

«Le organizzazioni criminali di tipo mafioso hanno potuto contare sul silenzio della Chiesa, sulla sua benevolenza culturale e dottrinale, sull'appoggio dei politici e degli uomini dello Stato che avrebbero dovuto combatterle, sulla condivisione del loro operato da parte di ampi strati sociali dei territori interessati; era mai possibile pensare di mettere solo sulle spalle dei magistrati e degli apparati repressivi tutto il peso di una questione storica così intricata? Se la storia della criminalità non è solo storia di criminali, il peso dell'estirpazione non può essere posta solo sulle spalle degli apparati repressivi. Eppure solo lì viene posta l'attenzione quando se ne parla».

La lunga citazione tratta da un saggio recentemente proposto su queste stesse pagine – *Le ragioni di un successo*, riferito

---

32 *Girodivite*, 3 maggio 2023

alla lunga durata in Italia del fenomeno mafioso e incluso ne *L'atlante delle mafie* – può essere un buon modo per ragionare sulla recente sentenza della Corte di Cassazione di Palermo che, di fatto, disarticola la tesi di fondo della cosiddetta "trattativa Stato-mafia". A chi non conoscesse i caratteri di tale sentenza, va detto che i tre gradi di giudizio hanno progressivamente ridotto le responsabilità degli imputati legati allo Stato, ossia i vertici del Ros: Mario Mori, Giuseppe De Donno e Antonio Subranni. Se in primo grado i tre alti ufficiali erano stati condannati per aver recapitato la minaccia mafiosa ai governi Amato e Ciampi e Marcello Dell'Utri per essersene fatto latore a Silvio Berlusconi, la sentenza d'appello aveva limato e corretto la posizione dei protagonisti, per così dire, istituzionali della trattativa. Il reato disciplinato dall'articolo 338 del codice penale, ossia violenza o minaccia a un corpo politico, amministrativo o giudiziario dello Stato, era stato riletto alla luce di una diversa considerazione dei fatti: i carabinieri del Ros avevano effettivamente trasmesso ai governi in carica le minacce mafiose, ma, per così dire, "a fin di bene", con un intento benevolo. Essi, secondo quella sentenza, avevano «agito avendo effettivamente come obbiettivo quello di porre un argine all'*escalation* in atto della violenza mafiosa che rendeva più attuale il pericolo di nuove stragi e attentati».

Dunque, la Corte d'Assise di Palermo, il 23 settembre 2021, aveva assolto Dell'Utri per «non aver commesso il fatto» e gli ufficiali dei carabinieri perché «il fatto non costituisce reato», avendo appunto incardinato la sentenza sulle loro intenzioni positive. Gli ermellini, i giudici della Cassazione, sono andati oltre, poiché hanno assolto Mori, De Donno e Subranni «per non aver commesso il fatto», ossia per non aver trasmesso le minacce corleonesi ai governi in carica tra il 1992 e il 1994. La posizione di Dell'Utri, già riabilitata in secondo grado, viene confermata, mentre la componente mafiosa vede prescritta per termini di legge la propria posizione, attenuata dal fatto che la minaccia fu solo tentata e non veicolata dagli uomini dello Stato.

In sostanza, è questo l'*iter* giudiziario di un processo che ha, passo dopo passo, scarnificato le tesi accusatorie del pubblico ministero Nino Di Matteo e dei suoi collaboratori. Non è stato lo Stato, insomma, a sollecitare con la sua debolezza l'avidità stragista di Riina, con la sua disponibilità a trattare e a trovare una mediazione; non è stata l'arrendevolezza dello Stato, disposto a un compromesso percepito come fragilità istituzionale dai mafiosi, a provocare dopo la strage di Capaci altri morti, Paolo Borsellino e la sua scorta e gli inermi cittadini di Milano, Firenze e Roma falcidiati dalle bombe.
Quella fase così convulsa della storia repubblicana, letta con gli occhiali di questa sentenza, è mutilata di una verità giudiziaria indubbiamente scomoda e, soprattutto, tragica. Verità giudiziaria che aveva scatenato, negli anni, polemiche velenose e polarizzato le posizioni di quanti, seguendo la tesi di Di Matteo, ritenevano e ritengono tuttora, a dispetto della sentenza della Cassazione, che i servitori fedeli dello Stato non siano sempre e tutti stati fedeli e di quelli che, invece, hanno sempre rigettato come fantasioso oppure oltraggioso l'impianto accusatorio nei confronti di pezzi dello Stato. E, di fatto, le parole della Cassazione hanno già contribuito ad aprire il "fuoco nemico" contro Di Matteo e le sue indagini. Un esempio su tutti è il titolo piuttosto eloquente di un articolo su "Il Riformista" di Piero Sansonetti, del 28 aprile: «Trattativa Stato-Mafia, fine della bufala di pm e Travaglio». Dall'altra parte, è sufficiente leggere l'editoriale di Giorgio Bongiovanni, direttore di "Antimafia Duemila", del giorno

successivo – dal titolo "Sentenza trattativa: lo Stato può "trattare" con i criminali – per addentrarsi in una riflessione che sostiene con fermezza la posizione del giudice palermitano e delle sue argomentazioni durante il processo.

È per questo che si è aperto questo breve commento alla sentenza della Corte di Cassazione con la citazione delle parole di Isaia Sales, Enzo Ciconte e Francesco Forgione. In questo Paese il problema non è soltanto più quello di delegare alle forze repressive il compito di estirpare una materia intricata e persistente come le mafie, contro le quali, come è chiaro a tanti, la pura e sola repressione non è sufficiente. In questo Paese il problema è quello di aver delegato ai magistrati il compito di scrivere la storia dei rapporti tra le mafie e i poteri politici, nazionali e locali, all'interno di un contesto piuttosto nervoso e teso, per non dire apertamente conflittuale, tra i nodi costituzionali del potere stesso, quello legislativo, quello esecutivo e quello giudiziario.

Nessuna corte di giustizia può negare l'esistenza di una trattativa o, se non piace il termine, di un abboccamento tra mafiosi e uomini dello Stato. Gli ufficiali del Ros cercarono ed ebbero un'interlocuzione con la controparte, come attestano le parole dello stesso Mario Mori: «e restammo d'accordo che volevamo sviluppare questa trattativa», disse in tribunale il carabiniere, riferendo parte del suo dialogo con Ciancimino; in un successivo incontro, quest'ultimo avrebbe risposto: «guardi, quelli accettano la trattativa». Si può obiettare la legittimità o meno di un compromesso con i boss corleonesi, ma non si può contestare che alcuni alti esponenti delle forze dell'ordine abbiano operato fuori dal protocollo e dal controllo parlamentare. Che Mori e compagni abbiano riportato o meno ai governi in carica le parole mafiose è importante, certo, ma meno di queste domande: in nome di chi i carabinieri andarono a parlare con Ciancimino? A titolo personale? Inviati da un referente politico? Chi davvero conosceva l'iniziativa di Mori, De Donno e Subranni? Quali sono i limiti del segreto di Stato in un Paese democratico?

Al di là di altre considerazioni, non può una verità giudiziaria, confermata o disconfermata, costituire la base di assoluzione o di condanna dei poteri pubblici e della loro storia, non può un certo giornalismo prezzolato modellare quel che resta di una pubblica opinione in Italia attraverso il sensazionalismo di una tesi compiaciuta di sé stessa e finalizzata al trionfo di una parte incapace di uscire dal proprio limitato orizzonte. Non c'è bisogno delle autorevoli argomentazioni degli ermellini per fissare nella memoria collettiva un dato di ben più lungo respiro della loro sentenza, ossia le plurisecolari relazioni tra mafie e politica. Che nei decenni lo Stato italiano abbia *trattato* – se si intende con questa espressione aver cercato e trovato degli ambiti di complicità e delle connivenze – con le consorterie mafiose è appannaggio della conoscenza di chi non intende aspettare una sentenza per comprovare tali relazioni.

Quella sentenza può essere più o meno utile per un riscontro contingente, per una fetta del sapere complessivo, per un segmento parziale e limitato di una storia di lunga durata, per quanto rilevante sia tale segmento, come quello che concerne la fase stragista dei primi anni Novanta. Ma le parole della Cassazione non possono scalfire in nessun modo altri dati che, se non rappresentano una prova a favore della mafiosità dello Stato (tesi che lo scrivente non ritiene accettabile), costituiscono, però, una robusta argomentazione a favore delle responsabilità dei poteri pubblici dinanzi al fenomeno mafioso. Ciò a partire dal lungo silenzio della politica nostrana in merito a tale fenomeno, a partire dalla latitanza non dei latitanti, ma del ceto politico da un dibattito pubblico da cui la parola mafia è stata derubricata tranne che quando affiora un latitante mafioso superbamente nascosto nelle sue zone d'origine. Ciò a partire dall'inesauribile messe di fonti e documenti che tracciano i legami tra clan e classe dirigente, dalle origini a oggi dei clan mafiosi, o a partire dall'incredibile serie di depistaggi che hanno caratterizzato tanta parte della cronaca di questo paese, dalle morti dei giornalisti non prezzolati, dalle trame eversive che hanno conosciuto parabole contigue a quelle mafiose, come attestano gli incontri tra i golpisti del principe Borghese e gli uomini della 'ndrangheta o la drammatica vicenda della stazione di Bologna.

Il fatto è che si cancella la memoria a colpi di cronaca, il flusso della storia isolandone i frammenti; il fatto è che la notizia roboante, o resa tale, paga di più della pacata e completa, controversa ricostruzione dei fatti; che oggi conta più di ieri e si presuppone che la parte valga per il tutto, che l'assoluzione di Mori, De Donno e Subranni ripari le responsabilità gravi del ceto dirigente nostrano nella storia. Siano pur innocenti i tre ufficiali del Ros; cosa cambia davvero, se anziché aggrapparci al dettaglio ci collochiamo su una cima più alta e guardiamo indietro, superata la miopia culturale che ci affligge? Da lassù, si riassorbono le polemiche sterili e quelle, non di rado, incrostate di faziosità, le posizioni da palio politico spacciate per "verità" e si afferma una visione più rotonda del problema. Una visione nella quale si accampano con netta evidenza non tanto i volti dei protagonisti della trattativa, ma quelli di milioni di persone a cui un arrogante complesso di poteri, legali e illegali, ha strozzato le vite e negato l'accesso a una più matura libertà. E ciò in nome di una comune idea del bene pubblico quale territorio di appropriazione da parte degli interessi privati; con il consenso elettorale o con la lupara.

Questa sentenza non arriva da una corte di giustizia, è scritta nero su bianco nella nostra lunga storia, ma come diceva il regista de "In nome del popolo sovrano", Luigi Magni, gli italiani conoscono il generale Custer, ma ignorano il generale Bava Beccaris, hanno cioè scarsa memoria del loro passato. Se ne avessero, saprebbero che le assoluzioni o le condanne di un tribunale sono solo una delle autorevoli fonti di cui ci si serve per ricostruire il tessuto di una storia nazionale, non le uniche. La sentenza della Corte di Cassazione, letta attraverso i titoli scoppiettanti dei giornali, scrive *una* storia, non *la* storia del rapporto tra le mafie e il ceto politico italiano. Con buona pace di chi, per risolvere i conti con la nostra vicenda unitaria, li azzera attraverso un grido di giubilo che ristabilisce i confini tra "buoni" e "cattivi", per puerile esigenza di chiarezza e di contorni, per semplificarsi la vita davanti alle ambiguità del reale o per adulta malafede intellettuale.

Ricorrenze e riti

Dalla Chiesa e la memoria fragile

Durante il corso dell'anno, a date stabilite dagli eventi, ci ritorna in mente che uno dei problemi principali in Italia si chiama mafia[33].

Qualche giorno fa, il 3 settembre, si è de-celebrato l'assassinio, in via Carini a Palermo, del generale Carlo Alberto Dalla Chiesa, di sua moglie, Emanuela Setti Carraro, e dell'autista di scorta, Domenico Russo.

Forse il neologismo è brutto, ma pare efficace per sottolineare la timidezza con la quale il prefetto di Palermo è stato ricordato ed è ricordato. Nella convulsione degli affari di cronaca, nell'urgenza della contemporaneità, tra persistenti *querelle* fra negazionisti e sostenitori dell'esistenza del Covid-19, le nauseanti polemiche intorno alla riapertura delle scuole (mai come quest'anno l'istituzione scuola è stata alla ribalta del dibattito politico, dopo esserne stata espunta per decenni) o, ancora, le crisi di cordoglio intorno alla 'prostatite' di Briatore, c'è poco tempo per tornare con la memoria alla morte di quello che, con discutibile retorica, viene definito un servitore dello Stato.

Nel ricordo collettivo, senza dubbio, la figura di Dalla Chiesa appare flebile, tanto che, qualche anno fa, la figlia Rita lamentò sui social che la lapide posta in ricordo del sacrificio

---

33 *Girodivite*, 9 settembre 2020

del padre si trovava in stato di abbandono. Il problema non è solo quello di lustrare energicamente una targa in marmo, ma quello di insistere sul significato di quell'esperienza di cento giorni a Palermo (dal 30 aprile, subito dopo l'omicidio di Pio La Torre, segretario regionale del PCI, e del suo autista, Rosario Di Salvo, sino al 3 settembre, appunto) e sulle ragioni, ancora da spiegare, del suo omicidio.

Molto si sa di quella vicenda, certo, a partire dalla necessità, da parte dello Stato, di rispondere all'urgenza dei delitti eccellenti che si erano succeduti colpendo giornalisti, magistrati, politici, medici, funzionari delle forze dell'ordine, così come della consapevolezza del generale di muoversi in un ambiente ostile ("è altrettanto certo che personalmente sono destinato a subire operazioni di sottile o brutale resistenza locali, quando non di rigetto da parte dei mafiosi 'palazzi'", scriveva in una lettera, il 2 aprile, al presidente del Consiglio, Spadolini) e delle relazioni politico-malavitose che interessavano la corrente andreottiana della DC locale. In un diario scritto sotto forma di dialogo immaginario con la moglie defunta, Doretta, Dalla Chiesa racconta di un suo incontro con il divino Giulio e annota: "sono stato molto chiaro e gli ho dato però la certezza che non avrò riguardi per quella parte di elettorato alla quale attingono i suoi grandi elettori".

E, ancora, di quella vicenda sono note le preoccupazioni del prefetto dinanzi al silenzio della politica romana riguardo le pressioni crescenti operate per ottenere quei poteri per contrastare, non solo formalmente, la mafia, per diventare, nei fatti, il regista di un'attività di indagine ad alto livello che richiedeva il sostegno aperto e convinto del Palazzo. Nota è anche la sostanziale solitudine nella quale, sin dall'inizio e a seguito di quel silenzio, si trovò ad operare, rimasto invano un'ora ad attendere che qualcuno andasse a prenderlo all'aeroporto di Punta Raisi (oggi Falcone e Borsellino) una volta atterrato in città e solo era secondo la testimonianza di Giorgio Bocca che si recò presso Villa Whitaker, sede della prefettura palermitana, per intervistarlo in qualità di corrispondente de "la Repubblica". Stessa condizione di isolamento che emerge dalle parole di Saverio Lodato, allora inviato de "L'Unità", in un articolo di qualche anno fa, relativo proprio al suo incontro con il generale nell'agosto 1982: "Dalla Chiesa era solo. Parlava come una persona consapevole ormai della propria solitudine. Non aveva attorno, pur essendo il prefetto di una Palermo in guerra, alcun segretario, alcun collaboratore, neanche un passacarte".

Un uomo solo, dunque, consapevole d'esserlo, nonostante i suoi tentativi di aprirsi alla cittadinanza, di creare un rapporto diretto tra le istituzioni e il paese reale a partire dagli studenti, dagli operai, per affrancarsi dalla posizione di emarginazione in cui sentiva di trovarsi e per costruire un rapporto fiduciario, non burocratico, lui uomo d'azione e non da scrivania. Quella consapevolezza che consegnò all'intervista di Giorgio Bocca: "credo di aver capito la nuova regola del gioco, si uccide il potente quando avviene questa combinazione fatale, è diventato troppo pericoloso, ma si può ucciderlo perché è isolato".

Pericoloso? Pericoloso un uomo solo e, se non apertamente osteggiato, certo non sostenuto da chi lo aveva mandato sul fronte? Sì pericoloso, perché il generale, che in Sicilia era stato già due volte nel corso della sua carriera e che aveva sviluppato una raffinata esperienza investigativa, aveva compreso molto, pur in tempi brevi. Sia, con una sorta di lucida chiaroveggenza, l'importanza del futuro fenomeno del pentitismo, sia qualcosa che, ancora oggi, pare un'eresia se pronunciata: "chiunque pensasse di combattere la mafia nel 'pascolo' palermitano e non nel resto d'Italia non farebbe che perdere tempo". È quanto disse nella già citata intervista a Giorgio Bocca e che attesta la lucidità con la quale il generale guardava al fenomeno mafioso nella sua complessità, alla sua diffusione nelle maggiori città italiane, al riciclaggio del denaro sporco attraverso la complicità dei colletti bianchi, alla ricerca dell'accumulazione primitiva del capitale mafioso, il quale ultimo consentiva, fra le altre cose, di controllare il potere.

Non era possibile lasciare vivo un uomo tanto acuto e tanto solo. E infatti non fu lasciato vivo. A dimostrazione della sua pericolosità, va ancora ricordato che, mentre il prefetto e la moglie giacevano morti nell'auto, qualcuno trafugò dalla cassaforte di Villa Whitaker i documenti raccolti da Dalla Chiesa nel corso della sua breve esperienza palermitana. Vale la pena ricordare che un trattamento simile fu riservato ai diari di Falcone e all'agenda rossa di Paolo Borsellino.

Una sparizione, questa, che apre l'enorme e irrisolto problema dei mandanti reali dell'assassinio del prefetto di Palermo. Perché se è vero che le sentenze, nel corso degli anni, hanno accertato le responsabilità di Cosa Nostra, condannando i killer e i mandanti interni alla mafia siciliana (tra i quali Riina e Provenzano), ciò che resta nebulosa è la questione di chi, al di là dell'onorata società, abbia decretato la fine del generale. Non si tratta soltanto di ascoltare le parole dei figli di Dalla Chiesa che, a ripetute riprese, hanno sottolineato la presenza di responsabilità politiche più o meno precise nella vicenda. Alle ragioni filiali, ai quali gli scettici possono obiettare il carattere partigiano delle dichiarazioni, si possono affiancare le osservazioni dei boss, a partire dalla colorita espressione di Giuseppe Guttadauro, uomo di fiducia di Provenzano, il quale, in un'intercettazione ambientale, parlando con un altro mafioso, Salvatore Aragona, sosteneva: "ma chi

cazzo se ne fotteva di ammazzare a Dalla Chiesa". E a Guttadauro possono, poi, aggiungersi le dichiarazioni dei pentiti,
tra i quali Tullio Cannella che, riferendosi a Pino Greco, gli
attribuiva la frase "Stu omicidio Dalla Chiesa non ci voleva".

Né diversa appare la posizione della magistratura. Gli stessi
giudici che condannarono i killer e i mandanti di Cosa Nostra dell'omicidio del generale nella sentenza parlarono di
zone d'ombra che persistevano nella vicenda Dalla Chiesa, relative al modo con cui il generale fu mandato in Sicilia e agli
interessi interni alle istituzioni politiche nell'eliminazione di
un personaggio determinato e scomodo.
Figli del generale, boss, pentiti, magistrati: tutti concordi nel
sottolineare la parzialità del riscontro giudiziario sulla morte
di Dalla Chiesa, concordi nel ritenere che gli ideatori del piano criminale siano da ricercarsi altrove, al di là delle organizzazioni mafiose, in quell'ambiguo intreccio di politica, affari,
mafia, servizi segreti deviati che ha percorso tanti momenti
della vita della nostra Repubblica e che, con buona pace della
nostra memoria, continuerà a percorrerli, più silente, storna-
to da altre preoccupazioni.
Probabilmente, porremo fine al dibattito sulla scuola e ria-
perti gli istituti torneremo a insegnare la storia del Novecento. E la insegneremo, come sempre, con tanti omissis, rievo-
cando con una lacrimuccia sentita la figura di Carlo Alberto
Dalla Chiesa, fedele servitore dello Stato, ucciso dalla mafia o
da chi per essa. Ammesso che, avendo così tanti 'eroi', non si
debba scegliere di dimenticarlo, per privilegiarne altri, anch'essi ingoiati da un gorgo misterioso, a cui giovano il deficit civico di questo Paese e una memoria fragile.

«È tutto teatro»

La vicenda di Giovanni Falcone, alla pari di quella di altri uomi-
ni stroncati per il loro impegno civile, si ravviva alla luce ipocrita
di ricorrenze gestite da un'agenda politica in cui l'iniziativa an-
timafia risulta la grande assente o un fronte da manipolare[34].

Domenica 23 maggio un'altra ricorrenza, quella di Capaci.
Sfogliando il calendario, sgraniamo un rosario quotidiano,
passiamo da un ricordo all'altro di quanti hanno avuto in sorte di cadere uccisi dal fuoco nemico e amico, come con for-
mula pregnante ha osservato qualche anno fa Salvatore Borsellino dinanzi agli studenti di un Liceo artistico torinese.
Stavolta tocca al ricordo di Giovanni Falcone, di sua moglie,
Francesca Morvillo, dei tre agenti di scorta, Vito Schifani,
Rocco Dicillo e Antonio Montinaro. Sono passi ventinove
anni, Capaci era un cratere nel terreno, alcuni cittadini di
buona volontà hanno cercato e cercano di riempirlo, di sana-
re quel vuoto, di azzerare la distanza fra la straordinaria stagione giudiziaria legata al Pool antimafia guidato da Antonino Caponnetto e il drammatico corso impresso dalla politica,
ai più alti livelli, ai suoi rapporti con le organizzazioni mafiose.

Perché questo è il punto e va ricordato, come un mantra.
Mentre alcuni magistrati – Nino Di Matteo, Nicola Gratteri,
Giuseppe Lombardo, tra i più noti – continuano a costruire
un'idea di società civile fondata sul contrasto diretto alla criminalità organizzata, sulla ricerca rigorosa di una verità storica e giudiziaria insieme, sul riconoscimento di una linea di

---

34 *Girodivite*, 26 maggio 2021

confine tra legalità e illegalità, il nostro ceto dirigente si è come smarrito dinanzi alla questione, pare smemorato, distratto, occupato altrove.

Non è soltanto un caso il fatto che, nel corso delle elezioni politiche nazionali del 2018, i programmi delle diverse coalizioni avessero espunto qualsiasi riferimento a uno dei temi più scottanti di questo Paese. Certo, riferendosi a quelle elezioni, andrà fatto qualche distinguo tra il vuoto assoluto del problema nell'agenda del Centro Destra e la menzione sbrigativa del Pd, «ribadiamo il nostro impegno in patria contro tutte le forme di illegalità, a cominciare dalla criminalità organizzata di stampo mafioso», o, ancora, la più consistente attenzione al fenomeno mafioso riservata dal Movimento 5 Stelle, anche se in un'ottica di sostanziale contrasto al solo fenomeno corruttivo. Qualcosa di più emergeva nel programma di Liberi e Uguali, il cui leader, al tempo, era un ex magistrato a lungo impegnato sul quel fronte, ossia Pietro Grasso.

Ma il silenzio di quei programmi era eclatante. E lo è ancora. Se si cercasse di avere qualche riscontro analitico minimamente dettagliato dei processi giudiziari che hanno scosso e stanno scuotendo il Paese, si resterebbe delusi cercandoli nei commenti non occasionali, nei convegni, negli eventi istituzionali legati alla politica nazionale. Un buco, come quello di Capaci, si apre guardando all'impegno del ceto dirigente nostrano, tranne quando, giunta la ricorrenza, fioriscono, com'è noto, dichiarazioni di principio così oleografiche da risultare offensive.

Non solo. Si tratta di cartoline auto-celebrative impastate con una dose altrettanto offensiva di sfacciataggine: perché, come ricordava l'avvocato Repici in un recente dibattito (di cui si è dato conto su questa rubrica), il sacrificio di Falcone sarà ricordato e pianto da quelle stesse bocche e da quegli stessi occhi che stanno cercando di erodere i punti qualificanti del magistero investigativo e giudiziario dell'uomo ucciso ventinove anni fa. Ci si riferisce, in particolare, al recente dibattito sull'ergastolo ostativo.

Del resto, quando il fronte antimafia finisce per essere istituzionalizzato, così come è capitato nel nostro Paese, è difficile immaginare che possa continuare ad avere quel ruolo di cane da guardia del potere che dovrebbe essere nella sua natura. È quanto sostiene un altro magistrato dal robusto impegno su questo fronte, Sebastiano Ardita. Lo fa in «Cosa Nostra S.p.A. Il patto economico tra criminalità organizzata e colletti bianchi» (PaperFirst, 2020), un testo già chiaramente definito nel sottotitolo e denso peraltro di suggestioni sul tema dell'antimafia. Dopo le stragi, ragiona il magistrato, la cultura antimafia «si è diffusa, fino al punto che a qualcuno è venuto in mente di portarla al potere», ma ciò crea il paradosso per cui, se l'essenza dell'antimafia è la denuncia dei rapporti tra la mafia e il potere, essa «per definizione non può gestire un'attività che dovrebbe controllare». Una sorta di conflitto di interessi, non unico in Italia, capace di sfilacciare gli sforzi reali volti a sottolineare il corto-circuito del potere colluso con le mafie e di creare una tale confusione da rendere impossibile ai cittadini, e talvolta agli addetti ai lavori, di comprendere chi stia con chi e contro che cosa.

«Questa roba non ha nulla a che spartire con la santità di Rosario Livatino, col sacrificio consapevole di Falcone e Borsellino; sembra invece assomigliare al metodo dei rosacroce, in cui quel che conta è la legge dei vivi».

Così, Ardita. Al suo intendimento, che è anche quello di chi scrive, le dichiarazioni di circostanza dell'antimafia di potere si associano, poi, alle periodiche grida di vittoria contro le organizzazioni mafiose, quando magari la componente militare di qualche cosca siciliana o calabrese viene sgominata. Ma le mafie sono altrove, hanno rigovernato le loro politiche, nei quartieri cercano ancora disgraziati disposti a uccidere e a morire, mentre gli azionisti e gli assetti forti delle organizzazioni vestono panni più puliti e preziosi. A qualcuno conviene che i quartieri catanesi o crotonesi o napoletani siano teatro di *repulisti*, perché così pare possibile convincere che la mafia è vinta o, almeno, all'angolo.

In tal modo, dirottando l'attenzione su un problema di minore entità, è possibile si affievolisca lo spirito della rivoluzione del 1992, quella che suscitò la reazione contro la mafia stragista a vari livelli della società – politici, giudiziari e della società civile –, che diede vita alla risposta dura contro Cosa Nostra e, in seguito, iniziò a scoperchiare i pentoloni torbidi di chi, nello Stato, decise di prendere una strada diversa.

Le *menti raffinatissime* operavano e operano tuttora, è evidente. Sono state in grado, almeno in parte, di istituzionalizzare l'antimafia, di ammorbidirla scientemente al fine di depotenziarne l'efficacia, di ritualizzarne i costumi, di appropriarsi dei suoi simboli, svilendoli fingendo di celebrarli, di accendere i fari sulla componente più rozza delle mafie per garantire ai colletti bianchi la frequentazione, quieta e priva di scosse, con gli azionisti mafiosi più raffinati. In effetti, in questi trent'anni, quelli che ci separano dalla morte del magistrato palermitano, qualcosa è cambiato, quelle menti raffinatissime possono contare su un esercito crescente di utili idioti e di collaboratori volonterosi, la zona grigia, via via ramificatasi, disposta a ibridarsi con le mafie dal volto rassicurante. Zona grigia che si garantisce, così, l'illegalismo dei diritti e dei servizi, lasciando ai reietti l'onere della visibilità e della cella.

I contorni netti, così, si sfrangiano. Del resto, era lo stesso Falcone a dire «è tutto teatro», riferendosi alle sirene spiegate, ai poliziotti armati sino ai denti che lo scortavano all'incontro con uno scrittore spagnolo. È tutto teatro, è vero, anche se non tutti credono agli «hurrà» dell'antimafia istituzionale o ai lamenti di plastica per la morte del magistrato palermitano.

Nell'attesa forse utopistica che qualche bimbo cresciuto punti l'indice contro questa messa in scena e dica «il re è nudo», a sintesi di questa riflessione resta il commento amaro di un grande artista, siciliano anch'esso, che ci ha salutati qualche giorno fa, Franco Battiato: «com'è misera la vita negli abusi di potere».

Attualità e inattuabilità dell'azione politica di Pio La Torre

«Se si vuole assestare un colpo decisivo alla potenza della mafia occorre debellare il sistema di potere clientelare attraverso lo sviluppo della democrazia, promuovendo la smobilitazione (sic!) unitaria dei lavoratori, l'autogoverno popolare e la partecipazione dei cittadini al funzionamento delle istituzioni democratiche»[35].

Era il 1976 quando questa osservazione veniva vergata sulla "relazione di minoranza" della Commissione parlamentare di inchiesta sul fenomeno della mafia in Sicilia, firmata dai deputati La Torre, Benedetti, Malagugini, Terranova e dai senatori Adamoli, Chiaromonte, Lugnano e Maffioletti.

I firmatari di tale documento operavano un distinguo rispetto l'analisi, a loro giudizio, più morbida presente nella relazione di maggioranza del collegio presieduto dal senatore democristiano Luigi Carraro. La morbidezza, per così dire, era relativa al mancato riconoscimento della genesi della mafia come fenomeno strettamente correlato alle classi dirigenti. «Tale compenetrazione – si legge nella relazione di minoranza – è avvenuta storicamente come risultato di un incontro che è stato ricercato e voluto da tutte e due le parti (mafia e potere politico). (....) La mafia è dunque un fenomeno di classi dirigenti».

Non è forse retorico osservare come, circa cinquant'anni fa, fosse già chiaro agli analisti più coraggiosi, o meno compromessi con le consorterie mafiose, la vicenda di lunga durata

---

35 *Girodivite*, 4 maggio 2022

dell'esperienza di Cosa Nostra in Sicilia, della sua perdurante vitalità garantita dalle strette connessioni tra ceto dirigente e associazioni criminali. Così come era chiaro a quegli stessi analisti che la risposta possibile non potesse che giungere da un forte richiamo alla sollevazione democratica, al recupero del governo dal basso, dell'autogoverno popolare.

Parole che potevano risultare adeguate a quel contesto storico, che suonavano intelligibili, per quanto intorbidite dalle tensioni politiche e sociali degli anni Settanta, ma che oggi appaiono come sbiadite, lontane, sfocate; si potrebbe dire, almeno per qualcuno, nostalgiche. Parole che dovrebbero essere, invece, ricollocate al centro del dibattito politico in questa graduale implosione delle democrazie. Di quella italiana, di sicuro.

Pio La Torre era, come si è visto, uno dei firmatari di quel documento. Lo scorso 30 aprile si è celebrato il quarantennale del suo omicidio insieme al compagno di partito Rosario Di Salvo, a Palermo, mentre stavano per raggiungere la sede del PCI di Via Turba. Assassinio per il quale, nel 2007, la Corte d'Assise di Palermo ha emesso l'ultima di una serie di sentenze che ha individuato in Giuseppe Lucchese, Nino Madonia, Salvatore Cucuzza e Pino Greco gli esecutori materiali e in Totò Riina, Bernardo Provenzano, Pippo Calò, Bernardo Brusca e Antonino Geraci i mandanti dell'omicidio.

Ricordare Pio La Torre all'interno del martirologio dell'antimafia nazionale può apparire come l'ennesima, stanca e rituale commemorazione del passato; un altro grano del rosario, una litania nota e mandata a memoria, automatica. Eppure, la sua vicenda pubblica, tratteggiata con affetto dal figlio Franco ne "L'antimafia tradita. Riti e maschere di una rivoluzione mancata" (Zolfo editore, 2021), merita di essere rispolverata, disancorata dalla tragica fine in sé e rivisitata come esperienza umana attuale, attualissima.

Nato nel 1927 in una borgata palermitana, Altarello di Baida, da una famiglia di contadini poveri, Pio La Torre matura presto la passione per la politica, orientata dall'interesse per i bisogni delle frange più deboli, quelle contadine, e, più in generale, per la giustizia sociale. Iscrittosi al Partito comunista italiano nell'autunno del 1945, partecipa alla stagione delle lotte contadine nella Sicilia del secondo dopoguerra, subendo anche un arresto che lo tiene in prigione per oltre un anno. Negli anni Cinquanta e Sessanta, somma all'impegno sindacale quello politico locale – dalla segreteria regionale della Cgil all'assemblea regionale siciliana per il PCI – sino all'elezione in Parlamento nel 1972, dove entra a far parte delle Commissioni Bilancio e programmazione e Agricoltura e Foreste, della Commissione parlamentare per l'esercizio dei poteri di controllo sulla programmazione e sull'attuazione degli interventi ordinari e straordinari nel Mezzogiorno, ma soprattutto della Commissione antimafia.
È in questa cornice che elabora, insieme ad altri deputati e senatori, la relazione sopra citata, alla quale aggiunge una proposta di legge, "Disposizioni contro la mafia", volta a integrare la precedente legge 575/1965 e a introdurre nel codice penale un nuovo articolo, ossia il 416 bis. Com'è noto, si tratta dell'ingresso, in un impianto legislativo deficitario in tal senso, del reato di associazione mafiosa – punibile con la pena da tre a sei anni per i membri, destinata ad alzarsi da quattro a dieci nel caso del gruppo armato – e, inoltre, della confisca obbligatoria dei beni riconducibili direttamente alle attività criminali perpetrate dagli arrestati.

La proposta di legge è figlia della profonda conoscenza della mafia siciliana da parte di Pio La Torre, a cui non è sfuggita la metamorfosi del fenomeno di Cosa Nostra da struttura predatoria rurale a «mafia dalle scarpe lucide», secondo la definizione del giornalista Alfonso Madeo. Questi, con quell'espressione, si riferiva al nuovo scenario urbano delle mafie e al sacco palermitano operato, fra gli altri, da quel Vito Ciancimino che lo stesso La Torre evoca esplicitamente tra i conniventi politici. Del resto, non è il coraggio che manca al parlamentare siciliano: nel 1981, rientra nell'isola, assumendo il ruolo di segretario regionale del PCI, in un contesto locale caratterizzato dagli omicidi, in pochi anni, del giudice Terranova nel settembre 1979, del presidente della Regione, Piersanti Mattarella, e del procuratore della Repubblica Gaetano Costa, rispettivamente nel gennaio e nell'agosto 1980.

Ed è proprio nell'agosto del 1981, anno del suo rientro in Sicilia, che il governo italiano comunica l'accordo con la Nato relativo all'installazione dei missili Cruise nella base militare ragusana di Comiso. È l'ultima battaglia di La Torre: dal Circolo de "La Stampa" di Palermo lancia una petizione che raccoglie oltre un milione di firme, accompagnata da una manifestazione in marcia dal capoluogo regionale verso Comiso nell'ottobre di quello stesso anno. Il Mar Mediterraneo – è lo stesso La Torre a scriverlo in un articolo pubblicato postumo nel maggio 1982 – avrebbe dovuto essere «un mare di pace» e non una sorta di avamposto bellico nel clima teso della "guerra fredda".

Qualche mese dopo, viene ucciso con Rosario Di Salvo. Non avrà modo di vedere annoverata la sua proposta di legge nell'impalcatura giuridica del nostro Paese pochi giorni dopo un altro assassinio eccellente, quello del generale Dalla Chiesa. Non c'è dubbio, come ricorda il sito del Centro studi a lui dedicato, che «la causa determinante della condanna a morte inflittagli dalla mafia» sia il suo impegno antimafia. Forse, però, bisogna intendersi sull'accezione di antimafia e sul perimetro da assegnare alle attività che sono costate la vita al politico siciliano e al suo compagno di partito. Perché appare significativo che quelle morti siano giunte a ridosso della battaglia per Comiso e la Sicilia denuclearizzate. Ciò non stabilisce necessariamente un legame tra gli omicidi e quella battaglia, ma la successione ravvicinata degli eventi non va trascurata. Non si intende qui sostenere, per parlare chiaro, che la morte del politico siciliano abbia mandanti d'oltreoceano. Le sentenze hanno detto altro. Ma è chiaro che restare confinati alla dimensione locale impoverisce l'orizzonte mentale ideologico di Pio La Torre e la stessa azione politica coerente con quell'orizzonte. Del resto, come è stato notato pochi anni fa in una breve sintesi della sua esperienza politica, per il dirigente comunista siciliano così come per lo stesso Enrico Berlinguer l'assassinio di Mattarella era equiparabile a quello di Aldo Moro, nel senso che dimostravano entrambi «l'esistenza di un'unica strategia terroristica, antidemocratica e reazionaria che puntava a impedire l'incontro tra comunisti e democristiani tanto nel Paese quanto nell'isola» (Dario Alessandro Librizzi, "Una biografia politica di Pio La Torre", 2019, in "intrasformazione", rivista di storia delle idee; documento reperibile in rete).

La Torre non aveva, di fatto, una visione angusta dei processi a lui contemporanei. Il suo disegno politico era alternativo ai blocchi di potere antidemocratici, è stato ferocemente critico verso quei potentati che ledono la dignità umana e i diritti dei non potenti, è stato coerentemente democratico e volto a cercare non il consenso passivo ma la partecipazione attiva e informata delle masse. È stata una prassi politica che ha trattato il laboratorio locale siciliano come spazio pubblico di ri-

lievo nazionale e internazionale. Proprio la sua ultima battaglia, quella pacifista per dirla in sintesi, è testimonianza di
una dimensione tutt'altro che localistica.

Oggi, sappiamo benissimo quanto sia importante scrollarsi
di dosso le analisi asfittiche e, al contempo, la segmentazione
delle informazioni che risultano anestetizzate dal loro mini-
malismo. Una sorta di puntinismo cronachistico che impedisce di cogliere l'ampiezza dei fenomeni e le loro interrelazio-
ni. Lo sappiamo benissimo noi, oggi, tra i clamori di una versione attualizzata della "guerra fredda" che qualcuno vuole
ricondurre a uno scontro locale, regionale, sottraendolo al
quadro più adeguato nel quale si colloca, ossia quello di un
conflitto per procura tra imperi. Lo sappiamo benissimo noi,
oggi, davanti a un deficit democratico radicale, al punto che
una decisione centrale quale quella dell'aumento delle spese
militari giunge alle orecchie intorpidite del cittadino italiano
come una sorta di annotazione a margine, una glossa amministrativa, il codicillo di un bugiardino farmaceutico. Nell'ottundimento collettivo, con burocratica comunicazione gover-
nativa, veniamo informati di un fatto piuttosto rilevante
come se fosse un dato inessenziale della nostra vita, sottratto
al dibattito pubblico e derubricato da quello parlamentare.
Allora, dentro questa crisi democratica profonda e in un clima di fanatica riproposizione dell'ineluttabilità della guerra,
l'impegno di Pio La Torre, la sua vita e le ragioni della sua
morte non possono che diventare moniti altissimi, così alti
da risultare inarrivabili e lontani. Lontane battaglie di un
mondo che abbiamo perduto, quasi fiabesco, quando era possibile pronunciare l'espressione "autogoverno popolare" senza che ciò suonasse grottesco o, peggio, incomprensibile.

"Minchia Signor Tenente": in ricordo delle stragi del '92

Da dieci anni gira per l'Italia. Lo scorso fine settimana, a Torino, ha chiuso il cerchio lo spettacolo teatrale di e con Antonio Grosso, giovane autore partenopeo, che ha messo in scena al Teatro Erba l'ennesima replica di una commedia di successo[36].

Richiamandosi al titolo della canzone portata a Sanremo da Giorgio Faletti, l'opera è collocata cronologicamente, e per esplicita dichiarazione in scena, nei giorni immediatamente precedenti la strage di Capaci. Non a caso, Grosso ha voluto riproporre il testo nella città da cui è partito e con l'intenzione di chiosare, insieme ai dieci anni del suo lavoro, il trentennale della strage in cui persero la vita Falcone, la moglie e gli agenti di scorta Vito Schifani, Rocco Dicillo e Antonio Montinaro. A saldare questa ricorrenza, ribadendo l'intimo legame tra i due magistrati, tra gli spettatori vi era anche Salvatore Borsellino, fratello del magistrato ucciso in via D'Amelio cinquantasette giorni dopo l'amico Giovanni.

"Minchia Signor Tenente" sceglie un approccio intelligente alla vicenda del 23 maggio 1992. Sceglie, cioè, la commedia, un'angolatura lieve e, per larga parte del testo, ridanciana, vivace, a tratti surreale, catapultando lo spettatore in una piccola realtà provinciale dell'isola, dietro la quale si indovina la Sicilia. In questo paese che è un "mortorio", ma non perché muoiano le persone – come si affretta a spiegare telefonicamente alla mamma apprensiva un appuntato – quanto perché non succede mai nulla, la stazione dell'Arma dei carabinieri trova qualche sprazzo di vivacità nelle piccole beghe in-

---

36 *Girodivite*, 25 maggio 2022

terne, mai davvero aspre, e nelle stralunate denunce dei furti che, a suo giudizio, subirebbe Parerella, figura sopra le righe, agente disturbatore della quieta monotonia del luogo. Tra raffiche di parole incomprensibili e un'accesa gestualità ammiccante, Parerella ricorda, da un lato, il *fool* delle commedie shakespeariane, quello a cui è consentita la verità porta attraverso un pizzico di follia, e, dall'altro, sembra incarnare quella sicilianità sola che si percepisce come defraudata, vessata, stropicciata dai "cattivi" e che cerca nelle forze dell'ordine un interlocutore valido a cui consegnare quel disagio.

A loro modo, il maresciallo, il brigadiere, l'appuntato e gli altri militari della caserma rispondono a Parerella, tra disincanto, risate e una certa cordiale comprensione della sua situazione. Del resto, a parte la notizia della presenza di un latitante nella zona – notizia così riservata che la conosce tutto il paese – e la *liason* non consentita dalle norme tra un militare e una ragazza del luogo, che contribuisce a vivacizzare la giornata, nulla pare accadere di significativo. Il ladro di galline arrestato dal militare più intriso di un certo spirito di servizio era una volpe e questa atonia quotidiana fa desiderare proprio a questo carabiniere di poter affrontare servizi più operativi e importanti.

Arriveranno pure questi. Perché, in mezzo alle risate spontanee e suggerite da un testo e da un'interpretazione ben oleati, da un meccanismo comico perfettamente orchestrato, di tanto in tanto, fa capolino, nell'ombra, l'altro volto della realtà, la sua zona oscura. Nel buio sul palco, due voci fuori campo, tra una scena e l'altra, ci portano dentro le segrete cose degli uomini malvagi: una telefonata cordiale tra due interlocutori misteriosi, uno dei quali annuncia all'altro che deve occuparsi di un lavoro, deve sistemare qualcuno che sta dando problemi, qualcuno che deve essere fatto tacere.

A poco a poco, dal momento in cui giunge alla stazione dei Carabinieri il tenente che ispira il titolo della *pièce*, che di fatto prenderà il comando della situazione, il ritmo scherzoso e comico, lieve e stralunato del primo atto comincia a incupirsi, a irrigidirsi. Glassato nella sua rigorosa e rigida visione del proprio ruolo, il tenente comincia a irreggimentare i suoi sottoposti, a scrostare quella plastica mediazione del loro comportamento che rende umani e fragili, al contempo, i militari. Coglierà l'appuntato mentre dialoga con la madre al telefono, invitandolo a chiamare da fuori per le questioni private, scoprirà la tresca fra un altro carabiniere e la sua bella, destinando il primo a Bergamo come punizione e così via.
Soprattutto, proporrà due militari per il servizio di scorta a un giudice.

Non è il caso di spoilerare del tutto il finale. È vero che Antonio Grosso, rivolgendosi al pubblico dopo lo spettacolo, ha annunciato che la commedia avrebbe cessato di andare in scena, ma è meglio non fidarsi. "Minchia Signor Tenente" potrebbe continuare e vale la pena gustarlo sino in fondo senza qualcuno che anticipi la chiosa dell'opera.
Quanto a questa, pare riuscita proprio perché è in grado di condurci nel punto di giunzione tra la nostra quotidianità sonnecchiosa e paciosa, fatta di piccole cose, di piccoli desideri quotidiani, di piccole ambizioni, e le macchinazioni trucide di chi proietta quelle ambizioni in un quadro più vasto e violento, di chi non corregge la legge nel piccolo recinto del proprio egoismo, ma di chi la forza in scenari più ampi, coinvolgendo le vite degli altri, le loro storie minute e faticose, il loro sacrificio per un milione di lire. È il male che fa irruzione

nella vita del formicaio umano, insensibile al dolore che ingenera, ignaro di ogni cosa che non sia funzionale al proprio assetto di potere. Ed è interessante che una sorta di insensibilità venga proiettata pure sulle istituzioni: perché il sacrificio dei due militari inorgoglisce il "Signor Tenente", l'Arma ha i suoi martiri, può mostrare alla società civile i servitori dello Stato caduti in servizio. Le morti che si fanno vessillo di gloria per l'istituzione non piacciono all'autore dell'opera, come evidenzia il duro richiamo del brigadiere al superiore, chiuso, questi, nell'esaltazione dei buoni eroi come orgoglio istituzionale e privo di qualsiasi pietosa vicinanza alla fine di due esseri umani.

In fondo, è un richiamo perfetto per l'intera vicenda che ha accompagnato la morte di Falcone e Borsellino. L'ipocrisia zuccherosa delle celebrazioni, l'enfasi posta sul loro eroismo, l'averli collocati così in alto e l'averli aureolati di una tale santità statuale da farli apparire marziani, alieni, distanti; verrebbe da dire, fuori dal tempo e, per conseguenza, inattuali. A strappare le stragi dalla cornice fittizia in cui sono state collocate, ci ha pensato Salvatore Borsellino. Chiamato sul palco dall'autore, a fine spettacolo, il fratello del magistrato ucciso in via D'Amelio ha letto, con forte commozione e con toni a tratti ruggenti e indignati, uno scritto, il cui ritmo temporale e concettuale è stato scandito dall'anafora "trent'anni sono passati".

Trent'anni sono passati, legge Borsellino, da una morte che ha cristallizzato il ricordo di tutti a quanto stavano facendo quando è arrivata la notizia dell'attentato, così come per la strage di Bologna, tragedia accostata non a caso alla morte di Paolo, per le dolose responsabilità che vi sono dietro e per l'ignobile operazione di depistaggio elaborata da chi voleva silenziare la verità sull'attentato. Trent'anni sono passati da quando si è cercato di infrangere il sogno di un uomo, da quando di quel sogno la madre di Paolo ha investito gli altri figli, perché non cessasse, perché continuasse a correre e a segnare la storia di questo Paese. Anni sono passati da quando, continua Borsellino, ha capito che non era dal fuoco nemico che avrebbe dovuto guardarsi il fratello, ma da quello amico, quel fuoco che è stato, appunto, depistaggio, che ha scaraventato in galera un innocente (Vincenzo Scarantino), che ha cercato di occultare la verità indicibile di una trattativa fra Stato e mafia che le recenti sentenze ci hanno insegnato non costituire reato. Anni sono passati, legge Borsellino, ma non hanno cancellato nulla, non hanno rapito quel sogno, perché, asserisce commosso, le bombe non possono cancellare l'amore.

Un'agenda rossa levata verso l'alto, a cui hanno risposto altre agende rosse alzate in sala, gesto ormai usuale di Salvatore Borsellino e dei membri della sua associazione, e un lungo applauso solidale hanno chiuso la serata. Uscendo dal teatro, veniva in mente un'idea un po' balzana, veniva voglia di pensare che, forse, i cattivi non vinceranno per sempre.

Cronologia completa degli articoli

- ✓ 20 gennaio 2020 Mafie e dintorni. Viaggio nell'arcipelago mafie e nei loro rapporti con lo Stato e la società civile *
- ✓ 5 febbraio 2020 Cronache cottiniane: incontro con Gianluca Manca *
- ✓ 19 febbraio 2020 Al via il corso di formazione per docenti piemontesi sulle mafie *
- ✓ 4 marzo 2020 Giù al Nord
- ✓ 24 marzo 2021 Il caso Antonino Agostino
- ✓ 1 luglio 2020 Processo 'ndrangheta stragista'. Solidarietà al pm Giuseppe Lombardo
- ✓ 21 luglio 2020 Mancu li cani
- ✓ 9 settembre 2020 Dalla Chiesa e la memoria fragile
- ✓ 7 ottobre 2020 Intervista a Ciro Troiano, responsabile dell'Osservatorio nazionale Zoomafia della Lega Antivivisezione
- ✓ 28 ottobre 2020 Camorravirus?
- ✓ 11 novembre 2020 Mafie straniere in Italia: il caso nigeriano
- ✓ 20 novembre 2020 Il Movimento delle Agende Rosse di Torino: ieri e oggi
- ✓ 9 dicembre 2020 Calabria 'zona rossa'?
- ✓ 20 gennaio 2021 Mafia: un brand di successo
- ✓ 3 febbraio 2021 Maxi-processo in Calabria: l'erba che cresce fa meno rumore dell'albero che cade
- ✓ 24 febbraio 2021 I volti delle mafie: miti antichi e google generation criminale

- ✓ 9 dicembre 2021 Mafie del Nord: il prof. *Sciarrone ne parla con i docenti piemontesi* *
- ✓ 29 dicembre 2021 Massomafie e non solo. L'evoluzione delle consorterie 'ndranghetiste
- ✓ 19 gennaio 2022 La Chiesa davanti alle mafie in Italia: dalla "complice prudenza" alla scomunica
- ✓ 26 gennaio 2022 Depistaggi e verità nascoste in Italia: il caso esemplare di Attilio Manca *
- ✓ 16 febbraio 2022 Giuseppe Guttadauro, *'u dutturi*, torna agli arresti
- ✓ 23 febbraio 2022 Roberto Scarpinato e la persistenza del passato
- ✓ 9 marzo 2022 Incontro con la giornalista Stefania Limiti al Liceo artistico torinese "Renato Cottini" *
- ✓ 22 marzo 2022 Inno al dovere
- ✓ 23 marzo 2022 Stefano Mormile al Liceo Cottini: la lunga notte della Repubblica italiana *
- ✓ 13 aprile 2022 'Ndrangheta in Piemonte: il punto di vista di Roberto Maria Sparagna *
- ✓ 4 maggio 2022 Attualità e inattuabilità dell'azione politica di Pio La Torre
- ✓ 25 maggio 2022 "Minchia Signor Tenente": in ricordo delle stragi del '92
- ✓ 8 giugno 2022 La lenta agonia di un quartiere napoletano
- ✓ 29 giugno 2022 Gratteri a "Trame", festival lametino
- ✓ 2 novembre 2022 Roberto Scarpinato, i "gattopardi" dei Palazzi e i "vinti"
- ✓ 9 novembre 2022 Relazione semestrale della Dia 2021: la necrosi dell'economia italiana
- ✓ 23 novembre 2022 Pino Masciari: «Sono senza scorta. Che la mafia si prenda la mia vita»

- ✓ 30 novembre 2022 Enti sciolti per mafia: le criticità della legge
- ✓ 21 dicembre 2022 Rita Atria: storia di un fiore sbocciato nel sangue
- ✓ 28 dicembre 2022 Insegnare le mafie a scuola: corso per docenti al Liceo Cottini di Torino *
- ✓ 16 gennaio 2023 Matteo Messina Denaro è stato arrestato
- ✓ 1 febbraio 2023 Corso sulle mafie per docenti del Piemonte: mafie e cinema italiano *
- ✓ 15 febbraio 2023 41 bis: non si butti il bambino con l'acqua sporca
- ✓ 1 marzo 2023 Corso sulle mafie per docenti del Piemonte: mafie e corruzione *
- ✓ 15 marzo 2023 L'inchiesta Hybris e il sodalizio Cosa Nostra – 'ndrangheta
- ✓ 29 marzo 2023 Lorenzo Baldo, vice-direttore di "Antimafia Duemila", al Liceo Cottini di Torino *
- ✓ 12 aprile 2023 "Aspettando Godot": la strage di via D'Amelio e i mandanti occulti
- ✓ 19 aprile 2023 L'origine e il successo delle mafie
- ✓ 3 maggio 2023 La "trattativa Stato-mafia" tra cronaca e memoria
- ✓ 17 maggio 2023 Mafie e Chiesa, donne e 'ndrangheta: il prof. Ciconte al Liceo Cottini di Torino *
- ✓ 3 maggio 2023 Mafia style: l'espansione planetaria delle organizzazioni mafiose
- ✓ 3 giugno 2023 Gaetano Porcasi, "pittore antimafia", al Liceo Cottini *
- ✓ 21 giugno 2023 Nicola Pandolfo: il chirurgo, la bimba e la vendetta del boss

Indice analitico

Nota di edizione

Questo libro

Senza i "dintorni" evocati dal titolo di questo volume – ossia i poteri pubblici e privati, dallo Stato deviato, alla massoneria, alla Chiesa, alla società civile – le mafie forse non avrebbero mantenuto una longevità pari a quella della storia unitaria. È questa la tesi centrale di un volume che raccoglie una selezione di articoli pubblicati dall'autore sulla rivista siciliana *Girodivite* nel corso di un triennio.

Così approdate al terzo millennio, le consorterie criminali paiono dotate di nuova vitalità e si collocano agevolmente nell'economia globalizzata, in un complesso intreccio di riti arcaici e di adeguamento duttile alla contemporaneità.

Parte del ricavato della vendita del libro sarà devoluta al rifugio 'Il Bau' di Alpignano (TO) dell'Associazione Bastardini Odv.

L'autore

Franco Plataroti (1965), nasce e vive a Torino, dove insegna lettere presso un Liceo artistico statale. Al di là della docenza, è impegnato nella ricerca storiografica, in particolare di tematiche sociali relative al Piemonte dell'Otto e del Novecento e collabora con il giornale online siciliano *Girodivite*, all'interno del quale si occupa di questioni concernenti le organizzazioni mafiose.

Ha pubblicato il romanzo *"Paki in un bicchiere"* per le edizioni Nulla Die (2020).

Le edizioni ZeroBook

Le edizioni ZeroBook nascono nel 2003 a fianco delle attività di www.girodivite.it. Il claim è: "un'altra editoria è possibile". ZeroBook è una piccola casa editrice attiva soprattutto (ma non solo) nel campo dell'editoriale digitale e nella libera circolazione dei saperi e delle conoscenze.

Quanti sono interessati, possono contattarci via email: zerobook@girodivite.it

O visitare le pagine su: https://www.girodivite.it/-ZeroBook-.html

Ultimi volumi:

L'Italia a fumetti / di Ferdinando Leonzio

Qualche parola (2015-2022) / di Luigi Boggio

Sonetti / di William Shakespeare ; tradotti in siciliano da Prospero Trigona

Edifici di città: Roma 2020-2021 / Pierluigi Moretti

Orientale Sicula : Proebbido entrari ed altri racconti / di Alfio Moncada

Perduti luoghi ritrovati : Poggioreale Antica / di Roberta Giuffrida

Enne / Piero Buscemi

Cortale, borgo di Calabria / di Pasquale Riga

Delitto a Nova Milanese : venticinque righe nelle "brevi" / Adriano Todaro

Abbiamo una Costituzione : Ideologie, partiti e coscienza democratica costituzionale / Gaetano Sgalambro

Emma Swan e l'eredità di Adele Filò / di Simona Urso

Otello Marilli / di Ferdinando Leonzio

Autobianchi : vita e morte di una fabbrica / di Adriano Todaro ; prefazione di Diego Novelli

Sei parole sui fumetti / di Ferdinando Leonzio

Sotto perlaceo cielo : mito e memoria nell'opera di Francesco Pennisi / di Luca Boggio

Accanto ad un bicchiere di vino : antologia della poesia da Li Po a Rino Gaetano / a cura di Piero Buscemi

Il cronoWeb / a cura di Sergio Failla

L'isola dei cani / di Piero Buscemi

Saggistica:

I Sessantotto di Sicilia / Pina La Villa, Sergio Failla (ISBN 978-88-6711-067-4)

Il Sessantotto dei giovani leoni / Sergio Failla (ISBN 978-88-6711-069-8)

Antenati: per una storia delle letterature europee: volume primo: dalle origini al Trecento / di Sandro Letta (ISBN 978-88-6711-101-5)

Antenati: per una storia delle letterature europee: volume secondo: dal Quattrocento all'Ottocento / di Sandro Letta (ISBN 978-88-6711-103-9)

Radio Alice, Bologna 1977 / di Lorenzo Misuraca (ISBN 978-88-6711-043-8)

L'intelligenza collettiva di Pierre Lévy / di Tano Rizza (ISBN 978-88-6711-031-5)

I ragazzi sono in giro / a cura di Sergio Failla (ISBN 978-88-6711-011-7)

Proverbi siciliani / a cura di Fabio Pulvirenti (ISBN 978-88-6711-015-5)

Parole rubate / redazione Girodivite-ZeroBook (ISBN 978-88-6711-109-1)

Accanto ad un bicchiere di vino : antologia della poesia da Li Po a Rino Gaetano / a cura di Piero Buscemi (ISBN 978-88-6711-107-7, 978-88-6711-108-4)

Neuroni in fuga / Adriano Todaro (ISBN 978-88-6711-111-4)

Celluloide : storie personaggi recensioni e curiosità cinematografiche / a cura di Piero Buscemi (ISBN 978-88-6711-123-7)

Sotto perlaceo cielo : mito e memoria nell'opera di Francesco Pennisi / di Luca Boggio (ISBN 978-88-6711-129-9)

Per una bibliografia sul Settantasette / Marta F. Di Stefano (ISBN 978-88-6711-131-2)

Iolanda Crimi : un libro, una storia, la Storia / di Pina La Villa (ISBN 978-88-6711-135-0)

Autobianchi : vita e morte di una fabbrica / di Adriano Todaro

prefazione di Diego Novelli (ISBN 978-88-6711-141-1)

Dizionario politico-sociale di Nova Milanese : Passato e presente / Adriano Todaro (ISBN 978-88-6711-151-0)

Abbiamo una Costituzione : Ideologie, partiti e coscienza

democratica costituzionale / Gaetano Sgalambro (ebook ISBN 978-88-6711-163-3, book ISBN 978-88-6711-164-0)

La peste di Palermo del 1575 / di Giovanni Filippo Ingrassia (ebook ISBN 978-88-6711-173-2)

Permesso di soggiorno obbligato / redazione Girodivite (ebook ISBN 978-88-6711-181-7, book ISBN 978-88-6711-182-4)

Qualche parola (2015-2022) / di Luigi Boggio (ebook ISBN 978-88-6711-215-9, book ISBN 978-88-6711-216-6)

Di dritto e di rovescio : L'importanza del raccattapalle ed altre storie / di Piero Buscemi (ebook ISBN 978-88-6711-217-3, book ISBN 978-88-6711-218-0)

Narrativa:

L'isola dei cani / di Piero Buscemi (ISBN 978-88-6711-037-7)

L'anno delle tredici lune / di Sandro Letta (ISBN 978-88-6711-019-3)

Emma Swan e l'eredità di Adele Filò / di Simona Urso (ISBN 978-88-6711-153-4)

Delitto a Nova Milanese : venticinque righe nelle "brevi" / Adriano Todaro (ebook ISBN 978-88-6711-171-8, book ISBN 978-88-6711-172-5)

Enne / Piero Buscemi (ebook ISBN 978-88-6711-179-4, book ISBN 978-88-6711-180-0)

Orientale Sicula : Proebbido entrari ed altri racconti / di Alfio Moncada (ebook ISBN 978-88-6711-193-0, book ISBN 978-88-6711-194-7).

Querelle / di Piero Buscemi (ebook ISBN 978-88-6711-201-2, book ISBN 978-88-6711-202-9)

Uno sporco anello / di Adriano Todaro (ebook ISBN 978-88-6711-205-0, book ISBN 978-88-6711-206-7)

Poesia:

Il bambino è il mondo / di Emanuele Gentile (ISBN 978-88-6711-197-8)

Raccolta di pensieri / di Adele Fossati (ISBN 978-88-6711-190-9)

Iridea / poesie di Alice Molino, foto di Piero Buscemi (ISBN 978-88-6711-159-6)

Il libro dei piccoli rifiuti molesti / di Victor Kusak (ISBN 978-88-6711-063-6)

L'isola ed altre catastrofi (2000-2010) di Sandro Letta (ISBN 978-88-6711-059-9)

La mancanza dei frigoriferi (1996-1997) / di Sergio Failla (ISBN 978-88-6711-057-5)

Stanze d'uomini e sole (1986-1996) / di Sergio Failla (ISBN 978-88-6711-039-1)

Fragma (1978-1983) / di Sergio Failla (ISBN 978-88-6711-093-3)

Raccolta differenziata n°5 : poesie 2016-2018 / di Victor Kusak (ISBN 978-88-6711-149-7)

Sonetti / di William Shakespeare ; tradotti in siciliano da Prospero Trigona (ISBN 978-88-6711-203)

Parole in versi / Adele Fossati (ISBN 978-88-6711-212)

Libri fotografici:

I ragni di Praha / di Sergio Failla (ISBN 978-88-6711-049-0)

Transiti / di Victor Kusak (ISBN 978-88-6711-055-1)

Ventimetri / di Victor Kusak (ISBN 978-88-6711-095-7)

Visioni d'Europa / di Benjamin Mino, 3 volumi (ISBN 978-88-6711-143_8)

Cortale, borgo di Calabria / Pasquale Riga (ISBN 978-88-6711-175-6)

Perduti luoghi ritrovati : Poggioreale Antica / di Roberta Giuffrida (ISBN 978-88-6711-191-6)

Edifici di città : Roma 2020-2021 / Pierluigi Moretti (ISBN 978-88-6711-199-2)

Opere di Ferdinando Leonzio:

Una storia socialista : Lentini 1956-2000 / di Ferdinando Leonzio (ISBN 978-88-6711-125-1)

Lentini 1892-1956 : Vicende politiche / di Ferdinando Leonzio (ISBN 978-88-6711-138-1)

Segretari e leader del socialismo italiano / di Ferdinando Leonzio (ISBN 978-88-6711-113-8)

Breve storia della socialdemocrazia slovacca / di Ferdinando Leonzio (ISBN 978-88-6711-115-2)

Donne del socialismo / di Ferdinando Leonzio (ISBN 978-88-6711-117-6)

La diaspora del socialismo italiano / di Ferdinando Leonzio (ISBN 978-88-6711-119-0)

Cento gocce di vita / di Ferdinando Leonzio (ISBN 978-88-6711-121-3)

La diaspora del comunismo italiano / di Ferdinando Leonzio (ISBN 978-88-6711-127-5)

Sei parole sui fumetti / di Ferdinando Leonzio (ISBN 978-88-6711-139-8)

Otello Marilli / di Ferdinando Leonzio (ISBN 978-88-6711-155-8)

La diaspora democristiana / di Ferdinando Leonzio (ISBN 978-88-6711-157-2)

Lentini nell'Italia repubblicana / di Ferdinando Leonzio (ebook ISBN 978-88-6711-161-9, book ISBN 978-88-6711-162-6)

Delfo Castro, il socialdemocratico / Ferdinando Leonzio (ebook ISBN 978-88-6711-169-5, book ISBN 978-88-6711-170-1)

La socialdemocrazia italiana fra scissioni e confluenze (1947-1998) / Ferdinando Leonzio (ebook ISBN 978-88-6711-177-0, book ISBN 978-88-6711-178-7)

Momenti di socialismo / di Ferdinando Leonzio (ebook ISBN 978-88-6711-207-4, book ISBN 978-88-6711-208-1)

L'Italia a fumetti / di Ferdinando Leonzio (ebook ISBN 978-88-6711-221-0, book ISBN 978-88-6711-222-7)

Parole rubate:

Scritti per Gianni Giuffrida: La nuova gestione unitaria dell'attività ispettiva: L'Ispettorato Nazionale del Lavoro / di Cristina Giuffrida (ISBN 978-88-6711-133-6)

WikiBooks:

La Carta del Carnaro 1920-2020 (ISBN 978-88-6711-183-1)

Webology : le "cose" del Web / a cura di Sergio Failla (ISBN 978-88-6711-185-5)

English books or bilingual:

Perduti luoghi ritrovati : Poggioreale Antica / di Roberta Giuffrida (ISBN 978-88-6711-196-6)

Visioni d'Europa - Europe's visions / di Benjamin Mino, 3 volumi (ISBN 978-88-6711-143_8)

Sonetti / di William Shakespeare ; tradotti in siciliano da Prospero Trigona (ISBN 978-88-6711-203)

Querelle / Piero Buscemi ; preface by Vincenzo Tripodo (ISBN 978-88-6711-209-8, press ISBN 978-88-6711-210-4)

Cataloghi:

ZeroBook: catalogo dei libri e delle idee 2012-...

Catalogo ZeroBook 2007

Catalogo ZeroBook 2006

Riviste e periodici:

Post/teca, antologia del meglio e del peggio del web italiano

ISSN 2282-2437

https://www.girodivite.it/-Post-teca-.html

Girodivite, segnali dalle città invisibili

ISSN 1970-7061

https://www.girodivite.it

il Notar Jacopo : rivista della Bibliotheca

https://https://www.girodivite.it/La-Biblioteca-di-OpenHouse.html

ZeroBook catalogo delle idee e dei libri

bimestrale

https://www.girodivite.it/-ZeroBook-free-catalogo-puoi-.html

www.ingramcontent.com/pod-product-compliance
Lightning Source LLC
Chambersburg PA
CBHW030343270326
41926CB00009B/943